JANA BRAUMÜLLER   VRENI JÄCKLE   NINA LORENZEN

Fashion
CHANGERS

KNESEBECK

JANA BRAUMÜLLER   VRENI JÄCKLE   NINA LORENZEN

Fashion CHANGERS

WIE WIR MIT FAIRER MODE DIE WELT VERÄNDERN KÖNNEN

MIT FOTOGRAFIEN VON LENA SCHERER

KNESEBECK

In diesem Buch bemühen wir uns um eine diskriminierungssensible, geschlechtergerechte und gewaltfreie Sprache. Die Benutzung des Gendersternchens (*) schließt weibliche, männliche und nicht-binäre Geschlechtsidentitäten mit ein. Diskriminierungssensibel bedeutet, dass wir Minderheiten mitdenken und ihre Selbstbezeichnung anerkennen. So wird zum Beispiel Schwarz großgeschrieben, weil es nicht für eine Hautfarbe steht und auch kein Adjektiv ist, sondern in Ablehnung rassistischer Strukturen als emanzipatorische Selbstbezeichnung zurückgewonnen wird.

Um manche Begriffe oder Ideen noch genauer zu beleuchten, findest du über das ganze Buch verteilt Infoboxen **ⓘ**, die dir einen tieferen Einblick in einige Themen geben sollen, sowie Tipps und Inspirationen Ⓘ. Wenn du beim Lesen über einen Begriff stolperst, der nicht weiter erläutert ist, schau gerne ins Glossar am Ende des Buches. Dort finden sich viele Begriffsdefinitionen. Social-Media-Kanäle werden mit @ gekennzeichnet.

„IF NOTHING MATTERS, THERE IS NOTHING TO SAVE."

Jonathan Safran Foer

Die wissenschaftlichen Fakten über den menschengemachten Klimawandel sind belastend, mitunter sogar lähmend. Aber sie lassen uns auch Gegebenes neu denken, geben klar vor, was nicht länger funktioniert, und empowern im besten Fall dazu, uns mit anderen auszutauschen, unsere Stimme zu nutzen und zu handeln. Klimaangst, also „die Angst, dass der Klimawandel die eigene Existenz bedroht und das Leben massiv einschränken wird",[1] verbindet. Das zeigen die Menschenmassen, die Fridays for Future weltweit mobilisiert, und die Menschenblockaden von Extinction Rebellion, die den Verkehr zum Erliegen bringen.

Das Protestrecht ist urdemokratisch und doch haben wir es erheblich vernachlässigt. Dass wir es als Mittel, um unseren Forderungen nach klimapolitischer Veränderung Ausdruck zu verleihen, wiederentdeckt haben, und dies mit Gleichgesinnten tun, kann uns helfen, einen Umgang mit der Klimakatastrophe zu finden. Umso ernüchternder ist es, wenn Medien und Politik stattdessen darüber debattieren, ob das mit dem Streik während der Schulzeit wirklich ernst zu nehmen ist, ob Menschen, die in den Urlaub fliegen, überhaupt glaubwürdige Aktivist*innen sein können und ob die klimapolitischen Forderungen und die damit zusammenhängende Rhetorik nicht zu radikal sind. Wir stecken inmitten einer Menschheitskrise, der größten Bedrohung für das Leben auf der Erde, und diskutieren über zu radikal gedachte Klimapolitik. Dass wir so reagieren, kann Überlebenstaktik oder einfach nur mangelndes Vorstellungsvermögen sein. Wir befinden uns in einer Vorstellungskrise, schreibt der Schriftsteller Jonathan Safran Foer in seinem Buch *Wir sind das Klima*. Welche Bilder müssen wir also zeichnen, damit wir die Klimakrise glauben, sie wirklich spüren? Ist es zu radikal, wenn Greta Thunberg „Your house is on fire" oder „I want you to panic" sagt?

Wenn die übergeordnete Frage lautet, wie wir unsere Zukunft sichern wollen, dann müssen wir unbequeme Wahrheiten aussprechen und grundlegende systemische Veränderungen einfordern. Können Fakten und Sprachbilder zu radikal gewählt sein, wenn sie es schaffen, uns zum Handeln zu bewegen?

In Anbetracht dieser existenziellen Menschheitskrise mag es absurd scheinen, sich mit Mode auseinanderzusetzen. Doch inzwischen wissen wir um die katastrophalen Auswirkungen – die unbequemen Wahrheiten – von Mode auf unser Klima. Mode war schon immer politisch, auch wenn sie oft als oberflächlich abgetan wird. Klar, Mode ist auch Lust, Exzess, Ausdruck. Aber Mode ist so viel mehr. Wenn wir über die Klimakatastrophe und die Auswirkungen auf den Menschen sprechen, ist es an der Zeit, Mode auf die Agenda zu setzen und als klimapolitisches Problem anzuerkennen. Die Zahlen sind eindeutig:

- Im Jahr 2016 wurden erstmals mehr als 100 Millionen Tonnen Textilfasern hergestellt. 75 Prozent der weltweiten Faserproduktion sind inzwischen Chemiefasern.
- Die weltweite Textilproduktion hat sich laut Greenpeace in den knapp anderthalb Jahrzehnten von 2000 bis 2014 mehr als verdoppelt. Dabei wurden im Jahr 2014 erstmals mehr als 100 Milliarden Kleidungsstücke produziert.
- Insgesamt acht Prozent des weltweiten CO_2-Verbrauchs ist auf die Bekleidungs- und Schuhindustrie zurückzuführen. Das ist weniger als der CO_2-Verbrauch der Fleischproduktion, aber mehr als der gesamte Flug- und Schiffsverkehr zusammen. 2016 wurden für die Herstellung der neuesten Modetrends vier Millionen Tonnen CO_2 ausgestoßen.
- Laut dem New Standard Institute können 20 Prozent der industriellen Wasserverschmutzung dem Färben und Behandeln von Textilien zugeordnet werden.[2]
- Mode wird hauptsächlich im Globalen Süden produziert, also in Regionen, deren Bewohner*innen bereits jetzt vom Klimawandel betroffen sind und aufgrund irreversibler Schäden flüchten werden müssen. Der Weltklimarat IPCC (International Panel of Climate Change) prognostiziert bei einer Erderwärmung von zwei Grad 280 Millionen Klimaflüchtlinge.

Nicht nur die klimatischen Veränderungen sind ein großes Problem. Menschen im Globalen Süden leiden außerdem unter systematischer Ausbeutung, die auf dem maßlosen Konsum unserer Kleidung begründet ist. Die boomende Modeindustrie hat nicht nur dafür gesorgt, dass die Produktion der Modeunternehmen aus den Industrienationen immer weiter in Niedriglohnländer abgewandert ist, sondern auch Fabriken in ebendiesen Ländern immer mehr leisten müssen. Den Preis dafür zahlen nicht wir als Konsument*innen beim Kauf eines Kleidungsstücks, sondern die Arbeiter*innen vor Ort auf dem Baumwollfeld, in der Färberei oder an der Nähmaschine. All das geschieht so weit weg von uns, dass die Vorstellungskrise auch hier greifbar wird. Denn wie sollen wir uns vorstellen können, wie Kleidung wirklich gemacht wird, wenn wir es niemals gesehen haben?

Und wie reagiert die Modeindustrie mit einem globalen Marktwert von insgesamt 3000 Milliarden US-Dollar[3] auf all das? Die lässt scheinbar unbeeindruckt von diesen Lebensrealitäten und

↑ Power to the People!
Immer mehr Menschen
machen auf die Auswirkun-
gen von Mode auf Umwelt
und Mensch aufmerksam.

der Klimakrise weiterhin im großen Stil Kleidung produzieren.
Um es radikal auszudrücken: Als zweitgrößte Konsumgüterindust-
rie in Deutschland ist das, was im Namen von Fast Fashion passiert, fahrlässig, ignorant und kommt der Klimawandelleugnung
gleich. Aber nicht nur die Produktionsumstände tragen zur Klimakatastrophe bei, auch unser eigenes Konsumverhalten spielt eine
nicht wegzudiskutierende Rolle. Durchschnittskonsument*innen
kaufen heute 60 Prozent mehr Kleidung als im Jahr 2002 und
behalten diese nur noch halb so lang. In Deutschland kaufen wir
jährlich durchschnittlich 60 neue Kleidungsstücke. In der EU geht
man pro Jahr von 1,5 bis 2 Millionen Tonnen Müll bestehend
aus ungewollter Kleidung aus – ein Resultat von Fast Fashion.[4]

Dass man bei den Zahlen Angst und Panik bekommt, ist nicht
verwunderlich. Wichtig ist es, dass uns die Angst mobilisiert,
etwas verändern zu wollen. Inmitten von Klimaangst müssen wir
uns vernetzen, uns austauschen und unsere Stimme finden. Denn
wir sind alle Teil des Problems – und auch Teil der Lösung.

FAIR FASHION –
EIN MENSCHENRECHTSTHEMA

Der Einsturz des achtstöckigen Textilgebäudes Rana Plaza am
24. April 2013, bei dem 1134 Menschen ums Leben kamen
und über 2400 schwer verletzt wurden, markiert den traurigen
Höhepunkt dieser entfesselten Industrie. Viele europäische
Modeketten wie KiK und United Colors of Benetton produzierten
in der Fabrik. Erstmals wurde der breiten Öffentlichkeit klar:

Fehlende Transparenz kostet Leben. So beschreibt es auch der Fashion Transparency Index, der seit 2017 von der Initiative Fashion Revolution erhoben wird. Darin wurden zuletzt 2019 die 200 größten Modeunternehmen auf ihre Transparenz in Hinblick auf Umweltverantwortung und Menschenrechte untersucht. Der Index zeigt, dass sich große Player zwar verbessern, indem sie wenigstens teilweise ihre Lieferketten offenlegen, doch dies ist noch lange nicht genug, wenn man sich den Durchschnitts-Score von 53 von möglichen 250 Punkten (= 21 Prozent) anschaut.

Die Abwanderung in Niedriglohnländer hat nicht nur Preisgründe, sondern ist teilweise strategisch gewählt. Die Entwicklung zeigt, dass Textilunternehmen immer dort hingehen, wo die politischen Bedingungen besonders instabil sind. Im Moment bewegen sich Unternehmen, beziehungsweise deren Produktionsstätten, aus Indonesien und Pakistan nach Myanmar. Instabile, schlechte Verhältnisse garantieren eine effizientere Ausbeutung der Arbeiter*innen, wie die *Zeit* treffend schreibt.[5] Nur ein Prozent aller Textilarbeiter*innen ist gewerkschaftlich organisiert. Die Mittel, um sich aktiv gegen Ungerechtigkeiten wie unbezahlte Überstunden, verbale und sexualisierte Gewalt, Lohnkürzungen und das Beschneiden des Versammlungsrechts zu wehren, sind also begrenzt. Dabei ist das Recht auf würdige Arbeit ein universelles Menschenrecht.

Selbst Unternehmen, die es besser machen wollen, haben es schwer. Durch den ständigen Preisdruck und den Wettbewerbsgedanken in unserem kapitalistischen System entstehen für

ⓘ Der Mindestlohn
ist ein vom Staat festgesetztes Arbeitsentgelt, das einer Person für ihre Arbeit mindestens zusteht. Er unterliegt Schwankungen, ist also veränderbar und kann in manchen Ländern auch je nach Distrikt oder Provinz variieren. Soll er doch eigentlich Armut entgegenwirken und Arbeiter*innen schützen, ist der Mindestlohn in den meisten Ländern viel zu niedrig angesetzt und reicht nicht zum Leben.

Der Existenzlohn
gibt an, was drei Konsumeinheiten (zum Beispiel Näherin + Partner*in + zwei Kinder [jeweils eine halbe Konsumeinheit] oder Näherin + Eltern) zum Leben brauchen, um Nahrung, Miete, Transport, Krankenversicherung und Schulgeld bezahlen zu können sowie ein kleines Einkommen zu erhalten. Es ist der Grundlohn für eine reguläre Arbeitswoche von nicht mehr als 48 Stunden ohne Überstunden.[6]
Indien 2018 – Mindestlohn: 94 Euro, Existenzlohn: 297 Euro Bulgarien 2018 – Mindestlohn: 204 Euro, Existenzlohn: 1112 Euro[7]

Brands schnell Nachteile, wenn sie versuchen, alleine etwas an der prekären Situation der Modeindustrie zu ändern. Deswegen haben sich Initiativen wie ACT on Living Wages (ACT steht für Action, Collaboration, Transformation) gegründet, die dafür sorgen, dass sich Unternehmen (Retailer wie Zulieferer) zusammenschließen können, um gemeinsam die Umsetzung eines existenzsichernden Lohnes auszuhandeln. Dafür arbeiten sie eng mit der Dachgewerkschaft IndustriALL Global Union zusammen, um den Druck auf Fabrikbesitzer*innen und Regierungen zu erhöhen, und geben Textilarbeiter*innen damit eine Stimme.

→ FACTS MATTER ←
2015 gaben in einer Studie der Ethical Trading Initiative 71 Prozent der befragten Textilunternehmen an, dass sie moderne Sklaverei in ihren Lieferketten für wahrscheinlich halten.[8]

Doch nicht nur weit weg von uns ist die Situation katastrophal. Sieht man sich die Bewegungen der Produktionsstätten in Europa an, wird deutlich, dass selbiges Phänomen auch hier um sich greift. Ehemals blühende Textilstandorte wie Deutschland wurden im Namen des Preiskampfes verlassen. Allein in den letzten 15 Jahren sank in Deutschland die Zahl der Betriebe in der Textil- und Bekleidungsindustrie um 40 Prozent.[9] Wo sind also all die europäischen Produktionsstätten? „Konfektion folgt immer der Armut", lautet ein Sprichwort der Branche. Wenn Unternehmen nicht in den Globalen Süden abgewandert sind, finden sich diese zum Beispiel in Bulgarien oder der Ukraine wieder – ebenfalls Länder, in denen es leicht ist, geltendes Recht zu umgehen und Hintertürchen für Dumpinglöhne und sklavenähnliche Zustände zu finden. „Made in Europe" ist noch lange kein Indiz für menschenwürdige Qualität. Es sagt rein gar nichts darüber aus, ob die Textilarbeiter*innen das Kleidungsstück unter guten oder schlechten Bedingungen hergestellt haben. Vielmehr zeigt es den letzten Produktionsschritt eines Stückes an. Ein Hemd, das später bei uns im Kleiderschrank landet, durchwandert vorher bis zu 140 verschiedene Produktionsstätten:[10] Baumwollsortieranlagen, Spinnereien, Färbereien, mehrere Konfektionsschritte wie Zuschnitt und Nähen. Und wenn der letzte Knopf eben in Europa angenäht wird, bevor das Hemd in 139 anderen Fabriken über die ganze Welt verstreut war, steht auf dem Etikett „Made in Europe". Genauso wenig wie jedes in Bangladesch genähte Teil unter schlechten Bedingungen hergestellt wird, denn auch dort gibt es Fabriken, die gerecht entlohnen und Arbeitsrechte ernst nehmen, wird auch in Europa nicht jedes Kleidungsstück unter guten Arbeitsbedingungen produziert.

WIE KANN ES SEIN,
DASS EIN T-SHIRT 4,99 EURO KOSTET?
Die günstigen Preise der Discounter und Fast-Fashion-Ketten stützen sich auf das Prinzip der menschlichen und ökologischen Ausbeutung. Sie nehmen in Kauf, dass Menschen nicht von ihrem Lohn leben können, obwohl sie dafür überdurchschnittlich hart arbeiten. Zwar gibt es in vielen textilproduzierenden Ländern einen

Mindestlohn, doch dieser reicht nie zum Leben. Ein existenz-
sichernder Lohn müsste in den meisten Fällen drei bis vier Mal
so hoch sein wie das, was die Arbeiter*innen gezahlt bekommen.

Und dennoch sinken die Einkaufspreise immer weiter:
zwischen 2011 und 2015 um ganze acht Prozent. Können die
Produktionsstätten nicht rechtzeitig liefern oder verlangen höhere
Preise, verlieren sie ihre meist westlichen Auftraggeber. Es ist
eine Machtfrage, die auf dem Rücken der Textilarbeiter*innen
ausgetragen wird, denn Unternehmen geben Preisveränderungen
nicht an die Konsument*innen weiter, sondern fordern günstigere Preise am Anfang der Lieferkette bei ihren Zulieferern.

> → FACTS MATTER ←
> Bis zu 80 Stunden pro Woche
> arbeiten Textilarbeiter*innen in
> Fabriken in Sri Lanka.[11]

Lediglich ein Prozent aller Kosten eines T-Shirts sind auf die
Lohnkosten der Textilarbeiter*innen zurückzuführen. Der Löwen-
anteil von 50 Prozent steckt in Marge und Kosten des Handels.
Ganze 25 Prozent der Kosten gehen für Marketing und Werbung
drauf. 13 Prozent muss man für die Fabrik im Herstellungsland
einrechnen und nochmals elf Prozent für den Transport.[12] Die
Frage nach der gerechten Verteilung ist damit eigentlich hinfällig.
Außerdem wird deutlich, dass die Anhebung der Löhne für
Textilarbeiter*innen mitnichten eine starke Auswirkung auf die
Verkaufspreise hätte, wie der Handel gerne argumentiert, da
diese den geringsten Teil der Gesamtkosten ausmachen. Selbst
eine Verdopplung oder Verdreifachung der Löhne wäre aufgrund
der hohen Handelsmarge für die Endverbraucher*innen nicht
merklich spürbar.[13]

WAS BEDEUTET NACHHALTIGKEIT?

———

Es gibt keine feste Definition von Nachhaltigkeit. Das schafft
einerseits viel Raum, Nachhaltigkeit möglichst breit zu denken.
Andererseits gibt es somit keinen klaren Regelrahmen, an den
sich alle halten und an dem sie sich orientieren können. Ein
Definitionsversuch: Nachhaltigkeit ist ein Spektrum an Ideen,
achtsam mit den vorhandenen Ressourcen umzugehen und die
ökologischen Auswirkungen so gering wie möglich zu halten.

Nachhaltigkeit zielt in erster Linie auf ökologische Verantwortung ab. Für Unternehmen bedeutet das, Entscheidungen für
das Gemeinwohl zu treffen, also auf diese Weise maximal ressourcenschonend zu wirtschaften. In diesem Buch bedeutet
Nachhaltigkeit im großen Ganzen Unternehmensverantwortung:
Verantwortung für die Menschen entlang der Lieferkette und
für die verwendeten Ressourcen.

Nachhaltigkeit bringt immer eine gewisse Fairness mit sich.
Pestizidfreie Baumwolle schützt nicht nur unsere Böden und
unser Grundwasser, sondern auch die Menschen auf den Feldern.

ℹ Greenwashing bei Modeunternehmen

Es gibt wenig bis gar keine Informationen über nachhaltige und soziale Kriterien in der Produktbeschreibung und/oder auf der Unternehmenswebsite.

Auch auf Nachfragen kann das Modeunternehmen keine Antworten zu Nachhaltigkeits- und Sozialstandards geben.

Das Unternehmen zeichnet Produkte mit einem firmeneigenen Textilsiegel aus und legt die Prüfkriterien für dieses Siegel selbst fest.

Das Unternehmen kontrolliert Fabriken selbst und lässt keine externen Auditierungen zu.

Nachhaltige Linien ersetzen keine konventionellen Kollektionen, sondern sind nur additiv und erhöhen somit das Ressourcenvolumen.

Das Geschäftsmodell verändert sich nach wie vor nicht und das Unternehmen investiert nicht in transparenzfördernde Maßnahmen wie die Offenlegung von Lieferanten und die Durchführung von Trainingsprogrammen für Mitarbeiter*innen.

Aber Nachhaltigkeit bedeutet nicht gleich Fairness. Ein Kleidungsstück kann kreislauffähig sein und trotzdem können die Frauen entlang der Wertschöpfungskette strukturelle Diskriminierung erfahren.

Was du am nachhaltigsten findest, beruht auf dem, was dir persönlich wichtig ist. Für die einen sind das vegane Materialien, die auch mal aus recyceltem Polyester sein können, für die anderen nicht-erdölbasierte Produkte. Was aber unumstritten ist: Nachhaltigkeit bedeutet weniger Konsum auf der Seite von Verbraucher*innen und weniger Produktion auf der Seite von Unternehmen. Nachhaltigkeit ist das Gegenteil von Fast Fashion.

FAST FASHION UND ULTRA FAST FASHION

Fast Fashion ist ein auf schnellen Kleidungskonsum ausgelegtes Geschäftsmodell, das Anfang der Nullerjahre entstanden ist. Es handelt sich dabei um Kollektionsteile aus qualitativ minderwertigen Materialien – häufig aus synthetischen Fasern – mit immer kürzer während Lebensdauer zum Billigpreis. Die Idee hinter Fast Fashion ist es, schnell auf Trends zu reagieren und diese einer möglichst breiten Masse zugänglich zu machen. Dafür setzt Fast Fashion auf immer kürzere Kollektionszyklen und löst die klassischen Frühjahr-, Sommer-, Herbst- und Winterkollektionen ab: Einige Fast-Fashion-Konzerne bringen im Jahr 24 Kollektionen auf den Markt. Den Preis dafür zahlen nicht wir Konsument*innen, sondern unsere Umwelt und die Menschen, die unsere Kleidung produzieren. Durch die günstigen Preise regt Fast Fashion das Kaufverhalten von Konsument*innen an und trägt maßgeblich zum Überkonsum bei.

Ultra Fast Fashion ist die Steigerungsform von Fast Fashion und ein noch junges Phänomen. Laut *Spiegel* werfen Ultra-Fast-Fashion-Onlinehändler wöchentlich bis zu 4500 neue Teile auf den Markt. Das bedeutet eine Produktionsdauer von zwei bis vier Wochen von Design bis Handel. Zum Vergleich: Fast-Fashion-Unternehmen brauchen fünf Wochen. Wenn Unternehmen weiterhin so rasant produzieren, hat das fatale Folgen für das Klima. Denn schnellere Produktion und höheres Produktionsvolumen bedeuten mehr Treibhausgase, Wasserknappheit und Bodenerosion.

GREENWASHING

Wenn wir über CO_2-Einsparungen und sauberes Trinkwasser sprechen, müssen wir auch über die großen Marken und Konzerne dahinter sprechen. Denn ihre Entscheidungen haben einen großen Impact. Nichtsdestotrotz ist es gerade bei konventionellen Brands wichtig, Nachhaltigkeitsbestrebungen genau zu prüfen. Denn leider kommt es nicht selten vor, dass Unternehmen ihren Produkten einen umweltfreundlichen Anstrich verpassen, um Nachhaltigkeit zu suggerieren und ihr Image aufzugrünen. Hier spricht man von „Greenwashing", eine besonders effektive PR-Maßnahme, die der Täuschung von Verbraucher*innen gleichkommt und auf den ersten Blick nur schwer zu durchschauen ist. Statt Nachhaltigkeit ernsthaft in das Geschäftsmodell zu implementieren, wird sie nur als assoziatives PR-Instrument eingesetzt. Das können Kollektionsnamen mit den Worthülsen „conscious" (bewusst) oder „committed" (engagiert) sein. Oder Hinweise auf vermeintlich natürliche Materialien – gerne unterstrichen durch eine natürlich anmutende Farbe. Die sprachliche oder visuelle Überbetonung nachhaltiger Eigenschaften lenkt vom Kleingedruckten und eigentlichen Unternehmensmodell ab. Kein Wunder, große Unternehmen stecken viel Geld in aufwendige Nachhaltigkeitskampagnen mit berühmten Testimonials. So werden Verbraucher*innen gezielt getäuscht und Unternehmen können aus dem Nachhaltigkeitshype Profit schlagen.

Mit einem klaren Regelrahmen, der vorgibt, was Nachhaltigkeit umfassen kann, wäre es schwieriger für Unternehmen, ihre Produkte grüner zu bewerben, als sie eigentlich sind, und damit Verbraucher*innen in die Irre zu führen.

Nachhaltigkeit ist mehr als ein wenig Bio-Baumwolle. Sie muss auch das Überdenken von Geschäftsmodellen und Wirtschaftssystemen mit sich bringen und für Unternehmen relevant sein. Und diese Relevanz verstärkt sich durch Regularien, Wettbewerbsnachteile, öffentlichen Druck und Forderungen von Kund*innen. Branchenriesen müssen zukunftsorientiert und somit nachhaltig agieren. Und das transparent (auch wenn Dinge noch nicht gut genug sind) und unter Beobachtung von externen Auditierungen und einer kritischen Öffentlichkeit. Nur so kann Transparenz gewährt und Greenwashing verhindert werden.

TEXTILSIEGEL

Textilsiegel können gerade bei den ersten Schritten eine gute Hilfestellung sein, sich in der ökofairen Mode zu orientieren. Es gibt eine große Anzahl an Zertifikaten, die Nachhaltigkeits- und/oder Sozialstandards bewerten. Sich hier zurechtzufinden, ist nicht immer einfach.

Aber: Textilsiegel sind nicht alles. Textilsiegel befreien uns nicht davon, Konsumentscheidungen zu reflektieren und Fragen an Unternehmen zu stellen. Genauso wenig nehmen Textilsiegel Unternehmen aus der Pflicht, sich über den Textilstandard hinaus zu engagieren. Es gibt viele Unternehmen, die persönliche Beziehungen zu ihren Produzent*innen haben und eine transparente Lieferkette garantieren, aber keine Zertifikate vorweisen können, weil diese etwa zu teuer und aufwendig in der Beschaffung sind. Zudem können punktuelle Auditierungen durch Siegel oft keine strukturellen Probleme sichtbar machen oder lösen, wie zum Beispiel Gewerkschaftsverbot, Diskriminierung, sexuelle Belästigung am Arbeitsplatz und existenzsichernde Löhne. Hierfür braucht es in der Regel mehr als ein Siegel, nämlich Trainings und Dialogführung auf Augenhöhe vor Ort. Oder den Zusammenschluss mit Gewerkschaften zur Verhandlung von flächendeckenden Tarifen für existenzsichernde Löhne im Produktionsland.

WIE VIEL KLEIDUNG BRAUCHEN WIR? ZWISCHEN KONSUM UND PRIVILEGIEN

———

Ein verantwortungsvoller Umgang mit Ressourcen ist nicht nur bei der Herstellung von Kleidung essenziell, sondern auch dann, wenn es um unseren Konsum geht. Wir müssen uns fragen: Wie viel Kleidung brauchen wir und mit welchem Mindset wollen wir konsumieren? Kaufen wir unbedacht, so viel und was uns gerade über den Weg läuft? Oder wählen wir bewusst aus, ob und was wir kaufen?

Dass endloser Konsum nicht nur der Umwelt schadet, sondern auch unglücklich macht, ist keine neue Erkenntnis. Glücksforscher*innen haben längst bestätigt, dass die ständige Verfügbarkeit von neuen Dingen uns eher abstumpfen lässt als zufriedenstellt.[14] Immer Neues zu kaufen, macht auch deshalb nicht glücklich, weil wir schlicht gar keine Zeit haben, all das Gekaufte auch wirklich einzusetzen. Zurück bleibt dann schnell ein unbefriedigendes Gefühl. Erlebnisse und bleibende Erinnerungen hingegen haben viel häufiger das Potenzial, uns langfristig glücklich zu machen. Umfragen zeigen außerdem, dass die meisten Menschen shoppen, um sich aufzumuntern, abzulenken oder zu belohnen. Wir wollen uns glücklich kaufen. Nach einer Greenpeace-Studie verschwindet die ursprüngliche Shopping-Euphorie allerdings innerhalb nur eines Tages.[15] Wir regulieren durch Einkaufen also unser Stimmungsbarometer – mit mäßigem Erfolg.

Obwohl wir also wissen, dass uns das neue Kleidungsstück nicht glücklich machen kann, kaufen wir es. Shopping ist in den seltensten Fällen rational, sondern emotional aufgeladen. Und die beim Shoppen einströmenden Reize sorgen für Impulskäufe – trotz besseren Wissens. Diesen Widerspruch zwischen Überzeugung und Handeln nennt man auch kognitive Dissonanz oder Einstellungs-Verhaltens-Lücke. Oftmals wird sie begleitet von Rechtfertigungen, die das eigene Handeln legitimieren. „Das Shirt sieht einfach so schön aus, es ist eine Ausnahme".

→ Eine bessere Orientierung für faire Arbeitsbedingungen und ökologische Standards geben dir Textilsiegel, die du auf Seite 252 findest.

← Die Kleidung, die wir tragen, ist immer auch ein politisches Statement.

Dieser Selbstbetrug dient häufig als Selbstschutz, denn den Widerspruch kleinzureden ist einfacher, als das eigene Verhalten zu verändern. Dabei liegt genau hier die Crux, denn genau dieses Missachten der eigenen Werte schadet unserer Selbstachtung. Wenn wir aber nach unserer Überzeugung handeln und außerdem nur Dinge kaufen, die uns berühren, können wir mit weniger Besitz glücklicher sein.

In der Wissenschaft gibt es immer mehr Forschungen zur sogenannten Einstellungs-Verhaltens-Lücke, dem Handeln wider besseres Wissen. Sie zeigen, dass es wirksam sein kann, sich mit den Gefühlen und Werten zu befassen, die unser Handeln begleiten und beeinflussen. Der Sozialpsychologe, Therapeut und Buchautor Jens Förster schreibt in seinem Buch *Was das Haben mit dem Sein macht* darüber, dass die Formulierung von „Haben"-Zielen vielen Menschen leichtfällt, während „Sein"-Ziele kaum greifbar sind. Ein neues Paar Schuhe, ein neues Sofa oder eine Reise sind konkrete und zeitlich absehbare Ziele. An sich selbst zu arbeiten – an der Einstellung, an den Werten – und sich seiner selbst wirklich bewusst zu werden, ist hingegen oft ein langwieriger und diffuser, aber auch sehr wertvoller Prozess. Sich so intensiv mit dem eigenen Konsum und der Frage zu beschäftigen, ob er über das Grundbedürfnis sich einfach nur zu kleiden hinausgeht, ist zudem immer eine Frage der Privilegien. Dem „Zu viel"-Gefühl geht in der Regel ein voller Kleiderschrank oder eine vollgepackte Wohnung voraus – und das muss man sich erst einmal leisten können. Im Zuge von Fast Fashion wird auch oft davon gesprochen, dass sie Mode zugänglicher für alle gemacht hat und nun nicht mehr nur einige wenige Menschen sich modisch kleiden können.

Doch die Demokratisierung von Fast Fashion hat zwei Seiten. Viele Menschen könnten zwar mehr Geld für Kleidung bezahlen, geben es aber lieber für das neueste Smartphone aus, weil es die Mode eben auch zum Fast-Fashion-Preis gibt. Oder aber sie kaufen Mode, die zwar teuer ist, aber weder fair noch nachhaltig produziert wurde. Der Preis lässt das zwar vermuten, Luxusmarken lassen aber oft in denselben Fabriken produzieren wie Fast-Fashion-Labels. Die Kaufentscheidungen haben mit Priorisierung, Statusdenken und Werten zu tun und sind oft auch ein Statement.

Auf der anderen Seite gibt es Menschen, die wirklich auf günstige Mode angewiesen sind. Das hat wiederum nichts mit Geiz oder Ignoranz zu tun. Auch sich ausführlich mit den Herstellungsbedingungen von Mode auseinandersetzen zu können, ist ein nicht zu verkennendes Privileg, denn zunächst muss man die Zeit, die Mittel und den Zugang zu Informationen haben.

Wer sich faire und nachhaltige Mode nicht leisten kann, kann aber immer noch auf Secondhand zurückgreifen, richtig? Für viele einkommensschwache Menschen ist das keine dauerhafte Option, denn hier bedeutet Secondhand nicht cool, individuell und trendy, sondern ist negativ besetzt. Sich ungetragene, neue und günstige Kleidung von der Stange leisten zu können, ist ein Zeichen von sozialer Teilhabe. Auch wenn das Einkommen nicht von sozialer und ökologischer Verantwortung befreit, so ist es eine Lebensrealität, die sich auf Konsumentscheidungen auswirkt. Wenn wir über Fast Fashion und Fair Fashion reden, müssen wir also auch über Privilegien sprechen.

An dieser Stelle sei außerdem erwähnt, dass es nicht einkommensschwache Menschen sind, die das Bruttoinlandsprodukt in die Höhe treiben. Vor allem Besserverdienende neigen dazu, viel zu konsumieren, weil sie es sich leisten können, und sind damit auch diejenigen mit dem größten ökologischen Fußabdruck.

Mit diesem Wissen wird deutlich, dass nur eine übergeordnete politische Regulierung davor schützen kann, Fast Fashion als einzige Konsumalternative zu haben. Bürger*innen sollten nicht aufgrund eines geringen Budgets menschenrechtsverletzende und ökologisch bedenkliche Produkte kaufen müssen.

MÜNDIGE BÜRGER*INNEN –
NACHHALTIGER KONSUM ALLEIN REICHT NICHT

————

Die Zeiten, in denen Konsument*innen einfach nur kaufen, sind vorbei. Laut einer Studie von McKinsey glauben neun von zehn Menschen der Generation Z, dass Unternehmen die Verantwortung haben, soziale und ökologische Probleme anzugehen.[16] Ein guter Preis und eine schöne Verpackung reichen als Verkaufsargumente also längst nicht mehr aus. Dass Unternehmen weltweit diese Entwicklung beobachten und darauf reagieren, zeigt sich zum einen an neuen nachhaltigen Produktlinien bei Großkonzernen, zum anderen beispielsweise daran, dass die Verwendung des Wortes „Feminist" sich zwischen 2016 und 2018 auf den Webseiten von Mode-Onlineshops verfünffacht hat. Es scheint fast so, als könnte man es sich als Unternehmen kaum noch leisten, nichts in Richtung Fairness für Frauen, Nachhaltigkeit und soziale Gerechtigkeit zu machen. Eine gute Entwicklung also? Der Mechanismus des freien Marktes hat funktioniert und die anspruchsvollere Nachfrage der Konsument*innen wird zweifelsohne ein entsprechend ökologisches und sozialverträgliches Angebot generieren? Nicht so ganz.

Es gibt mehrere Gründe, die dafür sprechen, dass der Druck, den Konsument*innen auf den Markt ausüben, allein nicht für dessen Umerziehung reichen wird:

- Dass Unternehmen die Bedürfnisse des Marktes wahrnehmen, heißt nicht, dass sie diese tatsächlich im Kern umsetzen. Viele Maßnahmen sind mehr Werbung als wirkliche Nachhaltigkeit (siehe Greenwashing S. 13). Ein ähnliches Phänomen lässt sich auch bei sozialen und gesellschaftspolitischen Themen erkennen. So sollte beispielsweise die Ivy-Park-Kollektion, die die

← Eine wirkliche Veränderung der Modeindustrie kann nur durch öffentlichen Druck und politische Regularien erwirkt werden.

Sängerin Beyoncé 2016 in Kollaboration mit Topshop auf den Markt brachte, für Frauen-Empowerment stehen. Schnell wurde aber klar, dass für ebendiese Kollektion Arbeiterinnen in der Produktion ausgebeutet wurden. Der feministische Anstrich diente hier also nur der Ansprache der Kund*innen, war aber nicht in der Unternehmens-DNA von Topshop verankert. Man spricht hier auch von Femwashing.

- Der Einfluss von Konsument*innen hat Grenzen. Zum einen können selbst sehr interessierte Kund*innen kaum alles über die Produkte, die sie kaufen, wissen. Zum anderen stehen Konsument*innen ganz am Ende einer Wertschöpfungskette, die besonders bei Textilien sehr komplex ist. Zu behaupten, dass gesamte Lieferketten sich aufgrund der Forderungen der Konsument*innen verändern, ist schlicht eine sehr optimistische – um nicht zu sagen utopische – Aussage.

- Das ökologische Bewusstsein von Endverbraucher*innen ist nichts Neues. Die Bio-Bewegung im Lebensmittelbereich gibt es in Deutschland bereits seit den frühen Siebzigern. Obwohl der Marktanteil größer wird, lag er 2016 bei nur rund fünf Prozent. Fünf Prozent in mehr als 40 Jahren – das ist zwar eine Veränderung, von einer tatsächlichen Regulierung durch den Markt lässt sich aber wohl kaum sprechen. Selbst wenn faire und nachhaltige Mode also durch eine erhöhte Nachfrage ähnlich der Bio-Bewegung an Relevanz gewinnt, wird das nicht schnell genug passieren – zumindest nicht, wenn das, was Bürger*innen heute schon fordern, nicht tatkräftig von Politik und Gesetzgebung unterstützt wird.

All das sollen keine Gründe sein, die eigenen Kaufentscheidungen *nicht* zu hinterfragen und durch bewussteren Konsum etwas zu bewegen. Es soll vielmehr ein Appell sein, sich selbst nicht nur als Konsument*in zu begreifen, sondern auch als mündige Bürger*in, der*die in einer Demokratie Forderungen stellen kann. Dass Unternehmen Umweltstandards und Menschenrechte einhalten, kann nicht Aufgabe von wachsamen Konsument*innen oder NGOs sein – es muss auf der politischen Agenda stehen. Um die Textilbranche tatsächlich und langfristig zur Nachhaltigkeit und sozialen Verantwortung zu motivieren, bedarf es politischer Anreize und Regularien.

WAS TUT SICH POLITISCH?

Mit dem Einsturz der Rana-Plaza-Textilfabrik im April 2013 erfuhr die breite Öffentlichkeit das erste Mal davon, unter welchen Bedingungen auch große deutsche Modeunternehmen produzieren lassen. Einen Monat später unterzeichneten über 200 Textilunternehmen den Bangladesh Accord – ein Abkommen der Konfektionsindustrie über Brandschutz und Gebäudesicherheit in Bangladesch. Im Jahr darauf gründete Entwicklungsminister Gerd Müller (CSU) das Textilbündnis, in dem sich Unternehmen freiwillig zu sozialen und ökologischen Standards verpflichten. Die Wirksamkeit des Bündnisses wird allerdings immer wieder infrage gestellt, da viele dieser freiwilligen Verpflichtungen von NGOs als nicht ausreichend angesehen werden und aktuell nur 50 Prozent der Branche überhaupt mitmachen. Im September 2019 stellte das Bundesministerium für wirtschaftliche Zusammenarbeit und Entwicklung den Grünen Knopf vor – ein staatliches Textilsiegel, das nachhaltige Kleidung kennzeichnet. Die Frage, ob man sich zertifizieren lassen möchte, bleibt allerdings Unternehmensentscheidung.

Obwohl es also Bewegung in der Politik gibt, vertraut man in Deutschland nach wie vor auf die guten Intentionen von Großunternehmen. Und so gibt es weiterhin kein Gesetz zur unternehmerischen Sorgfaltspflicht, das einem Unglück wie Rana Plaza womöglich hätte vorbeugen können. Wie sich die politische Lage weiterentwickelt, bleibt abzuwarten. Im Koalitionsvertrag haben CDU/CSU und SPD vereinbart: „Falls die wirksame und umfassende Überprüfung ... 2020 zu dem Ergebnis kommt, dass die freiwillige Selbstverpflichtung der Unternehmen nicht ausreicht, werden wir national gesetzlich tätig und uns für eine EU-weite Regelung einsetzen."

In Frankreich gibt es bereits seit 2017 ein Gesetz, das Unternehmen zur Achtung von Menschenrechten und Umwelt verpflichtet.[17] Das Gesetz öffnet den rechtlichen Rahmen, dass die größten Unternehmen, darunter beispielsweise L'Oréal und Danone, für schwere Menschenrechtsverletzungen und Umweltschäden nach französischem Gesetz haftbar gemacht werden können, sollten sie diese nicht nachweislich verhindert haben.

Die von der Sozialunternehmerin Lisa Jaspers initiierte Petition #fairbylaw fordert seit 2018 mit mehr als 155.000 Unterschriften ein ebensolches Gesetz auch für Deutschland. Die Initiative Lieferkettengesetz, die sich aus mehreren zivilgesellschaftlichen Organisationen wie Brot für die Welt und INKOTA zusammensetzt, bestärkt diese Forderung mit einer 2019 gestarteten Petition.

Die Frage ist doch: Wie möchten wir leben? Und was können wir tun, um diesen Lebensraum aktiv mitzugestalten? Es ist unsere Aufgabe als wachsame Bürger*innen, Entscheidungstragende an ihre ökologische und menschenrechtliche Verantwortung zu erinnern und sie so unter Druck zu setzen, bis politische Grenzen gesetzt werden. Auch wenn individuelle Konsumentscheidungen die Welt allein nicht retten werden, müssen wir unser Bestes geben, unsere Lebenszeit so klimafreundlich wie möglich zu gestalten. Unser Kleiderschrank kann ein Teil davon sein. Und die gute Neuigkeit ist: Wir sind damit nicht alleine.

———

„DAS RICHTIGE ZU TUN BLEIBT RICHTIG, AUCH WENN ES NICHT DIE WELT RETTET."

———

Jan Lenarz, Aktivist für mentale Gesundheit,
Autor und Verleger → @klimaangst

1

Mode & VERANTWORTUNG

Wie können wir verantwortungsvoller
mit Ressourcen umgehen?

Welche Materialien sind wirklich ökologisch?

Wie viel Plastik steckt in unserer Kleidung?

Wie nachhaltig können recycelte Stoffe sein?

Was bedeutet vegane Mode?

Was haben soziale und ökologische Verantwortung
miteinander zu tun?

Wie lässt sich Mode kreislauffähig designen?

BLEED

BRIDGE & TUNNEL

ZAZI VINTAGE

NATASCHA VON HIRSCHHAUSEN

MIT ECKEN & KANTEN

Unser Bewusstsein für Nachhaltigkeit steigt. Durch die mediale Berichterstattung über Protestbewegungen hat die Klimakatastrophe an Sichtbarkeit gewonnen und die wissenschaftlichen Informationen haben ihren Weg in unser Bewusstsein gefunden. Laut dem Pulse Report 2019 ergab eine Umfrage unter Teilnehmer*innen aus fünf Ländern auf die Frage, was bei ihnen ein Bewusstsein für Nachhaltigkeit ausgelöst habe, dass für 50 Prozent die Bemühungen um Klimaschutzmaßnahmen der größte Auslöser waren. 49 Prozent sind durch Naturkatastrophen und 44 Prozent durch die Lektüre über Nachhaltigkeit mit der Thematik in Kontakt gekommen. Aber auch spezifische Ereignisse sind Triggerpunkte, wie zum Beispiel der Tsunami im Indischen Ozean 2004 (16 Prozent) oder ein Fabrikbrand in Bangladesch (14 Prozent).[18] Das zeigt, dass Sichtbarkeit im Umgang mit Nachhaltigkeit eine maßgebliche Rolle spielt. Der Klimawandel ist abstrakt, obwohl wir seine Auswirkungen schon spüren. Konkrete Ereignisse und medienwirksame Protestbewegungen konfrontieren uns mit unserer Verantwortung gegenüber unserem Planeten. Sie fordern uns auf, eine aktive Rolle einzunehmen, denn ein Bewusstseinswandel ist noch lange nicht der Verhaltenswandel, den wir so dringend brauchen.

Dass die Modeindustrie massiv zur Klimakatastrophe beiträgt, wurde eingangs schon dargelegt. Durch ihr rasantes Wachstum wird es immer schwieriger, die 2015 festgelegten Pariser Klimaziele oder die 17 Ziele für nachhaltige Entwicklung der Vereinten Nationen einzuhalten. Was wir brauchen, ist ein verantwortungsvoller Umgang mit den uns zur Verfügung stehenden Ressourcen und ein radikales Umdenken in einem System, das die Überlebensfähigkeit unseres Planeten und seiner Lebewesen bedroht. Dieses Kapitel stellt Menschen vor, die die Modeindustrie neu denken, die Nachhaltigkeit ganzheitlich in ihr Businessmodell implementieren und so Impact generieren. Es sind kleine Modelabels mit großen und übertragbaren Ideen. Ihre Mode zeigt, wie vielfältig und weitreichend ökologische Verantwortung sein kann und was Unternehmensverantwortung bedeutet.

ℹ️ 17 Ziele für nachhaltige Entwicklung

Am 25. September 2015 wurde auf dem Gipfel der Vereinten Nationen in New York die „Agenda 2030 für nachhaltige Entwicklung" verabschiedet. Eine Art globaler Zukunftsvertrag mit 17 Zielen einer nachhaltigen Entwicklung (auch bekannt als Sustainable Development Goals, kurz SDG). Sie sollen dazu beitragen, allen Menschen weltweit ein Leben in Würde zu ermöglichen. Die Staaten der Weltgemeinschaft sollen sich an die 17 Zielvorgaben halten und aktiv mithelfen, die Situation der Menschen und der Umwelt bis 2030 in vielen wichtigen Bereichen zu verbessern. Fast 200 Staaten haben diesen Vertrag unterzeichnet, so auch die deutsche Bundesregierung.

→ 17Ziele.de

↑ Der Produktionsanstieg von synthetischer Kleidung ist mitverantwortlich für das Plastikaufkommen in Meeren und Böden.

ℹ Chemiefasern
unterteilen sich in natürliche und synthetische Polymere. Natürliche Polymere (dazu zählen unter anderem Lyocell, Viskose und Modal) haben ihren Ausgangsstoff in der Natur und werden in der Regel aus Holz gewonnen. Die Zellulose wird in einem chemischen Verfahren in eine Spinnmasse aufgelöst und danach ausgesponnen. Bei synthetischen Polymeren wiederum ist der Hauptrohstoff Erdöl oder Erdgas, aus dessen Spinnmasse ein Faden erzeugt wird. Kurz: Natürliche Polymere sind biologisch abbaubar, erdölbasierte synthetische Polymere hingegen ökologisch bedenklich.

Die wichtigsten Materialien und Verfahren

PLASTIK IN UNSERER KLEIDUNG: VON DER WASCHMASCHINE IN MEER UND BODEN

———

Die Initiative Plastic Oceans hat berechnet, dass jährlich über acht Millionen Tonnen Plastik in unseren Meeren landen. Schätzungen zufolge stammt etwa 80 Prozent des Meeresmülls vom Land, die restlichen 20 Prozent von Schiffen und Bohrplattformen. Viel von der an Land generierten Plastikverschmutzung kommt aus unseren Haushalten, zum Beispiel in Form von Mikroplastik aus Kosmetik. Mikroplastik ist mit dem bloßen Auge nicht wahrnehmbar, da es kleiner als fünf Millimeter, meist unter einem Millimeter groß ist. Auch durch das Waschen von Kleidung landet Mikroplastik in unseren Gewässern. Hierbei spricht man von sogenannten Mikrofasern. Laut Umweltbundesamt sind 35 Prozent des Mikroplastikvorkommens in unseren Meeren auf das Waschen von Kleidung zurückzuführen. Denn diese winzigen Fasern (10.000 Meter Mikrofasern wiegen weniger als ein Gramm) können weder von unseren Waschmaschinen noch unseren Kläranlagen gefiltert werden.

Aber woher kommen diese Mikrofasern? Grundsätzlich gibt jedes Kleidungsstück Mikrofasern ab. Das passiert durch Abrieb während des Waschgangs. Das Problem: Wenn wir synthetische Fasern waschen, dann landen erdölbasierte und nicht biologisch abbaubare Fasern in unseren Gewässern, später in unseren Meeren oder durch Abwasser aus Kläranlagen in unseren (Acker-)Böden.

Die Wahrscheinlichkeit, dass unsere Kleidung synthetische Bestandteile hat, ist relativ hoch. Wir wissen, dass Chemiefasern den Großteil der weltweiten Faserproduktion ausmachen, genauer gesagt 75 Prozent. Davon entfallen zehn Prozent auf natürliche und 65 Prozent auf synthetische Polymere.

Aus Erdöl hergestellte Synthetikfasern gelten als langlebig, formstabil – und sind in der Produktion günstig. Das am häufigsten vorkommende synthetische Polymer ist Polyester. Seit Beginn des Fast-Fashion-Booms in den Nullerjahren steigt der weltweite Faserverbrauch von Polyester exponentiell. Prognosen zufolge wird der weltweite Verbrauch von Polyester für Textilien bis 2030 auf 80 Millionen Tonnen ansteigen.[19] Polyester steckt in zwei Drittel unserer Kleidung, oft gemischt mit Baumwolle, etwa in Sportkleidung, Fleecejacken, T-Shirts oder Socken. Dem Plastikatlas der Heinrich-Böll-Stiftung zufolge liegen die CO_2-Emissionen eines Polyester-T-Shirts je nach Produktionsart zwischen 3,8 und 7,1 Kilogramm.[20]

ⓘ **Code-Check**
Ob deine Peelings, Shampoos und (Sonnen-) Cremes Mikroplastik und andere bedenkliche Inhaltsstoffe enthalten, kannst du zum Beispiel mit der App Code-Check herausfinden.

POLYESTER IST PLASTIK

Eine weitere häufig vorkommende synthetische Faser ist die Polyacrylfaser, die vor allem in Textilien mit wollähnlicher Struktur auftaucht, etwa in Pullovern, Schals und Mützen. Und dann ist da natürlich noch die Wunderstretchfaser Elasthan: Je mehr Elasthan eine Jeans hat, desto dehnbarer ist sie und desto einfacher ist es, in eine Skinny Jeans zu schlüpfen. Den Fasercheck kann man ganz schnell selbst machen, indem man das eingenähte Etikett in der Kleidung überprüft. Was heute für viele ein Must-have im Kleiderschrank ist, wird somit zur extremen Belastung von Mensch und Umwelt.

Wenn wir also Kleidung aus synthetischen Polymeren waschen, dann beeinflussen wir damit das Ökosystem. Laut Plastikatlas ist die Verschmutzung von Böden und Binnengewässern durch Mikroplastik je nach Umgebung sogar vier- bis 23-mal so hoch wie im Meer.[21] Das alles hat einen Rückgang der Biodiversität zur Folge.

Im Rahmen einer Studie der Universität Plymouth wurden verschiedene Kunstfasern bei 30 bis 40 Grad gewaschen. Während sich beim Polyester-Baumwoll-Mischgewebe ca. 138.000 Fasern lösten, gelangten bei Polyester um die 496.000 Fasern ins Wasser und beim Acryl-Gewebe sogar rund 730.000 Fasern. Und weil Zahlen so eindrucksvoll sind: Forscher*innen haben alleine im Rhein pro 2.500 Kubikmeter Wasser 140.000 Mikroplastikpartikel gefunden. Oder um es in vorstellbaren Dimensionen auszudrücken: ein olympisches Schwimmbecken randvoll mit Mikroplastik. Aus deutschen Haushalten alleine gelangt ein Mikrofaser-Äquivalent

→ FACTS MATTER ←
2015 wurden 98 Millionen Tonnen Erdöl für die Modeindustrie verbraucht, der Großteil dafür für Kunstfasern. Für ein Kilogramm plastikbasierte synthetische Fasern wird 1,1 Kilogramm Erdöl benutzt.[23]

von 3,3 Millionen Plastiktüten pro Woche (!) in unsere Gewässer.[22]

Das Problem: Plastik wirkt wie ein Magnet auf andere Giftstoffe und ist somit lebensbedrohlich für damit in Kontakt tretende Lebewesen. Kommen Meereslebewesen mit Plastikpartikeln in Berührung und landen diese auf unseren Tellern, findet Mikroplastik seinen Weg in die Nahrungskette. Im Oktober 2018 berichteten Medien, dass österreichische Forscher*innen Mikroplastik in Menschen gefunden haben – eine Konsequenz des Lebenskreislaufs. Und was noch schlimmer ist: Mikroplastik ist neben anderen Plastikchemikalien ein wesentlicher Faktor für den rasanten Anstieg chronisch-entzündlicher Erkrankungen in den letzten 50 Jahren. Warum der Anstieg an synthetischen Fasern eine Bedrohung für die natürlichen Lebensräume ist, sollte nun deutlich geworden sein. Damit rückt auch der im Vergleich zu anderen Fasern geringe Flächenverbrauch bei synthetischen Fasern in den Hintergrund.

RECYCLING – HOFFNUNGSTRÄGER ODER SACKGASSE?

Wenn Kleidung nicht mehr getragen werden kann, kann sie aber noch recycelt werden, oder? Das stimmt nicht wirklich, denn alte Fasern werden aktuell so gut wie gar nicht zu brauchbaren Garnen und Stoffen für neue Kleidung recycelt. Viel häufiger werden Stoffe zerkleinert und zu Putzlappen oder Füllstoffen weiterverarbeitet (auch Downcycling genannt) und landen früher oder später wieder auf dem Müll.[24] Nur 20 Prozent der Altkleider werden überhaupt recycelt, was bedeutet, dass 80 Prozent unserer Altkleider ohne weitere Verwendung zum Ende des Lebenszyklus auf der Müllhalde oder in der Müllverbrennungsanlage landen.[25] Das liegt mitunter an der Qualität unserer Kleidung, die hauptsächlich aus minderwertigen synthetischen Fasern besteht, aus denen sich oftmals nur minderwertige Ware herstellen lässt – Fast Fashion sei Dank!

Und trotzdem: Wenn es um innovative Technologien in der Modeindustrie geht, ist „Recycling" ein viel genutztes Buzzword. Sowohl nachhaltige Unternehmen als auch die großen Player der Industrie setzen vermehrt auf recycelte Materialien. Ganz vorne dabei: recyceltes Polyester. Laut Plastikatlas ist der globale Verbrauch von recyceltem Polyester von 2015 auf 2016 um 58 Prozent gestiegen.[26] Tendenz weiter steigend. Der Sportartikelhersteller Adidas gibt an, bis 2024 nur noch recyceltes Polyester zu verwenden und somit Wasser, Chemikalien, Energie und CO_2-Emissionen zu reduzieren.

Was Adidas nun für sich entdeckt hat, macht der US-amerikanische Outdoorausstatter Patagonia bereits seit 1993. Angefangen hat man mit Fleecejacken, die aufgrund ihrer losen Oberflächenbeschaffenheit sehr viele Fasern verlieren. Bisher sind laut Angaben des Unternehmens 69 Prozent des Sortiments aus recycelten Materialien, bis 2025 soll die hundertprozentige Recyclingquote erfüllt werden. Inzwischen arbeitet Patagonia eng mit Forschungsinstituten zusammen, um die Beschaffenheit und Verarbeitung der Materialien zu verbessern und biologisch abbaubare synthetische Fasern zu prüfen. Patagonia dokumentiert diese Reise – anders als Adidas – sehr transparent und sieht sich ganz klar als Teil des Problems. So räumt das reformistische Unternehmen offen ein, dass es bisher noch keine nachhaltigen Alternativen für Polyester gibt und auch recyceltes oder biologisch basiertes Polyester und Nylon letztlich zu Lasten der Umwelt gehen.

Die Idee, aus bereits vorhandenem Polyester neue Kleidung herzustellen, scheint ein sinnvoller Umgang mit unserem Überfluss an Ressourcen zu sein. Recherchiert man genauer zu Recyclingverfahren und schaut sich auf den Webseiten einschlägiger Verfechter aus der Modebranche um, fällt allerdings schnell auf, dass es kaum Informationen über den Ressourcenverbrauch bei verfahrenstechnischen Prozessen gibt.

In der Regel wenden Unternehmen, die recycelte Kleidung anbieten, mechanisches Recycling an. Vereinfacht gesagt wird hierbei das Material sortiert, zerkleinert und irgendwann zu Granulat eingeschmolzen, das dann neu ausgesponnen wird. Da das zerkleinerte Material oft

ⓘ Modebrands,
die sich verantwortungsvoll mit dem Thema Recycling auseinandersetzen und recycelte Materialien verwenden:
→ Bleed, Ecoalf, Jan 'n June, Lovjoi, Margaret & Hermione und Swedish Stockings

relativ kurz und somit nicht sonderlich stabil ist, werden den kurzen Polymerketten durchschnittlich 60 bis 70 Prozent neues Material hinzugegeben. Deshalb spricht man oft von Downcycling, weil das Produkt in seiner Qualität einbüßt. Zudem ist mechanisches Recycling nicht ohne Verwendung von Frischfasern möglich. Wenn dann Unternehmen mit Produkten aus 100 Prozent recycelten Materialien werben, wirft das viele Fragen auf.

Hinzu kommt, dass Unternehmen selbst kaum Informationen über den genauen Ursprung der tatsächlich verwendeten Rohstoffe haben. Fest steht, dass beim Recycling oft unterschiedliche Ausgangsmaterialien verwendet werden, die im Verfahren so verarbeitet werden müssen, dass sie am Ende dieselbe Beschaffenheit und Farbe haben. Da recycelte Kleidung häufig im Outdoor- und Sportsegment eingesetzt wird, werden die Kleidungsstücke chemisch nachbehandelt, damit sie am Ende wasserabweisend oder antibakteriell sind. In Sachen Transparenz gibt es im Recycling also noch einiges nachzuholen.

Natürlich ist Recycling ein spannendes Verfahren, um das, was wir bereits haben, neu aufzubereiten. Anders als beim Upcycling verbraucht es aber viele Ressourcen, um ein qualitativ hochwertiges und somit langlebiges Endprodukt herzustellen. Ob man recycelte Produkte kauft oder lieber auf Naturfasern setzt, ist eine persönliche Entscheidung. Wichtig ist, dass man das Produkt gut pflegt und so lange wie möglich trägt. Eine Jacke nur ein paar Mal zu tragen ist alles andere als nachhaltig – egal, ob sie aus recyceltem Polyester oder aus Bio-Baumwolle besteht.

DIE VEGANE REVOLUTION: INNOVATIVE MATERIALIEN

Vegane Mode verzichtet auf Materialien tierischen Ursprungs. Leder, Wolle, Daunen, Felle und Seide sind also nicht vegan. Die Gründe für den Verzicht auf tierische Produkte in Kleidung können wie bei der Ernährung sowohl auf ökologische als auch auf ethische Motive zurückgehen.

Die Lederindustrie ist bewiesenermaßen extrem umweltschädlich, undurchsichtig in ihren Lieferketten und unter anderem aufgrund der im Gerbeprozess verwendeten Chemikalien gesundheitsgefährdend für die Beschäftigten. Auch Endprodukte aus Leder können toxische Gifte enthalten, wie etwa Chrom-VI-Verbindungen, die durch Hautkontakt Allergien auslösen können. Die weitverbreitete Annahme, dass die Lederindustrie häufig auf Abfallprodukte der Fleischindustrie zurückgreift, ist leider nicht richtig. Der Großteil der Tiere wird für die Lederindustrie getötet. Zudem ist es oft unmöglich zurückzuverfolgen, woher die Lederhäute genau stammen.

Die Luxusbranche ist dafür bekannt, für Taschen, Schuhe, Accessoires und Pelze exotische Tierhäute von teilweise bedrohten Tierarten zu verwenden. Hier werden die Tiere ausschließlich für die Hermès-Tasche oder den Fendi-Mantel gezüchtet und, wie Medienberichte und Tierschützer*innen aufdeckten, brutal getötet.

Es gibt Versuche, tierische Produkte ökologischer und ethischer zu produzieren. So greifen einige Labels bei Ledertaschen und -schuhen auf eine chromfreie und pflanzliche Gerbung zurück, etwa mit Olivenblättern oder Rhabarberwurzeln. Das Unternehmen Recyleather stellt Schuhe aus 60 Prozent Recyclingleder her. Hier werden Verschnittreste von Gartenhandschuhen aus Leder mittels eines Hochdruckwasserstrahlverfahrens zusammengesetzt. Und das Hamburger Schuhlabel Nine to five verwendet Lachslederhäute aus der Lebensmittelindustrie, die normalerweise entsorgt werden.

Statt Jacken mit Daunen von Enten oder Gänsen zu füllen, arbeiten viele Brands mit recyceltem Polyester. Bei der sogenannten Peace Silk

↑ Immer mehr Modelabels greifen auf natürliche vegane Materialien, wie Kork, zurück.

oder Friedensseide lässt man die Raupen erst schlüpfen, statt sie im Kokon zu kochen. Und bei Wolle achten Hersteller vermehrt auf mulesingfreie Wolle. Beim Mulesing werden präventiv große Hautstücke ohne Betäubung im Afterbereich der Schafe herausgeschnitten, um den Fliegenbefall in der Schafzucht zu vermeiden.

Tierische Materialien finden sich auch im Kleinen, wie im klassischen Lederpatch auf Jeans oder in Knöpfen und Kleber. Aber auch hier gibt es immer mehr vegane Varianten: In der ethischen Mode wird das Lederpatch häufig durch Kork oder Papier ersetzt. Auch Knöpfe und Kleber enthalten oft tierische Bestandteile, wie Kasein, Perlmutt, Horn. Gerade bei diesen versteckten Bestandteilen empfiehlt es sich, nach dem Peta-Siegel Ausschau zu halten, das ganzheitlich vegane Produkte auszeichnet. Das bedeutet allerdings nicht automatisch, dass die Produkte auch nachhaltig und fair produziert sind.

Die Gleichung, dass vegan nachhaltig ist, ist tatsächlich nicht gegeben. So sind vegane Taschen oft mit Polyurethan beschichtet und weisen Weichmacher auf. Das Obermaterial lederfreier Schuhe besteht häufig aus Mikrofasern, die ebenfalls mit Polyurethan oder PVC behandelt sind.

Was wir tragen möchten, ist letztlich immer eine individuelle Entscheidung, die sich an dem orientiert, welche Werte uns besonders wichtig sind. Das kann für einige die Ökobilanz sein, für andere steht der tierleidfreie Aspekt im Vordergrund.

Alternative vegane Materialien neben Naturfasern wie Baumwolle, Leinen oder Hanf, die häufig in veganen Produkten zum Einsatz kommen, sind:

Econyl® (Badebekleidung, Outdoor) – kreislauffähiges Nylon (synthetisches Polymer) der Firma Aquafil. Aus Mülldeponien und Ozeanen gesammelte und regenerierte Abfälle von Fischernetzen, Stoffresten, Industriekunststoffen. Laut Hersteller weist regeneriertes Nylon durch den Reinigungs- und Regenerationsprozess eine gleichwertige Qualität wie reines Nylon auf (kein Downcycling). Die Produktion von 10.000 Tonnen Econyl® soll laut Hersteller 57.100 Tonnen CO_2-Emissionen vermeiden.

covero™ (Oberbekleidung) – Viskosefaser (natürliches Polymer) von der Firma Lenzing. Fasern werden aus Holz aus nachhaltiger Forstwirtschaft gewonnen. Der Hersteller gibt an, dass covero™ gegenüber konventioneller Viskose einen bis zu 50 Prozent geringeren Emissions- und Wasserverbrauch hat.

Kork (Schuhe, Taschen, Jacken, Accessoires) – wird vom Korkbaum gewonnen, der wegen der nachwachsenden Rinde nur alle neun Jahre geerntet werden darf und ein großer CO_2-Speicher ist. Das Material ist biologisch abbaubar.

Lyocell (Oberbekleidung, Jeans aus Lyocell und Modal, Sportbekleidung) – ist eine innovative Zellulose-Regeneratfaser, die aus wassersparendem und düngerfreiem Eukalyptus oder anderen Holzarten gewonnen wird, erdölfrei und biologisch abbaubar ist. Lyocell ist eine vielseitig einsetzbare Faser und wird vom Tragekomfort her oft als vegane Seide gehandelt. Die Faser weist – je nach Studie – eine bessere Umweltbilanz als Baumwolle, Polyester und Polypropylen auf. Viele Modelabels setzen bei Lyocell auf das von der Firma Lenzing entwickelte Tencel™.

Naturkautschuk (Schuhsohlen, Yogamatten) – wird aus der Milch von Kautschukbäumen gewonnen, ist erdölfrei und biologisch abbaubar.

Papier – haltbares, waschfähiges und vielseitig einsetzbares Material, das unter anderem für vegane Jeanspatches (bekannt als Jacron) oder Taschen verwendet und von der US-amerikanischen Firma Texon vertrieben wird. Das aus Zellulose gewonnene Texon-Papier ist FSC- und Oeko-Tex-zertifiziert. Die Oberfläche erhält genau wie Leder im Laufe der Zeit eine schöne Patina. Texon-Papier wird von vielen großen Jeans- und Sportbrands genutzt. Auch das Münchner Slow-Fashion-Label Livalike greift für seine Taschen mit klarer Linienführung auf Texon-Papier zurück und wurde für das besondere Design bereits mehrfach ausgezeichnet.

Recycling-Kunstleder (Schuhe, Taschen) – aus Kunstlederresten gefertigt und erdölbasiert.

Recycling-Polyester (Oberbekleidung, Outdoor, Sport) – wird zum Beispiel aus PET-Flaschen hergestellt, ist erdölbasiert und nicht biologisch abbaubar.

Wer die Trageeigenschaften von Leder oder Wolle mag, aber die Neuproduktion davon nicht unterstützen möchte, hat natürlich auch die Möglichkeit, auf Secondhand- oder Vintagekleidung oder recycelte Wolle oder Leder zurückzugreifen.

→ Spannende Zukunftsmaterialien, die unter anderem als Ersatz für Kunstleder gehandelt werden, findest du auf Seite 38.
→ Eine Übersicht veganer Modelabels Ⓥ gibt es ab Seite 238.

Vegane Mode zwischen Innovation und Altbewährtem

PORTRÄT DES MODELABELS BLEED

———

„We bleed for nature" – Was sich zunächst fast martialisch anhört, bedeutet für das Label Bleed aus Oberfranken vor allem wahres Herzblut. Als Outdoorfan und Sportler wollte es Michael Spitzbarth nicht länger hinnehmen, dass seine geliebte Natur immer weiter verschwindet. Die Vorstellung des ausblutenden Planeten brachte den Franken dazu, ein Modelabel zu gründen, das einen ganzheitlichen Ansatz aus den Komponenten fair, ökologisch und vegan verfolgt. Als eine der wenigen in der Branche produzieren sie nachhaltige Outdoorbekleidung und wollen mit ihren Designs dabei immer wieder neue Maßstäbe setzen.

Das Label, das tief im beheimateten Oberfranken verwurzelt ist, legt großen Wert auf eine vollständig tierleidfreie Produktion. „Am Anfang vie-

ler tierischer Fasern steht die Massentierhaltung. Das kann ich nicht unterstützen", so Gründer Michael. Keine Wolle und kein Leder und das für Outdoorbekleidung, die warm und trocken halten soll? Bleed löst diese Schwierigkeit über bestimmte Stoffstrukturen oder ein gewisses Volumen an Material. So können zum Beispiel mithilfe von aufgerauter Baumwolle die thermischen Eigenschaften von Wolle gut imitiert werden. Materialien wie Tencel sorgen dafür, dass auch in Verbindung mit Schweiß keine unangenehmen Gerüche entstehen.

Mit seiner Arbeit möchte Bleed dazu beitragen, ein Bewusstsein für Nachhaltigkeit zu schaffen und dazu anregen, die eigene Lebensweise ein Stück weit zu verändern, erzählt uns Designerin Lena Hoffmann. Immer wieder setzt Bleed deswegen auf Leuchtturmprojekte, die zeigen, dass die Modeindustrie auch anders arbeiten kann. Egal, ob eine vegane Lederjacke komplett aus Kork oder eine wasserfeste Funktionsjacke, die nur aus Baumwolle besteht – hinter all diesen Projekten steht der starke Wille, Veränderung zu schaffen. Und das Label bleibt hier nicht bei den Produkten stehen. Auch in der Firmen-DNA ist dieser Wunsch fest verankert. Die Entscheidung, ein Unternehmen mitten auf dem Land aufzubauen, traf Gründer Michael sehr gezielt. „Wenn sich keine jungen Leute finden, die bewusst auf dem Land eine Entwicklung vorantreiben wollen, wird in diesen Regionen nicht viel passieren", begründet er seine Entscheidung, die Firmenzentrale ins oberfränkische Helmbrechts zu legen.

Doch nicht nur der eigene Heimatbezug und die Nähe zu den Bergen waren für diesen Entschluss mitverantwortlich. Die Region war eine der starken Textilregionen Deutschlands, bevor

← Bleed-Gründer Michael Spitzbarth setzt aus Überzeugung auf vegane Mode.

↑ Für Designerin Lena Hoffmann muss Mode langlebig sein.

← Alles unter einem Dach: Design, Logistik, Vertrieb und Co. grenzen an den hauseigenen Laden.

→ Bleed verwendet vegane Naturmaterialien und recycelte Fasern.

immer mehr Unternehmen in Niedriglohnländer abwanderten. Michael und sein Team wollen das zurückbringen, was lange Zeit hier zu Hause war. „Tausende Menschen haben damals ihren Job verloren und lokal angebaute Ressourcen für die Textilindustrie wie Hanf und Leinen sind immer weiter verdrängt worden", fasst Michael die Problematik zusammen. Heute bezieht Bleed Materialien wie Hanf und Leinen aus anderen Ländern, wie zum Beispiel China, wo Hanf ebenfalls eine große Tradition hat. Der Großteil der Produktion von Bleed kann zwar nicht mehr in der Region stattfinden, da es die Infrastruktur dafür nicht mehr gibt, doch das Label inspiriert auch andere in der Region, im textilen Bereich wieder aktiv zu werden. Erst kürzlich hat sich eine kleine Weberei aus dem Nachbarort GOTS-zertifizieren lassen. Gemeinsam haben das Label und die Weberei eigene Produkte wie eine lokal produzierte Jeans oder eine gewebte Bio-Baumwolldecke herausgebracht.

Trotz aller Tradition macht Bleed in Bezug auf innovative Verfahrensweisen keine Kompromisse. Die Oberfranken haben sich entschieden, mit recyceltem PET und Polyester zu arbeiten. Und dies bringt Verantwortung mit sich. „Man muss unbedingt sortenrein arbeiten, damit das Produkt als Ganzes dem Kreislauf wieder zugeführt werden kann", weiß Michael. Nur, wenn die Produkte zu 100 Prozent recycelbar sind, sei ein Kreislauf garantiert, der dazu beiträgt, die Modeindustrie nachhaltiger zu gestalten. Die Jacken aus recyceltem Polyester von Bleed können für diesen Prozess zurückgegeben und anschließend in Deutschland recycelt werden. Dafür arbeitet das Label mit dem Unternehmen Sympatex zusammen, die mit ihrem Projekt „Closing The Loop" vom linearen Denken in der Modeindustrie wegkommen möchten. Für ein neues Produkt in diesem Kreislauf wird kein einziger neuer Tropfen Rohöl gebraucht. Kritik bezüglich des Recyclingprozesses und der

„DIE ENORME DEFINITION ÜBER BESITZGÜTER SOLLTE DER VERGANGENHEIT ANGEHÖREN."

← Michaels Skate- und
Surf-Leidenschaft zieht sich
durch Bleeds Kollektionen.

→ Seit 2008 inspiriert die
Marke zu nachhaltigem
Lifestyle, der einfach in den
Alltag zu integrieren ist.

schwindenden Qualität des Materials begegnet
Chefdesignerin Lena: „Es wäre schon ein Fort-
schritt, wenn Produkte überhaupt einmal recycelt werden würden." Für Michael sind solche
Kreislaufsysteme ein wichtiger Teil der Lösung,
um die Textilbranche in Zukunft nachhaltiger
und CO_2-neutraler zu gestalten.

   Auch wenn diese Projekte ein guter Ansatz
sind, scheint es so, als wäre der einzige Weg, die
Branche wirklich zu revolutionieren und dem Klimawandel etwas entgegenzusetzen, eine massive Reduktion unseres Konsums. Lena ist skeptisch: „Für wie viele Menschen ist der komplette
Konsumverzicht wirklich realistisch?" Bleed will
lieber Teil der Lösung sein, anstatt sich dem
Markt zu verschließen. Sie nutzen die Marke als
Aufklärungs-Tool, zeigen Alternativen auf und
wirken als Vorbild in der Branche. Dafür setzen
sie auf konstantes, aber nachhaltiges Wachstum
ohne Investoren, bleiben bei zwei Kollektionen
im Jahr mit circa 80 Teilen pro Saison und wollen der Mode ihre Wertigkeit zurückgeben.
Michael ist überzeugt: „Es macht Sinn, ein hand-
werklich gut produziertes T-Shirt aus einer nachhaltigen Faser, das bis zu 80 Waschzyklen hält,
für 50 oder 60 Euro zu verkaufen. Das ist der

Weg." Lena fügt hinzu, dass ein Bewusstseinswandel stattfinden muss. Die enorme Definition
über Besitztümer sollte, wenn es nach ihr ginge,
der Vergangenheit angehören. Das bedeutet
auch, nicht unbedingt immer mit dem Trend zu
gehen. Das Versprechen der Modebranche, sich
immer wieder neu erfinden zu können, funktioniert nur bedingt im Hinblick auf eine nachhaltige Zukunft. Bleed will deswegen keine
gehypten Produkte kreieren, die schnell wieder
verschwinden, sondern Kleidung schaffen,
die bleibt.

→ bleed-clothing.com

→ Weitere Informationen zu kreislauffähiger Mode findest du auf Seite 72.

Neue Materialien der Zukunft

INNOVATIVE, NATÜRLICHE FASERN

———

Auf dem Fasermarkt gibt es immer Innovationen zu entdecken. Besonders der vegane Kunstledermarkt bietet zunehmend nachhaltigere Alternativen zu PVC-Kunstleder. Viele dieser Materialien sind allerdings noch nicht skalierbar und werden deshalb nicht in großer Menge verarbeitet.

Hier eine Auswahl an spannenden Materialien, die sich hoffentlich in naher Zukunft durchsetzen werden.

Apfelleder – ein aus Rückständen der Apfelsaftproduktion gewonnenes Material der Firma FRUMAT aus Italien. Auf Bestellung wird in einer Kunstlederfabrik in Florenz aus pulverisierten Südtiroler Äpfeln Apfelleder produziert. Apfelleder wird oft wegen seiner strukturähnlichen Eigenschaften für vegane Lederprodukte verwendet. Auch das Taschenlabel nuuwai verwendet das Apfelleder von FRUMAT. Hierfür werden die Apfelreste getrocknet, pulverisiert und zur Hälfte mit Bio-Polyurethan und Farbpigmenten als Bindemittel zur Stabilität angereichert. Diese Mischung wird auf eine mit Baumwollstoff überzogene Rolle aufgetragen, der Wetterbeständigkeit halber erhitzt und abschließend mit einem Muster geprägt. Inzwischen gibt es auch Schuhe aus Apfelleder, zum Beispiel beim veganen italienischen Schuhlabel Nemanti.
→ nuuwai.de
→ nemanti.com

Bananatex® – ein vom Schweizer Taschen- und Accessoires-Label Qwstion entwickeltes Gewebe aus Bananenpflanzen. Die dafür verwendete Abacá-Pflanze aus dem philippinischen Hochland gehört zur Familie der Bananen, sie wird aber wegen der Fasern und nicht wegen ihrer Früchte genutzt. Die Bananenstauden benötigen weder Pestizide noch Kunstdünger und haben sehr strapazierfähige Fasern. Durch die natürliche Wachsbeschichtung sind die Produkte wasserabweisend und bilden somit eine natürliche Alternative zu synthetisch hergestellten Materialien. Die Produkte aus Bananatex® sind vollständig biologisch abbaubar. Da die Herstellung relativ teuer ist, designt Qwstion die Modelle so, dass nur wenig Verschnitt anfällt. Damit auch andere Unternehmen die (r)evolutionäre Faser verwenden können, ist Bananatex® als Open-Source-Projekt angelegt.
→ qwstion.com, bananatex.info

Chiengora – ein aus der ausgekämmten Unterwolle von Hunden versponnenes Garn des Start-ups Modus Intarsia. Ganz weich, völlig geruchsneutral und natürlich. Die Rohwolle bezieht

↑ Mit Modus Intarsia denken Ann Cathrin Schönrock und Franziska Uhl Wolle neu.

← Aus der Abaca-Pflanze hat Qwstion ein neuartiges Gewebe namens Banana-tex® entwickelt, das ohne synthetische Fasern auskommt.

Modus Intarsia von Hundehalter*innen, die die beim Auskämmen anfallende Wolle nun nicht mehr wegwerfen müssen. Nach der Reinigung wird die Wolle in der Naturfasermühle in Sachsen versponnen. Die Chiengora-Wolle wird zwecks Elastizität noch mit 20 Prozent aus Deutschland bezogener Alpaka- und Merinowolle gemischt, bis eine alternative vegane Faser gefunden wird. Derzeit arbeitet Modus Intarsia verstärkt an der Produktentwicklung und vertreibt die Wolle im Pilotladen Loops Berlin.
→ modusintarsia.com

Pilzleder – ein aus dem Wurzelgeflecht von Pilzen, auch bekannt als Myzel oder Myzelium, hergestelltes Kunstleder. Entwickelt vom US-amerikanischen Unternehmen MycoWorks, werden die Wurzelfasern mit Abfallprodukten aus der Lebensmittelindustrie versetzt, sodass eine Masse entsteht, die nach Belieben geformt werden kann. Pilzleder gilt als strapazierfähig, wasserabweisend und biologisch abbaubar. Inzwischen fertigt das niederländische Unternehmen MycoTEX by NEFFA maßgeschneiderte Kleidung aus dem Wurzelgeflecht an, die weder zugeschnitten noch genäht werden muss und somit Ressourcen entlang der Lieferkette einspart.
→ mycoworks.com
→ neffa.nl

Piñatex® – ein aus Ananasblättern verarbeitetes Material der Firma Ananas Anam, das hauptsächlich für Taschen, Schuhe und Accessoires verwendet wird. Statt die bei der Obsternte abfallenden Ananasblätter wegzuwerfen, werden die aus den Blättern gewonnenen Fasern zu Gewebe verarbeitet. Die verbleibende Biomasse wird als natürliches Düngemittel oder als Biogas zurück in den Kreislauf geführt. Ananas Anam arbeitet mit philippinischen Ananasbauern zusammen, die durch die Blaternte nun ein zusätzliches Einkommen haben. Verarbeitet werden die Fasern in Spanien. Beim Gerben verzichtet man weitestgehend auf nicht-kreislauffähige Chemikalien, die Harzbeschichtung ist allerdings erdölbasiert, sodass das Material nicht biologisch abbaubar ist. Neben großen Herstellern gibt es auch immer mehr ethische Modemarken, die Piñatex® in ihren Kollektionen verwenden, wie zum Beispiel Things I Miss und Nae Shoes.
→ ananas-anam.com
→ thingsimiss.com
→ nae-vegan.com

Die Suche nach dem perfekten nachhaltigen Material

Die gute Nachricht zuerst: Es tut sich einiges im Bereich nachhaltige(re) Materialien. Und nun zu den weniger guten Nachrichten: Die Suche nach dem einen perfekt nachhaltigen Material ist mühsam und vielleicht auch vergebens. Jedes Material hat sein Für und Wider. Natürlich können Textilsiegel uns bei der Kaufentscheidung unterstützen, aber auch Labels ohne Zertifikate können nachhaltig arbeiten. Ob die Wahl nun auf eine Hose aus recycelten Materialien oder Bio-Baumwolle fällt, ist eine ganz individuelle Entscheidung. Letztlich ist es ein Abwägen dessen, was uns wichtig ist. Es gibt keinen perfekten nachhaltigen Konsumleitfaden. Das mag zunächst frustrierend sein, wenn man beim Kleidungskauf bis zum Garn alles richtig machen möchte. Aber vielleicht kann die Erkenntnis, dass es so etwas wie den Heiligen Gral der Nachhaltigkeit nicht gibt, auch ein Stück weit eine Erleichterung sein. Das erlaubt, sich von dem selbst auferlegten Perfektionsdrang ein wenig zu lösen, während wir bewusstere Entscheidungen treffen. Nachhaltigkeit ist ein Spektrum an Ideen, achtsam mit den uns zur Verfügung stehenden Ressourcen umzugehen. Der Frage, was für uns persönlich am nachhaltigsten ist, begegnen wir am besten mit Fragen nach Impact und Nutzen (also Produkt- und Gebrauchsökologie) eines Kleidungsstücks.

← Die Frage nach dem nachhaltigsten Material beantwortet sich am besten durch die individuelle Verbrauchsökologie.

⊘ Nachhaltigkeitstipps beim Kleiderkauf von Franziska Uhl

---

01. ACHTE AUF DAS MATERIAL

Materialmischungen aus Natur- und Synthetikfasern sind nach dem Tragen kaum recycelfähig. Ein einfacher Schritt ist es also, darauf zu achten, möglichst reine Materialien zu kaufen, das heißt keine Baumwoll-Polyester-Gemische. Wenn das Kleidungsstück Materialmischungen enthält, achte darauf, dass diese entweder vollständig aus natürlichen oder synthetischen Fasern bestehen.

02. WAS BRAUCHE ICH WIRKLICH?

Überleg dir ganz genau, wofür du das Kleidungsstück brauchst. Soll dein weißes T-Shirt möglichst strapazierfähig und oft waschbar sein? Dann bietet es sich an, auf Baumwolle zurückzugreifen. Brauchst du die neue Regenjacke für Sonntagsspaziergänge oder eine Alpenexpedition? Für Spaziergänge reicht definitiv ein wachsbeschichteter Regenmantel statt einer synthetisch beschichteten multifunktionalen Outdoorjacke.

03. DENK AN DIE MIKROFASERN

Denk daran, dass synthetische Kleidung beim Waschen Mikrofasern verliert. Besonders umweltbelastend für unsere Gewässer und Böden sind Fleecestoffe. Es gibt aber mittlerweile Alternativen und Marken, die Fleecepullover aus Naturfasern wie Wolle (Hessnatur und Engel Natur) und Baumwolle (Hessnatur und Grünheld) anbieten.

↑ Franziska Uhl (@franzi.uhl) ist angehende Textilingenieurin und Mitgründerin von Modus Intarsia. Zusammen mit der Ideengeberin und Strickdesignerin Ann Cathrin Schönrock entwickelt Franziska Garn aus der ausgekämmten Unterwolle von Hunden.

Die Verschwendung der Ressource Textil

LÖSUNGEN FÜR ÜBERKONSUM UND UNGEWOLLTE KLEIDUNG

—————

Unsere westlichen Kleiderschränke sind randvoll. Das legen zumindest die Ergebnisse der Greenpeace-Studie „Wegwerfware Kleidung" nahe. Demnach hängen 5,2 Milliarden Textilien in den deutschen Kleiderschränken. Davon werden 40 Prozent kaum oder nie getragen. Umgerechnet bedeutet das, dass 2,08 Milliarden Textilien ungetragen in unseren Kleiderschränken verkümmern. Warum wir Kleidung kaufen und sie doch nicht tragen, kann natürlich viele Gründe haben: von klassischen Fehlkäufen (die Größen- oder Stilfrage) über Impuls-, Belohnungs- oder Frustkäufe bis hin zu verlockenden Sale-Angeboten. Kein Wunder also, dass angesichts des Überkonsums in Deutschland jedes Jahr 1,3 Millionen Gebrauchtkleider aussortiert werden.

Davon landen knapp drei Viertel bei Textilverwertern, wovon wiederum lediglich die Hälfte wiederverwertet wird. Und der Rest? Der landet in der Müllverbrennungsanlage oder auf der Deponie. Der Anstieg des Produktionsvolumens zieht auch einen Zuwachs an Altkleidern nach sich. Und davon haben wir so viele, dass wir keine Verwendung mehr dafür finden, weshalb wir sie ins Ausland exportieren. Alleine 2014 wurden in Deutschland 4,3 Millionen Altkleider exportiert.[27] Dass wir gerne mal Ungewolltes, wie Elektroschrott oder Atommüll, ins Ausland verschiffen, ist ein offenes Geheimnis. Doch wenn die ausländischen Märkte unseren Müll auch irgendwann nicht mehr wollen, weil er die heimische Umwelt und die Wirtschaft zerstört, müssen wir endlich anfangen, vor der eigenen Haustür zu kehren.

Wie hoch der Gesamtanteil überproduzierter, fehlerhafter und nicht abverkaufter Kleidung in der Modebranche ist, lässt sich nur mutmaßen.

↗ 40 Prozent der Kleidung in unserem Kleiderschrank wird kaum oder nie getragen.

← Immer mehr Menschen gehen gegen die Verschwendung von Textilien auf die Straße.

Einblicke in die Geschäftsberichte legen nahe, dass es sich um absurde Mengen handelt. So gab H&M im ersten Quartalsbericht 2018 bekannt, dass es unverkaufte Ware im Wert von 4,3 Milliarden US Dollar hat. Einige Jahre zuvor deckten dänische Journalist*innen auf, dass der schwedische Modekonzern neue, angeblich fehlerhafte Kleidung verbrennt. Es ist davon auszugehen, dass die Verbrennung von Neuware gängige Praxis in der Fast-Fashion-Industrie ist. Dass Überproduktion ein branchenweites Problem ist, zeigt auch der Geschäftsbericht von Burberry: 2018 hat das Luxuslabel Produkte im Wert von etwa 32,5 Millionen Euro vernichtet. Warum? Aus Imagegründen, weil Rabatte das exklusive Ansehen beschädigen würden.

Ein Ansatz für Unternehmen, verantwortungsvoller mit Ressourcen umzugehen, ist, ungewollte, aber noch einwandfreie Kleidung im Kreislauf zu halten. Glücklicherweise gibt es immer mehr Modelabels, die aus bereits vorhandenen Stoffen ein neues Produkt schaffen und so echte Upcycling-Unikate designen. Upcycling-Labels können mit Post-Consumer-Waste arbeiten, also zum Beispiel mit bereits getragenen Kleidungsstücken und alten Wohntextilien. Oder sie greifen auf Pre-Consumer-Waste zurück, also auf Produktionsabfälle, die während des Herstellungsprozesses generiert werden, oder auf unverkaufte Ware.

———

> „WIE HOCH DER GESAMTANTEIL ÜBERPRODUZIERTER, FEHLERHAFTER UND NICHT ABVERKAUFTER KLEIDUNG IN DER MODEBRANCHE IST, LÄSST SICH NUR MUTMASSEN."

———

Über soziale Verantwortung und Upcycling

Mit Bridge & Tunnel haben die Kulturwissenschaftlerin Constanze „Conny" Klotz und Textildesignerin Charlotte „Lotte" Erhorn ein Label geschaffen, das aus ungewollten Denimresttextilien neue Schätze fertigt. In einer eigenen Näherei auf der Elbinsel Wilhelmsburg in Hamburg arbeiten sie mit ihrem multinationalen Team daran, unsere Gesellschaft durch Design zu verändern.

———

← Mit ihrem Label wollen Lotte (links) und Conny (rechts) Brücken bauen.

↑ Jede Jeans wird per Hand zugeschnitten.

Wie kam es dazu, dass ihr Bridge & Tunnel gegründet habt? Conny und Lotte: Bevor es das Label gab, haben wir gemeinsam immer wieder kleinere Workshops organisiert, bei denen Langzeitarbeitslose mit Designer*innen zusammenkamen, um aus Resttextilien neue Produkte zu fertigen. In einem Workshop haben wir eine sehr schöne Jeanstasche gemacht. Von da an hat sich die Upcycling-Idee verselbstständigt. Als wir dann Bridge & Tunnel gegründet haben, lag es für uns nahe, mit den Beständen aus der Kleiderkammer in unserer Nachbarschaft weiterzuarbeiten.

Es gibt ja sehr viele verschiedene Resttextilien. Wieso habt ihr euch für Jeansstoffe entschieden? Lotte: Denim hat viele tolle Eigenschaften, die für uns in der Produktion von Vorteil sind. Jeans sind meistens blau und schwarz, das lässt sich gut kombinieren. Außerdem ist die Qualität oft sehr ähnlich und es gibt einfach wahnsinnig viele Jeans, die nicht mehr getragen werden, aber noch total gut genutzt werden können.

Conny: Dazu kommt, dass Jeans sehr ressourcenaufwendig produziert werden. Das steht häufig in keinem Verhältnis zur Tragedauer, denn viele tragen einen bestimmten Jeanstrend nur eine Saison lang. Denimstoffe sind aber eigentlich sehr langlebig. Wir helfen also dabei, dass diese Eigenschaft auch genutzt wird und diese Stoffe im Kreislauf bleiben.

Ihr selbst nutzt in der Kommunikation das Wort Upcycling selten – wieso? Lotte: Den Begriff „Upcycling" setzt man leider nicht unbedingt mit hochwertigem Design gleich. Viele assoziieren damit immer noch einen typischen, unmodernen Patchwork-Look. Gerade bei Jeans bestehen diese Vorurteile. Zu Unrecht, denn viele Kund*innen von uns erkennen gar nicht, dass es abgenähte Jeans sind, und sind von der tollen Qualität positiv überrascht. Unsere Schnitte würdigen das Material und werten es auf.

Welche Herausforderungen gibt es sonst für ein Upcycling-Label? Conny: Aus Textilresten Kollektionen zu entwickeln ist an sich herausfordernd, da man genügend gleichwertiges Material haben muss, damit einzelne Teile nicht zu stark voneinander abweichen. Wir wollen ja keine Einzelstücke schaffen, sondern serielle Unikate, die wir in unserem Onlineshop verkaufen und Einzelhändlern anbieten können.

Lotte: Wir arbeiten mit einem Grundmaterial, das schon einmal zugeschnitten wurde. Das heißt, dass wir alle Maße auf die Breite eines Hosenbeins herunterbrechen müssen. Das reglementiert uns im Design und wir können nicht jedes Produkt anbieten. Es ist also nicht so einfach und trotzdem verstehen manche unsere Preisstruktur nicht und halten unsere Produkte für teuer, wo wir doch unsere Rohstoffe so günstig beziehen. Dabei ist die Aufbereitung sehr beschwerlich und zeitintensiv, was die Kosten treibt.

Seid ihr mit dem Anblick der massenhaften Textilreste auch manchmal überfordert? Conny und Lotte: Als wir zum ersten Mal gesehen haben, wie Klamotten containerweise bei der Kleiderkammer ankommen, wurde uns bewusst, was „zu viel Kleidung" eigentlich bedeutet. Es gibt wirklich unendliche Massen an Textilien, die schon da sind und immer mehr werden.

Wie spendet man ungewollte Kleidung am besten? Conny: Im besten Fall bringt man seine Klamotten zu einer Stelle, die man kennt. Sozialkaufhäuser sind zum Beispiel gute Adressen. Viele werfen ihre Klamotten leider einfach in die aufgestellten Container, bei denen man oft nicht weiß, wo die Kleidung hingeht und ob sie nochmal gut genutzt wird.

Lotte: Oder man gibt sie uns. Wir bekommen viele Briefe und Pakete von Menschen geschickt, die auf uns aufmerksam geworden sind und uns ihre Lieblingsjeans schicken, weil sie es schöner finden, sie zu uns zu geben, als sie anonym wegzugeben.

← Talents over Diploma: Bei Bridge & Tunnel stehen Menschen und Talente an erster Stelle.

→ Durch das Upcycling wird ungewollte Kleidung aufgewertet und länger im Kreislauf gehalten.

Was müsste eurer Meinung nach in der Bekleidungsindustrie passieren, um einen verantwortungsvolleren Umgang mit Textilien sicherzustellen?
Conny: Wir müssen von der Quantität wegkommen, hin zu einer höheren Qualität. Es ist natürlich total schön zu sehen, dass immer mehr Fair-Fashion-Labels entstehen. Aber es ist ja auch nicht im Sinne der Nachhaltigkeit, dass man jetzt durchschnittlich 60 Teile im Jahr bei Fair-Fashion-Brands statt bei konventionellen Marken shoppt.

Lotte: Wir sollten uns als Konsument*innen alle informieren, aber es ist schlicht nicht möglich, dass wir alle Expert*innen auf jedem Gebiet sind. Deswegen denke ich, dass es auch viel verlangt ist, zu erahnen, welche sozialen und ökologischen Folgen ein T-Shirt für sechs Euro hat.

Conny: Deshalb müssen über allem politische Reglementierungen stehen. Warum kann es hier nicht Gesetze wie in Frankreich geben, die die Unternehmen an ihre Verantwortung erinnern? Da ist die Politik ganz stark in der Bringschuld. Außerdem müssen Unternehmen ihre Prozesse anders denken, zum Beispiel Leihsysteme installieren, Mode on demand anbieten, Kollektive und Einkaufsgemeinschaften bilden oder mit 3-D-Schnitterstellung arbeiten, um Prototypen nicht immer hin und her schicken zu müssen. Und natürlich die Stückzahlen reduzieren.

Was bedeutet Verantwortung für euch?
Conny und Lotte: Verantwortung ist für uns nichts, was wir uns zusätzlich auferlegen. Das ist unsere DNA. Wir beschäftigen Langzeitarbeitslose und Menschen, die aus verschiedenen Gründen Schwierigkeiten haben, einen Job zu finden. Wir wollen wertschätzend mit den Menschen und den Ressourcen umgehen, die Teil unseres Unternehmens sind. Das sind für uns in erster Linie die Mitarbeiter*innen, aber natürlich auch die Hosen, die bei uns ein zweites, neues Leben erhalten. Verantwortung bedeutet: Menschen sehen, die Produkte fertigen können, und sie auch sichtbar werden lassen. Zu zeigen, dass sehr viele Menschen in Mode involviert sind und dass es sehr viel Zeit und Kraft braucht, Textilien zu produzieren. Verantwortung ist etwas Schönes, nichts, was uns Angst macht.

Warum ist es so schwer, andere Unternehmen davon zu überzeugen, auch mit Langzeitarbeitslosen zu arbeiten? Conny: Viele Unternehmen

← Kollektionen aus unter-
schiedlichen Textilresten zu
entwickeln, ist eine der
großen Herausforderung
beim Upcycling.

↙ Bridge & Tunnel macht
die Menschen hinter
der Kleidung sichtbar.

denken rein wirtschaftlich. Oft sind die Leute total talentiert, aber eben nicht so schnell wie ausgebildete Schneider*innen. Wir zahlen trotzdem tarifliche Löhne. Deswegen haben wir aber auch eine Kooperation mit dem Jobcenter, die das finanziell wieder etwas ausgleicht. So können wir wettbewerbsneutral arbeiten.

Lotte: Es wäre natürlich viel einfacher, wenn ein herkömmliches Unternehmen, das eine größere Produktionskraft hat und vielleicht 30 Leute beschäftigt, einfach zwei, drei Leute aufnimmt. Sie könnten dort viel lernen und es fällt in der Gesamtproduktion kaum ins Gewicht. Die Verantwortung verteilt sich auf mehrere Schultern. Das kann in jedem Betrieb so sein, nicht nur in einer Textilproduktion.

Ist euer Engagement in diesem Bereich manchmal auch kräftezehrend? Conny: Es kostet natürlich Zeit und nimmt neben dem Thema Upcycling viel Raum bei uns ein. Aber wir machen das sehr gerne. Einmal wollte ein Zahnarzt unserem Mitarbeiter alle möglichen teuren Zusatzbehandlungen verkaufen. So was ist eine Frechheit und da stehen wir dann natürlich für unseren Mitarbeiter ein, wenn wir sehen, dass jemand ausgenutzt wird, nur weil er nicht so gut Deutsch spricht.

Was ist eure Vision für die Zukunft? Conny und Lotte: Unser Leitsatz ist: We design Society. Wir wollen die Gesellschaft durch Design verändern. Außerdem ist unser zweiter Leitsatz: Talents over Diploma. Für uns steht immer das Individuum im Vordergrund und Talente stehen über allem!

→ bridgeandtunnel.de

„WARUM GIBT ES KEIN GESETZ, DAS DIE UNTERNEHMEN IN DIE VERANTWORTUNG NIMMT?"

„VERANTWORTUNG BEDEUTET, DIE MENSCHEN HINTER DER KLEIDUNG SICHTBAR ZU MACHEN."

Charlotte Erhorn, Bridge & Tunnel

1 Hose: Natascha von Hirschhausen
Kleid: Natascha von Hirschhausen
Schuhe: Trippen

2 Jumpsuit: Natascha von Hirschhausen

3 Bluse: Ecoalf
Hose: Natascha von Hirschhausen

4 Schuh: Trippen

5 Kleid: Sanika

6 Kleid: Sanika

7 Bluse: Ecoalf

8 Bluse: Ecoalf
Hose: Natascha von Hirschhausen

„KEIN UNTERNEHMEN SOLLTE DAS RECHT HABEN, AN EINEM ORT ZU PRODUZIEREN, AN DEM ES NOCH NIE WAR.“

Jeanne de Kroon, Zazi Vintage

3

4

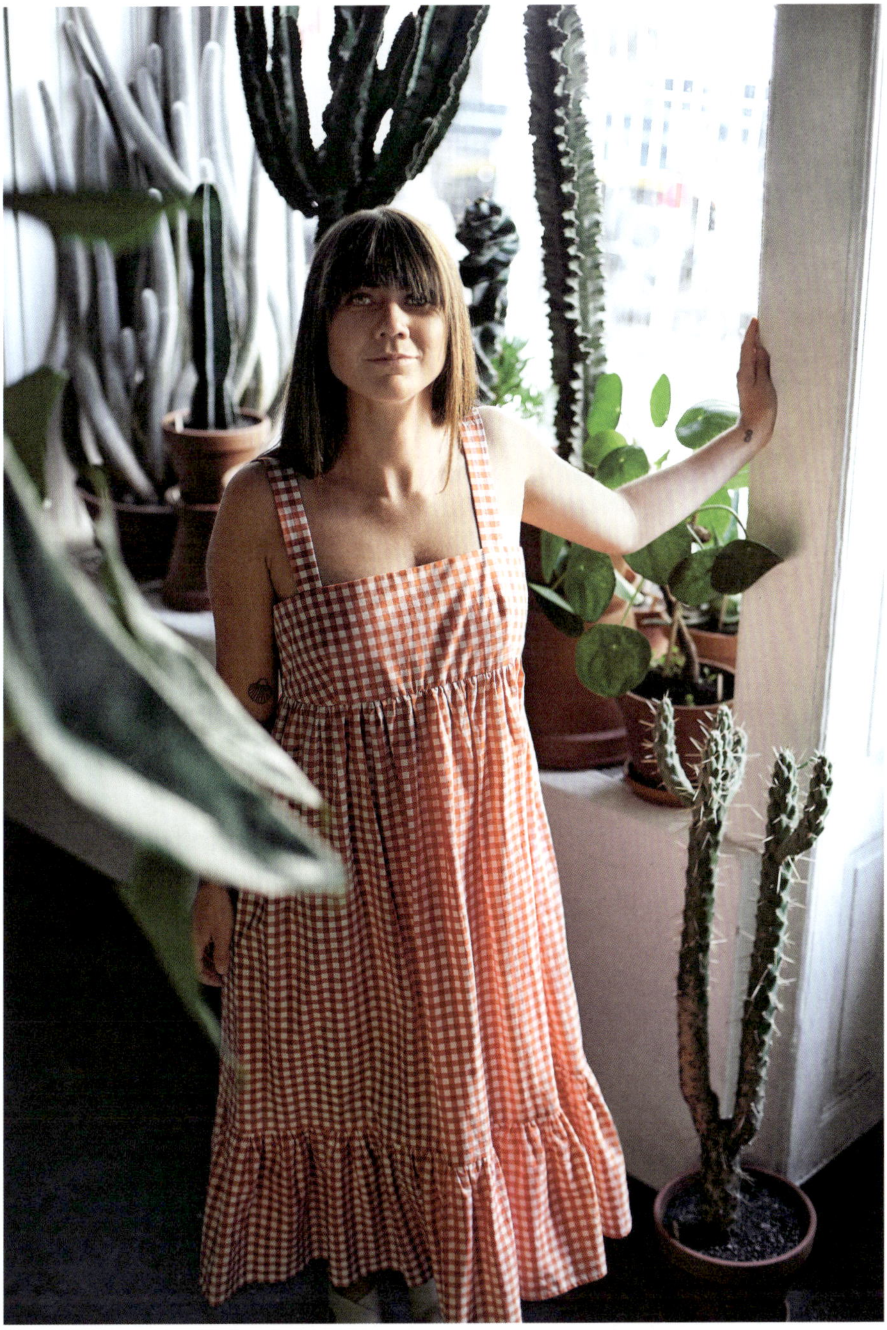

„ICH FINDE ES WAHNSINNIG FAHRLÄSSIG, WENN MAN JETZT EIN LABEL GRÜNDET UND DAS THEMA NACH-HALTIGKEIT NICHT BERÜCK-SICHTIGT."

Annette Granados Hughes, *Womom*

Model: Louisa Dellert

Die Influencerin Louisa Dellert nutzt ihre Reichweite für nachhaltige und politische Themen. Mit ihren Social-Media-Kanälen und ihrem Podcast leistet sie vor allem umwelt-politische Arbeit. Außerdem ist sie Gründerin des Less-Waste-Shops Naturalou.
→ @louisadellert.com

Styling: Stefan Uhr und Charline Lentschig
Haare und Make-up: Claudia Plath
Make-up: Dr. Hauschka
Location: The Botanical Room

⊙ Kleiderspende richtig gemacht

——

01. ALTKLEIDERCONTAINER

Kleidung nicht unbedacht in den nächstgelegenen Altkleidercontainer werfen, sondern vorher Anbieter recherchieren. Denn leider tummeln sich auch hier einige schwarze Schafe.

02. STADTMISSION

Neue oder gut erhaltene Kleidung direkt bei der Stadtmission abgeben – dort sammelt man Kleidung für Bedürftige (stadtmissionen.de). Gerade zur kalten Jahreszeit ist die ausrangierte Winterjacke hier gut aufgehoben. Am besten vorher anrufen, was derzeit gebraucht wird. Eine Übersicht der deutschlandweiten Kleiderkammern der Caritas gibt es hier: → caritas.de

03. SOZIALKAUFHAUS

Gut erhaltene Kleidung im Sozialkaufhaus abgeben. Neben Textilien nehmen die Kaufhäuser auch oft Gebrauchsgüter und Haushaltswaren an.

→ Weitere Informationen zum kritischen Umgang mit Secondhandkleidung findest du auf Seite 204.

Baumwolle und Wasser

Jeans gehören zu den beliebtesten und zugleich ressourcenintensivsten Kleidungsstücken. Der durchschnittliche Wasserverbrauch in der Herstellung einer Jeans liegt laut der NGO Drip by Drip zwischen 7000 und 12.000 Litern Wasser.

Jeans bestehen größtenteils aus Baumwolle, eine Feldfrucht, die am besten in warmen und regenreichen Regionen wächst. Doch auch in regenarmen Regionen wird sie gerne angebaut, da sie, im Gegensatz zu anderen Feldfrüchten wie Mais oder Gerste, wesentlich weniger Wasser benötigt. In diesen Regionen ist dann jedoch eine künstliche Bewässerung notwendig, um gute Erträge zu erzielen. Ursprünglich also in den Tropen und Subtropen beheimatet, hat sich die Baumwollpflanze durch die immer weiter wachsende Nachfrage ihren Weg auch in trockenere Regionen gebahnt. Gerade dort ist der verantwortungsvolle Umgang mit Wasser essenziell. Eines der bekanntesten Beispiele dafür, was schlechtes Wassermanagement anrichten kann, ist der Aralsee in Zentralasien. Der ehemals

ℹ **Deine Wassermenge**
Auf waterplaybook.net, einem Projekt der NGO Drip by Drip und des Modelabels Kind of Blau, kannst du den Wasserfußabdruck deines Kleiderschranks ausrechnen lassen und genau sehen, wie viel Wasser welches Kleidungsstück verursacht.

viertgrößte See der Erde ist inzwischen unter anderem durch die umliegenden Baumwollfelder nahezu vollständig ausgetrocknet. Bei Bio-Baumwolle wird übrigens im Gegensatz zu konventioneller Baumwolle weniger Frischwasser benötigt, weil sie häufig im Regenfeldanbau erzeugt wird.

Nicht nur die Fasergewinnung ist extrem wasserintensiv, auch die Waschung von Baumwolle treibt den Wasserverbrauch in die Höhe. Je nachdem, wie das Wassermanagement vor Ort ist, wird das Brauchwasser geklärt in den Wasserkreislauf zurückgeführt – oder als Schmutzwasser zurückgegeben. Das Dossier *Fast Fashion* der christlichen Initiative Romero verdeutlicht, dass die Modeindustrie in vielen Regionen für die Wasserknappheit mitverantwortlich ist: 2015 wurden in der Modeindustrie weltweit 79 Milliarden Kubikmeter Wasser verbraucht, was, auf die Gesamtbevölkerung in Deutschland verteilt, 2608 Liter pro Tag, pro Person bedeutet. Wenn alle in Deutschland lebenden Menschen täglich 1,44 Liter Wasser am Tag trinken, hätten wir gemessen an dem täglichen Wasserverbrauch in der Modeindustrie alle über fünf Jahre lang genug Trinkwasser zur Verfügung. Oder anders gesagt: Die Modeindustrie braucht jährlich mehr als anderthalbmal so viel Wasser wie das Fassungsvermögen des Bodensees.[28]

Wie ökologische Verantwortung Menschen empowern kann

PORTRÄT ÜBER
JEANNE DE KROON

———

← Für Zazi-Gründerin Jeanne de Kroon ist Modedesign Mittel zum Zweck.

↑ Close-up vom Suzani Mantel, benannt nach der traditionellen Suzani-Stick-technik aus Tadschikistan. Handgemacht in Afghanis-tan.

Jeanne de Kroon nimmt das Leben, wie es kommt: Nach ihrem Abitur verschlug es die Nie-derländerin nach Paris, wo sie sich als Straßen-musikerin über Wasser hielt. Mit 18 wurde sie dann auf der Straße von einer Modelagentur ent-deckt und reiste, wie sie sagt, als „unerfolgrei-ches Model ohne Arbeitsvisum" durch die Welt. Irgendwann landete Jeanne in Berlin, wo sie Politikwissenschaft und Philosophie studierte; daneben ließ sie sich in Indien zur Yogalehrerin ausbilden, wo sie in einem Café von einer Frau auf ihr blaues Fast-Fashion-T-Shirt angespro-chen wurde, das sie von ihrem letzten Modeljob behalten hatte. Sie kenne die Frauen, die das genäht haben. 14 Stunden lang würden diese in einer Fabrik immer wieder denselben Arbeits-schritt ausführen. Dabei tragen sie Windeln, weil sie nicht auf Toilette gehen dürfen. Diese Begeg-nung prägt Jeanne bis heute. Sie, die eigent-lich schon immer Mode liebte und als Kind aus den Gardinen ihrer Großmutter Kleidung nähte, wollte nun auf keinen Fall mehr Teil einer Indust-rie sein, die nicht im Einklang mit ihren Werten steht. Eines Tages lernte Jeanne während einer Projektreise afghanische Kutschi-Nomadinnen kennen, die lange, traditionelle Kleider mit offe-nem Rückenausschnitt und kleinen Spiegeln auf der Brust nähten. Spontan kaufte sie den Frauen von ihrem Studentenbudget ein paar Kleider ab und verkaufte diese im Berliner Mauerpark. Einen Teil des Erlöses spendete sie an eine Organisation in Mumbai. „Und das war die Ge-burt von Zazi Vintage", lacht Jeanne. Täglich bekam sie nun WhatsApp-Nachrichten von Zwi-schenhändlern aus Indien, die ihr Vintageklei-dung für den deutschen Markt anboten. Aber Jeanne wollte, wie in Afghanistan, lieber direkt mit den Frauen vor Ort arbeiten. Und so lernte sie eines Tages Madhu kennen, die in dem kleinen indischen Wüstendorf Bhikamkor die gemeinnützige Organisation Saheli Women gegründet hatte, in der 28 Frauen unter fairen Bedingungen Bekleidung und Textilien nähen. „Natürlich habe ich alles durch meine westliche Brille gesehen und wollte unbedingt helfen, aber Madhu meinte gleich zu mir: ‚Du kannst diese Frauen nicht retten. Aber wenn du unsere Arbeit fördern möchtest, dann wirst du am besten Modedesignerin'." Kurzerhand zeichnete Jeanne auf einer Serviette sieben verschiedene Designs und verkaufte wenig später sieben Kleider in ihrem Onlineshop. „Modedesign ist für mich Mittel zum Zweck. Ich frage, was die Frauen brauchen, und so entstehen die Kleider und Mäntel bei Zazi." Neunzig Prozent der eingesetzten Materialien bei Zazi sind Vintagematerialien, die im Upcycling-Verfahren handgefertigt werden,

der Rest neue Stoffe. Diese bezieht sie über ihr sagenumwobenes WhatsApp-Netzwerk und die Ethical Fashion Initiative (EFI), ein von der Europäischen Union finanziertes Programm, das marginalisierte Kunsthandwerker*innen mit Modedesigner*innen vernetzt. Die Zusammenarbeit mit EFI hat Jeanne schon in die entlegensten Regionen mit enormem Handwerkspotenzial gebracht. „Mit Frauen zusammenzuarbeiten, die ein unglaubliches Wissen über Textilien besitzen, und von ihnen zu lernen kann eine Schlüsselkomponente für nachhaltige Mode sein", glaubt Jeanne. Mit Zazi geht es ihr darum, Kulturen zu feiern, Kunsthandwerk als kulturelles Erbe zu fördern, die Menschen dahinter für ihre Arbeit fair zu entlohnen und ihnen eine Plattform zu geben.

Transparenz ist bei Zazi Vintage selbstverständlich. In jedem Kleidungsstück befindet sich der Name der Frau, die es genäht hat. Mit Zertifikaten arbeitet Jeanne nicht. „Für große Produzenten macht das Sinn, aber für die Menschen, mit denen ich arbeite, ist das aus finanzieller und bürokratischer Sicht nicht möglich. Das System hinter den Textilsiegeln schließt leider so viele großartige Menschen aus, die ihr Bestes geben, aber einfach keinen Zugang dazu haben", findet Jeanne. „Kein Unternehmen sollte das Recht haben, an einem Ort zu produzieren, an dem es noch nie war. Geht dahin, verbringt Zeit mit den Menschen vor Ort. Das ist unternehmerische Verantwortung." Angetrieben von den Frauen hinter Zazi, den „Superstars" wie Jeanne sie nennt, möchte Jeanne ihre Kundschaft an den Geschichten hinter den Kleidungsstücken teilhaben lassen. Denn für Jeanne entsteht Veränderung durch Empathie, für die wir Identifikationsfläche brauchen. Neben Einblick in die verwendeten Materialien und angewandten Verfahrensweisen legt Jeanne auch die Preisstruktur hinter Zazi offen, um Verständnis für die höheren Preise zu schaffen und den komplexen Schaffensprozess eines Kleidungsstücks zu vermitteln. „Die Menschen sehnen sich nach mehr Authentizität und wahrhaftigen Geschichten. Und genau das ist die Kraft von Zazi."

→ zazi-vintage.com

↑ Für die Sari Collection upcyceln die Saheli Women Sarikleider.

→ Das handgefertigte Madhu-Kleid ist aus natürlich gefärbter Vintageseide und Baumwolle.

ⓘ Das Saheli-Women-Kollektiv

——

Saheli Women ist ein Non-Profit-Hersteller für ethische Bekleidung in Indien. Die Mission ist es, Frauen eine Beschäftigung zu geben, damit sie sich nachhaltig einen Lebensunterhalt verdienen, der ihnen, ihren Familien und ihren Communities zugute-kommt. Neben fairen Löhnen geht es auch darum, dass die Frauen eine Krankenversicherung haben und in einem Arbeitsverhältnis ohne Diskriminierung aufgrund des Geschlechts, der Religion oder des sozialen Status arbeiten können.

→ Weitere Informationen zu Textilsiegeln findest du auf Seite 252.
→ Warum es wichtig ist, Handwerkskunst zu fördern, liest du auf Seite 108.
→ Mehr zum Thema Modeaktivismus findest du auf Seite 103.

← Gezielt Druck ausüben: Die „Detox My Fashion"-Kampagne hat es geschafft, dass Modeunternehmen Verantwortung für ihr Chemikalienmanagement übernehmen.

ⓘ Weniger Chemikalien: die Detox-Kampagne von Greenpeace

Dass die Textilindustrie zu den Hauptverschmutzern von Trinkwasser gehört, brachte die medienwirksame „Detox My Fashion"-Kampagne von Greenpeace ans Licht.[29] Nach intensiven Recherchen veröffentlichte Greenpeace 2011 eine Liste mit giftigen Chemikalien, die ungeklärt von der Textilindustrie in Flüsse und Wasserwege geleitet wurden und zum Teil krebserregend und hormonschädigend sind. Die makabre Redensart, dass man in China die Trendfarbe der Saison anhand der Farbe der Flüsse erkennt, ist eine direkte Anspielung auf die Wasserverunreinigung durch die Textilindustrie. Trotz ausgeklügelter Vertuschungsversuche seitens der Branche, konnte Greenpeace Hersteller von Jeans,

Kinderbekleidung, Luxusmode und Outdoorbekleidung für die Wasserverunreinigung durch Chemikalien ausmachen. Unter dem Druck der Öffentlichkeit unterschrieben schließlich 80 Unternehmen, darunter sowohl Modemarken, Einzelhändler als auch Lieferbetriebe, das Detox-Abkommen und verpflichteten sich damit, bis 2020 ihre Kleidung zu entgiften. Die Detox-Verpflichtung umfasst: Chemikalien-Management, Offenlegung der Lieferantenlisten und die Sichtbarmachung

→ FACTS MATTER ←
Für den Anbau und die Produktion eines 200 Gramm schweren T-Shirts aus Baumwolle werden 185 Gramm Chemikalien verwendet.[30]

von Abwassereinleitungen giftiger Chemikalien und Substitution oder Entfernung von toxischen Substanzen innerhalb der Lieferketten. Viele der teilnehmenden Unternehmen zeigen laut Greenpeace große Fortschritte. Zum Beispiel verzichten 72 Prozent inzwischen auf den Einsatz von per- und polyfluorierten Chemikalien (PFC) als wasserabweisende Stoffe, die nicht nur das Wasser verunreinigen, sondern sich auch über die Luft verbreiten. „Detox My Fashion" hat nicht nur das Chemikalienmanagement der Industrie maßgeblich verändert, sondern auch Konsument*innen mobilisiert, ihre Lieblingsmarken zum Entgiften aufzufordern. So wirksam kann aktivistische Kampagnenarbeit sein!

Zero-Waste-Fashion: verant-
wortungsvoll Mode designen

Während Upcycling aus vorhandenen Textilresten Neues entstehen lässt, zielt der Zero-Waste-Ansatz darauf ab, bereits im Design Verschnittreste zu vermeiden. Genau diese Methode verfolgt die Designerin Natascha von Hirschhausen mit ihrem gleichnamigen Label. Natürlich, radikal nachhaltig und ohne Abfall – auf der Basis dieser Werte entwirft Natascha in ihrem Berliner Atelier minimalistische Designermode. Als Designerin will Natascha allerdings nicht nur so nachhaltig wie möglich Mode machen, sondern auch die Modebranche an sich verändern. Mit ihrem Zero-Waste-Ansatz zeigt sie ein alternatives Modell, wie soziale und nachhaltige Mode funktionieren kann.

———

Wie kam es dazu, dass du ein Zero-Waste-Mode-label gegründet hast? Während meines Modede-sign-Masterstudiums war ich 2013 mit dem Goethe-Institut in Bangladesch und habe dort die Bedingungen gesehen, von denen ich zuvor immer nur gehört oder gelesen hatte. Das hat mich sehr getroffen. Ich war vor allem von dem Müll, der in den Produktionen entsteht, scho-ckiert. Das ist vielleicht drastisch formuliert, aber: Das ganze Land ist der Abfalleimer der westlichen Welt. Später lernte ich dann die Arbeit der estnischen Designerin Reet Aus kennen, die Upcycling-Mode aus ebensolchen Abfällen der Textilindustrie macht. Diesen Ansatz fand ich spannend, hatte aber immer noch die Frage: Wie kann man etwas im System verändern? Kann man nicht den Verschnittabfall an sich reduzieren? Dazu habe ich dann meine Master-arbeit gemacht und eigene Schnitte entwickelt, die weniger als ein Prozent Verschnitt ermög-

lichen. Daraus entstand später das Label. Ich wollte und will zeigen, dass man noch viel mehr in Richtung Nachhaltigkeit machen kann, als nur Bio-Baumwolle zu verwenden.

Wie groß ist das Abfallproblem in der Modebran-che? Es gibt generell leider wenig verlässliche Daten dazu, weil die Modeindustrie sehr intrans-parent ist. Man kann aber sagen, dass im kon-ventionellen Bereich ungefähr 20 Prozent der Textilien beim Zuschneiden wegfallen und damit zu Abfall werden. Das variiert aber auch stark von Kleidungsstück zu Kleidungsstück und es gibt Schnittoptimierungen, die den Schnittabfall auf bis zu fünf Prozent reduzieren können. Spezielle Maschinen können ausrechnen, wie man die einzelnen Teile, die man ausschneiden möchte, so auf dem Textil platziert, dass mög-lichst viele Teile daraufpassen. Das ist dann aber noch kein Zero-Waste-Schnitt.

Was ist der Unterschied von einem konventionel-len Zuschnitt zu deinem Zero-Waste-Zuschnitt? Beim konventionellen Zuschnitt ist es im Prinzip so: Man hat ein Kleidungsstück im Kopf, überlegt

← Designerin Natascha von Hirschhausen in ihrem Berliner Atelier.

↑ Zero-Waste-Design ermöglicht einen neuen kreativen Umgang mit Mode.

sich den Schnitt dazu, bringt ihn auf das Textil, schneidet außen herum und der Rest ist dann Abfall. Im Gegensatz dazu überlege ich mir von Anfang an, wie ich den Schnitt so anlegen kann, dass möglichst überhaupt kein Verschnitt anfällt – die Schnittstücke müssen also direkt aneinanderliegen.

Das bedeutet also auch, dass du ganz anders an das Design gehen musst. Was ist mit deinen Zero-Waste-Schnitten möglich, was nicht? Die Zero-Waste-Gestaltung ist keine neue Erfindung, sondern hat sogar eine lange Geschichte. Auch ein traditionelles Kleidungsstück wie ein Sari war schon immer Zero Waste. Oftmals waren Materialien so teuer, dass man davon nichts weggeworfen hätte. Üblicherweise hat man heute drei Möglichkeiten, um Zero-Waste-Schnitte zu machen: Drapieren aus einer rechteckigen Textilfläche; eine Schnittkonstruktion, bei der alle Teile direkt aneinanderliegen, oder Strick, indem man nur genau das strickt, was man braucht.

„ICH WILL ZEIGEN, DASS MAN NOCH MEHR IN RICHTUNG NACH-HALTIGKEIT MACHEN KANN, ALS NUR BIO-BAUMWOLLE ZU VERWENDEN.“

Das Besondere bei meinen Designs ist nun, dass ich eine Hose, die im Schnitt ja Kurven benötigt, ebenfalls mit einem Zero-Waste-Schnitt mache. Solche Schnitte entwickle ich selbst, damit ich auch klassischere Formen anbieten kann.

↖ Strickdesign bietet tolle Möglichkeiten für einen Zero-Waste-Ansatz.

↑ Verantwortung bedeutet, Kollektionen ganzheitlich zu denken.

Welche Herausforderungen begegnen dir dabei?
Man kann sich das ungefähr vorstellen wie ein Puzzle. Jede Schnittlinie liegt ganz genau an der nächsten an. Das bedeutet für mich zum Beispiel: Wenn ich den Ärmel verändern will, muss ich auch das Halsloch verändern, was ich aber vom Design her eventuell gar nicht wollte. Ich habe also eine sehr lange Entwicklungszeit für einen neuen Schnitt. Vor drei Jahren habe ich mit einem Schnitt für eine schmale Hose angefangen, die aber eigentlich nur aus Kurven besteht. Das macht es sehr komplex, die Schnittstücke direkt aneinanderzulegen. Ich habe immer wieder angefangen und aufgehört, weil es so kompliziert war. Das dauert natürlich nicht bei jedem neuen Design so lange, aber bei so einem komplexen Schnitt ist es schon eine echte Herausforderung. Ich habe meine Arbeitsweise aber selbst gewählt und möchte gar nicht anders arbeiten. Für jemanden, der noch nie Zero Waste gearbeitet hat, ist es sicherlich sehr schwierig und deswegen schrecken auch viele davor zurück, mir gibt es aber das Gefühl, dass ich mich sinnvoll in meiner Arbeit entfalten kann.

Welche Vorteile hat es, Zero Waste zu designen?
In einer Welt, in der eigentlich alles möglich ist, finde ich es umso spannender, eine Herausforderung zu haben, an der man sich orientieren kann. Dann hat man ein Ziel und es ist nicht so beliebig. Es ist leider immer noch günstiger, Material wegzuwerfen, als viel Zeit in eine

abfallfreie Schnittkonstruktion zu investieren, denn Ressourcen sind aktuell billig und Zeit ist teuer. Das ist auch der Grund, wieso es in der Modeindustrie niemanden kümmert, Materialien wegzuwerfen. Ich glaube aber, dass es hier ein Umdenken geben wird. Schon alleine, weil Ressourcen und damit auch Stoffe in Zukunft teurer werden.

Du arbeitest nicht nur mit dem Zero-Waste-Ansatz, sondern auch ausschließlich mit natürlichen Materialien und dein Modelabel ist plastikfrei. Was bedeutet das genau? Ich möchte in allen Bereichen und mit jedem Handgriff so nachhaltig und sozial wie möglich handeln. Deswegen arbeite ich ausschließlich mit GOTS- und IVN-zertifizierten Materialien, weil hier entlang der ganzen Wertschöpfungskette soziale und ökologische Standards eingehalten werden

———

ℹ **Holistic Fashion**
Um systemische Veränderung zu bewirken, brauchen wir ganzheitliche Lösungen. Und diese brauchen wir schnell und im Verbund mit anderen. Der Pulse Report 2019 zeigt, dass die Entwicklung innovativer Technologien, die es ermöglichen, dass die Modeindustrie die 17 Ziele für nachhaltige Entwicklung der Vereinten Nationen einhält, nicht im Alleingang zu schaffen ist. Jedenfalls nicht schnell genug. Es gibt bereits viele inspirierende Menschen, die mit den Konventionen der Modeindustrie brechen. Sie denken Mode ganzheitlich und entwickeln Lösungen, die andere dazu befähigen, Mode kreislauffähig und damit so ressourcenschonend wie möglich zu gestalten.

→ Für ihre innovative Arbeit wurde Natascha bereits mehrfach ausgezeichnet.

müssen. Das hört bei mir nicht beim Oberstoff auf, sondern umfasst auch das Nähgarn, das Etikett, den Gummibund, die Knöpfe und die Verpackung – auch dafür sind alle Materialien zertifiziert und natürlich.

So ein ganzheitlicher Ansatz wäre für viele große Labels einfach umsetzbar. Viele interessiert es aber nicht, weil diese Dinge für Kund*innen gar nicht ersichtlich sind. Auf dem Wäscheetikett muss nur stehen, woraus das Obermaterial ist, nicht aber, ob ein Polyestergarn verwendet wurde oder ob das Wäscheetikett selbst vielleicht aus Polyester ist.

In anderen Bereichen, zum Beispiel mit Bio-Lebensmitteln, hat man das Gefühl, das Bewusstsein ist schon viel größer. Warum geht es in der Mode so viel langsamer voran? In der Mode ist es schwieriger, nachhaltig zu handeln und große Unternehmen umzustellen, weil die Wertschöpfungskette viele Schritte umfasst und deshalb sehr komplex ist. Nachhaltiger Mode haftete außerdem bis vor ein paar Jahren das Image an, dass sie hässlich ist. Ich habe mal eine Zeit lang bei einem nachhaltigen Designerlabel gearbeitet und einer Kundin erklärt, dass das Teil, das sie sich gerade ausgesucht hat, aus Bio-Materialien ist. Sie gab es mir daraufhin angewidert zurück, meinte „Dann ist das ja hässlich!" und ging aus dem Laden. Viele Designermarken haben immer noch Angst vor diesem Image und halten sich deshalb zurück.

Was wünschst du dir für die Zukunft? Ich wünsche mir, dass kleine Labels wie ich Kollektive gründen, um im Zusammenschluss eine wirkliche Alternative zu konventioneller Mode zu schaffen. Ich wünsche mir, dass wir dabei wirtschaftlich überleben und weiterhin sozial und ökologisch arbeiten können, so wie wir es gerade schon tun.

→ nataschavonhirschhausen.com

What goes around, comes around – Wir ernten, was wir säen

WIE CRADLE TO CRADLE MODE-PRODUKTION UND KONSUMVERHALTEN NEU DENKT

———

Die Modeindustrie denkt Design und Konsum linear und nicht zirkulär. Statt linearen Wirtschaftsmodellen und quantitativem Wachstum brauchen wir aber ein System, das dafür sorgt, dass die aufgewendeten Ressourcen in einem Kreislauf gehalten werden. Wir müssen die Lebensdauer unserer Kleidung, besonders dann, wenn sie aus synthetischen Fasern ist, verlängern. Wir brauchen ökoeffiziente Lösungen, die Zulieferer, Investoren, NGOs, Politik, Hochschulen und Konsument*innen aktiv einbeziehen. Das von Michael Braungart und William McDonough begründete Cradle-to-Cradle-Verfahren verfolgt genau diesen partizipatorischen Ansatz und erdenkt eine Welt ohne Müll.

Auf die Modeindustrie umgemünzt, entwickelt Cradle to Cradle (kurz C2C) einen Produktkreislauf, an dem je nach Modell verschiedene Akteur*innen teilnehmen, etwa Zulieferer, Modeunternehmen, Konsument*innen und Recycler. Cradle to Cradle (übersetzt: von der Wiege bis zur Wiege) schließt Energie- und Materialkreisläufe. Das bedeutet, dass so vollständig kreislauffähige Kleidungsstücke hergestellt werden, deren Fasern am Ende sortenrein getrennt und recycelt werden können. Auch Garne, Farbstoffe, Etiketten, Druckfarben und Verpackungen müssen überdacht und gegebenenfalls umgestellt werden. Damit reagiert das Verfahren nicht nur auf die Unmengen an weggeworfenen Textilien, sondern auch darauf, dass von einer Milliarde Kleidungsstücken derzeit weniger als ein Prozent überhaupt in den Textilkreislauf zurückgeführt werden.[31] Letzteres liegt zum einen an den nicht-recycelfähigen Materialien, die bei der Produktion eingesetzt werden, und andererseits

← Das Modelabel Silfir hat gemeinsam mit Circular Fashion eine kreislauffähige Kollektion entwickelt.

an der nicht vorhandenen Infrastruktur zwischen allen Akteur*innen, die am Lebenszyklus eines Kleidungsstücks teilhaben.

Bei C2C, das nicht nur für Kleidung angewandt werden kann, unterscheidet man zwischen zwei Kreisläufen. Beim biologischen Kreislauf von Verbrauchsgütern sind die eingesetzten Materialien komplett kompostierfähig und können immer wieder verwendet werden. Das bedeutet aber nicht, dass wir das kompostierfähige T-Shirt einfach in den Biomüll werfen sollten, denn darauf ist unser Recyclingsystem noch nicht ausgelegt. Für die Rückführung in den Kreislauf gibt es spezielle Verwertungsanlagen. Beim technologischen Verfahren hingegen werden aus Gebrauchsgütern, wie Autos oder Fernsehgeräten, neue Produkte hergestellt.

Designer*innen und Materialentwickler*innen lernen, Mode durch C2C ganzheitlich zu denken und die Partizipation von Konsument*innen bereits im Designprozess sicherzustellen. Eine Möglichkeit, einen Kreislauf sicherzustellen, ist durch einen im Kleidungsstück eingenähten QR-Code, mit dem Kund*innen herausfinden können, wo sie das Kleidungsstück hinbringen können, wenn sie es nicht mehr brauchen.

Bisher gibt es noch kein Modeunternehmen, das ausschließlich kreislauffähige Kollektionen produziert. Die Arbeit daran nimmt viel Zeit in Anspruch. Neben der Forschung zu kreislauffähigen Materialien geht es darum, die komplette Lieferkette entsprechend den C2C-Anforderungen anzupassen. Da die Umsetzung noch am Anfang steht, können auch noch keine verbindlichen Aussagen über die eigentliche Ökoeffizienz getroffen werden und darüber, ob Kund*innen und Handel Kleidungsstücke tatsächlich an die Recycler zurückgeben. Langfristig gesehen dürfte sich kreislauffähige Mode aber nicht nur positiv auf die Umwelt auswirken, sondern auch einen ökonomischen Anreiz für Modeunternehmen schaffen. Laut der Ellen MacArthur Foundation könnten Modemarken durch Recycling Materialien im Wert von mehr als 100 Millionen US-Dollar zurückgewinnen, neue Einnahmequellen durch Weiterverkaufsmöglichkeiten generieren und Kund*innen durch langlebige Kleidung und Reparierangebote an sich binden.

ⓘ Mehr zu Cradle to Cradle

Die von Ina Budde gegründete Berliner Agentur Circular Fashion berät Modeunternehmen bei der Umsetzung kreislauffähiger Produkte. Auf einer digitalen Plattform werden Stofflieferanten, Brands und Recycler zusammengebracht. Mittels einer Circularity ID, einem im Kleidungsstück eingenähten QR-Code, können Kund*innen die gesamte Wertschöpfungskette nachverfolgen und erfahren, wo sie das Kleidungsstück weiterverkaufen oder zwecks Recycling zurückgeben können. 2019 wurde Circular Fashion mit dem Global Change Award der H&M Foundation ausgezeichnet. Neben dem Fair-Fashion-Label

Silfir arbeitet Circular Fashion mit großen Konzernen wie Zalando daran, den Modekreislauf zu schließen.

Das US-Unternehmen EON ermittelt die ID eines Kleidungsstücks mittels Radiofrequenz-Identifikation, die in die Kleidung eingenäht ist. Die ID legt die komplette Wertschöpfungskette offen und gibt darüber Auskunft, wo sich das Kleidungsstück gerade befindet.

Nach vierjähriger Entwicklungsphase hat das österreichische Traditionsunternehmen Wolford im Frühjahr 2019 eine C2C-Linie herausgebracht, die das Siegel Cradle to Cradle Certified™ nach dem Gold-Standard trägt.

Die kompostierfähigen Kollektionsteile werden in den Wolford-Stores zurückgenommen und in einer industriellen Kompostieranlage, ohne chemische und gesundheitsgefährdende Rückstände zu hinterlassen, in Biogas verwandelt, was Wolford anschließend in seiner Produktion einsetzt. Bis 2025 will Wolford 50 Prozent der gesamten Kollektion auf C2C umstellen.

Weitere Labels, die Cradle-to-Cradle-Produkte anbieten:

→ Trigema, Calida, Freitag, Manufactum

Why so perfect, honey?

PORTRÄT ÜBER
JESSICA KÖNNECKE
———

Jessica „Jess" Könnecke hat mit ihrer Geschäfts-
idee, eine Plattform für unperfekte Produkte zu
schaffen, eine wahre Marktlücke geschlossen.
Mit dem Master für Internationales Marketing im
Gepäck kam Jess nach ihrer Rückkehr aus
Schweden bei einer Berlinreise die Idee, faire
und nachhaltige Produkte mit kleinen Makeln
zum reduzierten Preis weiterzuverkaufen. In Berlin fielen der Nürnbergerin bei einem Atelier-
besuch nicht verkäufliche Musterteile und Prototypen ins Auge, bei einem Flohmarktstand
entdeckte sie eine abseits platzierte Kiste voller
unförmiger Keramik. Wohin sie auch schaute,
stieß Jess immer häufiger auf Produkte, die sich
regulär nicht mehr verkaufen ließen. Produkte
mit Ecken und Kanten, die dem Perfektionsanspruch der Kund*innen nicht standhielten. Kurzerhand schrieb Jess ein paar Unternehmen an,
ob sie ihr sogenannte B-Ware zur Verfügung
stellen können, und stellte Ende 2017 schließlich
ihren Shop mit einer Handvoll Labels online.

Inzwischen ist das Sortiment stark gewachsen: Von ökofairer Mode über Naturkosmetik
und Schreibwaren bis hin zu Zero-Waste-Pro-
dukten ist alles dabei. Jess arbeitet ausschließlich mit Unternehmen zusammen, die in ihrer
Kommunikation transparent sind. Wo werden die
Produkte produziert? Wie werden diese hergestellt? Welche Materialien werden verwendet?
„Ich würde kein Unternehmen aufnehmen, das
von den Grundprinzipien her nicht nachhaltig
wirtschaftet und das nichts verändern will",
erklärt Jess ihren Ansatz. Und was genau ist
jetzt so unperfekt an diesen Produkten? „Im
Fair-Fashion-Bereich verkaufe ich ganz oft
Musterstücke, Prototypen, Produkte mit falsch
platziertem Logo. Oder Kleidung, die einen
Make-up-Fleck hat. Das würde normalerweise

← Jessica Könnecke will
unperfekten Produkten eine
zweite Chance geben.

↑ Jess' Konzept bricht mit
dem Perfektionsanspruch
und sensibilisiert so
Konsument*innen und
Unternehmen.

75

← Den Produkten sieht man ihre Ecken und Kanten oft nicht an.

→ Transparenz als Schlüssel: Jedes Produkt ist mit einer Produktbeschreibung versehen, die Auskunft über vermeintliche Makel gibt.

vernichtet werden." Transparenz ist dabei auch hier essenziell: Zu jedem Produkt gibt es eine genaue Produktbeschreibung, die erklärt, warum es nicht perfekt ist. So stehen die ausgewählten Naturkosmetikprodukte oft vor dem Mindesthaltbarkeitsdatum – nicht zu verwechseln mit dem Verfallsdatum –, die deshalb von Drogeriemärkten nicht mehr geführt werden. Aufgrund der qualitativ hochwertigen Inhaltsstoffe sind die Produkte aber noch ohne Bedenken zu verwenden. Schreibwaren können manchmal Klebespuren von Etiketten aufweisen, haben kleine Druckfehler oder sind Retouren und deswegen nicht mehr originalverpackt. Jess ist überzeugt davon, dass Transparenz und Aufklärung dazu führen, dass wir Produkte wieder mehr wertschätzen und bewusster konsumieren. Ihre Kund*innen

geben ihr recht: Bisher hat noch niemand ein Produkt zurückgegeben, weil es nicht perfekt genug ist. Neben dem Onlineshop öffnet Jess einmal im Monat die Türen ihres Nürnberger Ladenbüros und Lagers zum Offline-Shopping und bietet regelmäßig Workshops zu nachhaltigen Themen an. So verbindet sie Aufklärung mit Lust an nachhaltigem Lifestyle und schafft Raum für Gleichgesinnte.

Mit Blick auf das wachsende Angebot bei Mit Ecken und Kanten wird schnell klar, dass es auch in der nachhaltigen Branche viele unperfekte Produkte gibt. Ein Teufelskreis, findet Jess. „Als Konsument*innen tragen wir hier auch eine gewisse Mitverantwortung. Wir erwarten, dass die Produkte, die wir kaufen, einwandfrei sind und keine Makel haben. Solche Denkweisen

---

ℹ Mindesthaltbarkeitsdatum vs. Verfallsdatum

Das Mindesthaltbarkeitsdatum (kurz MHD) ist ein von Herstellern festgelegtes Datum, bis zu dem gewisse Qualitätsstandards garantiert werden und Produkte nicht reklamiert werden können. Viele Konsument*innen verwechseln das MHD mit dem Verfalls- oder Verbrauchsdatum, das den Zeitpunkt markiert, an dem ein Produkt nicht mehr verwendbar und verkäuflich ist. Statt Produkte sofort wegzuwerfen, sollte das MHD überschritten sein, am besten einfach probehalber daran riechen, Lebensmittel probieren oder Naturkosmetik punktuell auf der Haut testen.

müssen wir hinterfragen. Unternehmen stehen unter Druck, fehlerfreie Produkte zu liefern, um auf dem Markt zu bestehen. Deswegen sind Unternehmen auch selbst so kritisch, was noch verkäuflich ist und was nicht. Wir bekommen manchmal Sachen, bei denen wir erst mal nach dem Fehler suchen müssen." Und hier setzt das Konzept von Mit Ecken und Kanten an: Konsument*innen aufklären und ermutigen, sich vom Perfektionsgedanken zu befreien – auch über den Konsum hinaus. Und Unternehmen dazu inspirieren, in den Dialog mit Handel und Kund*innen zu gehen, um Normierungen stückweise aufzubrechen.

→ miteckenundkanten.com

← In dem liebevoll eingerichteten Ladengeschäft finden auch regelmäßig Workshops statt.

↑ Von Naturkosmetik über Fair Fashion bis hin zu Interior: Alle Produkte werden sorgfältig ausgewählt.

———

„WOHIN ICH AUCH SCHAUTE, ÜBERALL SAH ICH PRODUKTE, DIE UNSEREM PERFEKTIONS-ANSPRUCH NICHT GERECHT WURDEN."

———

Klimaneutralität

DER LANGE WEG ZU TREIBHAUSGASNEUTRALITÄT

———

Im Pariser Klimaabkommen steht es unmissverständlich: Um die globale Erderwärmung unter zwei Grad zu begrenzen, brauchen wir nationale und transnationale Strategien zur Einsparung von menschengemachten Treibhausgasen, insbesondere von Kohlenstoffdioxid (CO_2), Methan und Distickstoffmonoxid (Lachgas). Und was hat das mit Mode zu tun? Eine ganze Menge. Unsere Kleidung ist ein Klimakiller. Entlang der gesamten Lieferkette entstehen Treibhausgase, wie diese Beispiele zeigen:

- Faserherstellung, zum Beispiel von erdölbasierten Fasern wie Polyester
- Bewirtschaftung der Felder, zum Beispiel durch Einsatz von Lachgas-Düngemittel bei konventionellen Baumwollplantagen
- Nassbetriebe und Konfektion, zum Beispiel mit Kohlestrom betriebene Fabriken
- Umverpackungen und Verpackungen, zum Beispiel durch Polybags, also Verpackungsbeutel aus recyclingfähigen, aber aus Erdöl gewonnenen Kunststoffen
- lange Transportwege per Flugzeug, Schiff oder LKW
- Gebrauchsphase, zum Beispiel durch Nutzung von Waschmaschine, Trockner und Bügeleisen
- Entsorgung, zum Beispiel durch Müllverbrennungsanlage oder Recyclinganlage

Um das Ganze zu beziffern: Allein die weltweite Textilproduktion stößt jährlich zwischen 1200 und 1715 Millionen Tonnen CO_2 aus – mehr als der Flug- und Schifffahrtsverkehr zusammen. Für 2030 wird ein CO_2-Ausstoß von 2800 Millionen Tonnen in der Modeproduktion vorhergesagt. Wohlgemerkt ist der Transport hier noch nicht eingerechnet.[32] Eine konventionell produzierte Jeans reist bis zu 40.000 Kilometer um die Welt. Wir brauchen also massive Einsparungsmaßnahmen von Treibhausgasen in der Modeindustrie, wenn wir unserer klimapolitischen Verantwortung gerecht werden wollen. Voraussetzung hierfür ist, dass Unternehmen zunächst ihre Treibhausgasemissionen erfassen, Einsparungen vornehmen und den nicht vermeidbaren Emissionen positive Kompensationen, zum Beispiel in Form von Aufforstung zur Kohlenstoffausstoßsenkung, entgegensetzen. Anschließende Bilanzierungen und Kontrollen sollten überprüfen, ob die vorgenommenen Kompensationen den tatsächlichen Emissionsmengen entsprechen. Die Kompensation von Emissionen durch Klimaschutzmaßnahmen bezeichnet man auch als Klimaneutralität.

↑ Die Berechnung des CO_2-Fußabdrucks eines Produkts ist der erste Schritt in Richtung Klimaneutralität.

↑ Mit der Kampagne #NOPLASTIC setzt das Modelabel Lanius ein Zeichen gegen Verpackungsmüll.

Wie klimaneutrales Wirtschaften aussehen kann, zeigt das Modelabel Bleed. „Ich wollte wissen, wie viel CO_2 in unserer Kleidung steckt. Vor allem die aufwendigen Funktionsjacken, die unter fairen Bedingungen in China produziert werden, verbrauchen sehr viel Energie", so Gründer Michael Spitzbarth. Dafür suchte sich das Label Unterstützung bei Climate Partner aus München. Die NGO berechnet den CO_2-Fußabdruck von Produkten und komplexen Wertschöpfungsketten – vom Ausgangsmaterial bis hin zum Entsorgen des Kleidungsstücks. Als Michael das Ausmaß seiner Jacken erkannte, beschloss er zu handeln. „Es sind unglaubliche 25 Kilogramm CO_2, die in einer einzelnen Jacke stecken. Im Hinblick auf die Stückzahlen im Outdoorbereich, wo 10.000 Stück pro Jacke ganz normal sind, wird einem die Tragweite erst richtig bewusst." Gemeinsam mit Climate Partner unterstützt Bleed deswegen Umweltschutzprojekte, die dafür sorgen, dass CO_2 gebunden wird. Das gelingt vor allem durch Aufforstungsarbeit und die Erweiterung von Naturschutzgebieten, die immer auch mit einer sozialen Komponente verbunden sind und hauptsächlich Menschen im Globalen Süden ermächtigen sollen, eigene Projekte umsetzen zu können. Michaels Ziel ist es, dass Bleed in naher Zukunft als Unternehmen komplett klimaneutral ist. So sieht verantwortungsvolles Unternehmertum der Zukunft aus und steht damit beispielhaft für einen sorgsamen Umgang mit unserer Umwelt und dem Planeten.

ⓘ Bye-Bye Plastikverpackungen

Kollektionen werden häufig in erdölbasierten Verpackungsbeuteln ausgeliefert. Um nachhaltige Alternativen zu entwickeln und die Plastikreduzierung voranzutreiben, hat das Kölner Fair-Fashion-Label LANIUS die #NOPLASTIC-Kampagne initiiert. Hier sucht man gemeinsam mit anderen Modeunternehmen und Organisationen nach Lösungen für plastikfreie Verpackungen.

2

Mode & EMPOWERMENT

Was bedeuten Diversität und Inklusion in der Mode?

Was hat Feminismus mit Mode zu tun?

Was ist kulturelle Aneignung und wie kann
traditionelle Handwerkskunst bewahrt werden?

Wie trägt Fair Fashion zu einem Systemwandel bei?

Was kann Modeaktivismus bewirken?

Wie schaffe ich es,
selbst (mode-)politisch aktiv zu werden?

LOVJOI
LISA JASPERS
MADELEINE ALIZADEH
BUKI AKOMOLAFE
WOMOM

Stärken fördern, Potenziale erkennen – Empowerment ist eines der Schlagwörter der Stunde. Empowerment-Kampagnen, die junge Mädchen als selbstbewusste Chefinnen von morgen zeigen oder Menschen dazu bewegen wollen, über sich selbst hinauszuwachsen, begegnen uns in der Werbung und den Mainstream-Medien. Doch was heißt es eigentlich konkret, Menschen zu empowern? Und was kann faire Mode dazu beitragen?

Empowerment bedeutet Ermächtigung. Empowerment soll Menschen mit Ressourcen ausstatten, die den Grad ihrer Eigenverantwortung erhöhen und ein selbstbestimmtes Leben ermöglichen. Faire Mode und deren Produktion kann als Vehikel zu solch einem selbstbestimmten Leben dienen. Ethisch produzierte Mode hat das Potenzial, Menschen zu bestärken, weil die Macher*innen dahinter Chancen entstehen lassen, wo vorher kaum welche waren. Dieses Kapitel zeigt beispielhaft, wie Geflüchtete in Deutschland neue Perspektiven erhalten, da sie als wichtiger Teil der Wertschöpfungskette eines Fair-Fashion-Labels ihre erworbenen Fähigkeiten einsetzen können. Doch Empowerment kann auch weit über die Landesgrenzen hinausgehen. Es entsteht auch dort, wo Menschen im Globalen Süden eigenverantwortlich Strukturen aufbauen können, Frauen durch das Aufbrechen von Tabuthemen geeint werden und marginalisierte Gruppen Sichtbarkeit erfahren. Faire Mode ist hier der Antrieb für Veränderung und gleichzeitig die Wahrung traditioneller Verfahren und Stoffe. Mode kann Tabus brechen und ist in jedem Fall politisch. Modeaktivismus kann politischen Raum einnehmen, wo bisher Leere war, und dazu beitragen, gesellschaftlichen Wandel voranzutreiben.

Die Möglichkeiten sind vielfältig. Einige von ihnen werden in diesem Kapitel gezeigt, denn viele faire Modelabels und Macher*innen haben es sich zur Aufgabe gemacht, nicht nur durch ethische Arbeitsbedingungen Veränderung zu schaffen. Empowerment ist Teil ihrer DNA. Es kommen Menschen und Labels zu Wort, die etwas zu sagen haben zu: Diversität, Inklusion, Feminismus und der Bewahrung traditioneller Handwerkskunst.

People over Profit

Mitten auf der Schwäbischen Alb zwischen Dorfteich und Pferdekoppel befindet sich die Näherei von Lovjoi. Angefangen hat alles 2014 mit einer Haushaltsnähmaschine auf 40 Quadratmetern. Inzwischen produziert Lovjoi-Gründerin Verena Paul gemeinsam mit ihrem 15-köpfigen Team Fair Fashion in Deutschland und folgt dabei der Devise: People over Profit.

———

← Gründerin Verena sieht vor dem eigenen Profit immer erst den Menschen hinter der Kleidung.

↑ In der hauseigenen Produktion entsteht ein großer Teil der Lovjoi-Kollektion.

Was ist die Lovjoi-DNA? Wir vereinen und kombinieren viele Aspekte der Nachhaltigkeit mit einem schönen Design. Das heißt, es geht bei uns nicht nur um den ökologischen Anbau und das Verwenden nachhaltiger Textilien, sondern auch um eine sozialverträgliche Lieferkette. Also das eigenständige Aufbauen von Arbeitsplätzen, das Verankern in der Region, den Gedanken der Gemeinwohl-Ökonomie und dass es allen Beteiligten wirklich gut geht und sie nachhaltig davon leben können. Darüber hinaus produzieren wir vegan, was viel CO_2 einspart, aber natürlich auch Tierleid vermeidet. Das ist für uns die Lovjoi-DNA.

Welche Vision verfolgst du? Ich will die Bedingungen, so wie sie sind, nicht akzeptieren und habe mich relativ blauäugig in das Gründen gestürzt. Für mich war schnell klar, dass, wenn ich bestimmte Prinzipien verfolge, es möglich sein muss, Mode zu machen, von der alle was haben. Ich will, dass Menschen davon leben können und es leistbar für alle Verbraucher*innen ist.

Was bedeutet Empowerment bei Lovjoi? Ganz klar das Empowern von Menschen. Sich gegenseitig zu unterstützen – und das über den Gehaltszettel hinaus. Ich möchte nicht irgendwo arbeiten, wo die Menschen nur ans Wochenende denken oder innerlich schon gekündigt haben.

Deshalb kümmern wir uns umeinander und arbeiten gemeinsam an einer Idee, die größer ist als das einzelne Individuum. Bei Lovjoi bieten wir ausschließlich langfristige Arbeitsplätze an und unsere Näher*innen können jedes Produkt komplett nähen. Bei uns geht es darum, dass alle auch die eigenen Fähigkeiten ausleben, sich verwirklichen können und ihren Platz finden.

Ihr habt eine eigene Näherei in Deutschland, wo der Großteil eurer Kollektionen entsteht. Eure Jeans und Unterwäsche lasst ihr hingegen in der Türkei und in Portugal produzieren. Wie könnt ihr sichergehen, dass außerhalb eurer Produktionsstätte eure Werte eingehalten und die Menschen empowert werden? Ich entscheide das auf einer sehr persönlichen Ebene. Wir entscheiden uns für die Menschen, die von sich aus den Drive haben, zu sagen, dass Nachhaltigkeit die Zukunft ist. Das war etwa in der Türkei so, wo wir unsere Jeans in einem zertifizierten Betrieb produzieren und der Fabrikbesitzer etwas voran-

bringen möchte. Die Betriebe in Portugal, wo wir unsere Dessous „Lovjoi Intimates" produzieren, sind noch nicht zertifiziert. Wir haben uns persönlich überzeugt und haben die Frauen, die dort arbeiten, interviewt. Der Fabrikbesitzer hat alles mitgemacht, obwohl er es nicht hätte machen müssen, da er bisher mit großen konventionellen Unterwäscheherstellern zusammengearbeitet hat.

Unser zweiter Standort in Portugal wird von einer Frau geführt. In der Fabrik arbeiten 70 Frauen, die – egal, ob in der Näherei oder in der Produktentwicklung – ihren Job einfach lieben. Für mich ist es das Allerwichtigste, dass man Freude an der Arbeit hat und Leidenschaft in das Produkt und in die Nachhaltigkeit steckt. Das ist für mich viel wichtiger als irgendein Zertifikat.

Bei Lovjoi arbeiten viele Näher*innen mit Fluchtgeschichte. Wie kam es dazu? Als wir uns entschieden haben, den Produktionsstandort in Deutschland weiter auszubauen, mussten wir Näher*innen einstellen und suchten nach Industrieschneider*innen. Die Schwäbische Alb war vor zehn bis 30 Jahren noch ein starker Textilstandort und es haben sich einige Interessierte bei uns vorgestellt. Aber die meisten standen kurz vor der Rente und hatten auch schon einige Male umgeschult. Viele konnten nur einen Arbeitsschritt ausführen und kein ganzes Produkt nähen. So ist das auch oft in der Fast-Fashion-Industrie. Und dann hast du auf der anderen Seite Näher*innen aus Aleppo, das man auch „Klein-Bangladesch" nennt, die jede Maschine bedienen und von der Jeans bis hin zum maßgeschneiderten Herrenanzug alle Produkte nähen können. Da sind einfach ganz andere Fähigkeiten vorhanden. Die Herausforderung war, zu schauen, wer wirklich Lust hat, zu nähen. Bei mir hat sich zum Beispiel der Sohn eines syrischen Textilfabrikanten vorgestellt, der den Job aber gar nicht für sich wollte, sondern für seinen Bruder, der in Nordrhein-Westfalen lebte und den er wegen einer Wohnsitzauflage schon zwei Jahre nicht mehr gesehen hat. Ich musste seinem Bruder den Job ungesehen

← Der traditionelle Textilstandort der Schwäbischen
Alb wird durch Lovjoi mit
neuem Leben erweckt.

↑ Bei Lovjoi kommen viele
Menschen unterschiedlich-
ster Herkunft zusammen
und bilden ein starkes Team.

ℹ️ **Gemeinwohl-Ökonomie**
beschreibt das Konzept
einer Wirtschaft, die auf das
Wohl aller, Kooperation und
Gemeinwesen ausgelegt ist.
Dieses alternative Wirtschafts-
modell baut auf den Werten
der Menschenwürde, Solidarität, ökologischen Verantwortung, sozialen Gerechtigkeit
und demokratischen Partizipation auf. Unternehmen, die
für das Gemeinwohl wirtschaften, indem sie zum Beispiel
Teile ihres Gewinns in soziale
oder ökologische Projekte
reinvestieren und damit damit
zum Wohle aller beitragen.

anbieten, damit er sich überhaupt bei mir vorstellen konnte. Das war zwar ein Risiko, aber ich
habe es gemacht! Und so fing alles an. Ich habe
gemerkt, dass bei der Integration von geflüchte-
ten Menschen so viel schiefläuft und wir mehr
Menschen brauchen, die hinschauen und helfen.

**Was waren Herausforderungen für dich als
Arbeitgeberin?** Bei uns steht über allem die
Menschlichkeit. Wenn ich weiß, dass ich etwas
tun kann, was andere nicht können, dann mache
ich das. Etwa als es darum ging, die Familie
unseres syrischen Nähers Khaled nach Deutschland zu holen, die in einem Camp in Griechenland feststeckte. Nach seiner Ankunft in
Deutschland hatte er seine Frau und Zwillinge
zwei Jahre lang nicht gesehen. Wir haben dann
alles versucht, um Khaleds Familie legal nach
Deutschland zu holen. Das Problem war, dass
seine Kinder nie in Syrien registriert waren, weil
das Krankenhaus drei Tage nach ihrer Geburt
zerbombt wurde. Letztlich mussten wir uns an
alle Instanzen entlang der Balkanroute wenden,
um zu beweisen, dass es seine Kinder sind.

Dabei haben wir so viele Hürden nehmen müssen. In dieser Situation habe ich verstanden, dass es Wichtigeres gibt als Mode. Am Ende des Tages sind das, was wir machen, nur Klamotten.

Was hast du von deinen Mitarbeiter*innen gelernt? Es war zu keinem Zeitpunkt eine einseitige Beziehung, in der wir einen Arbeitsplatz stellen. Unsere Näher*innen aus Aleppo meinten am Anfang zu uns: „Ihr müsst das anders machen". Unser erster Näher hat uns erklärt, wie man einen Großzuschnitt macht, denn wir hatten keine Ahnung davon. Wir haben erst durch die Zusammenarbeit gelernt, wie die Produktion praktisch geht. Umgekehrt haben wir unser Verständnis von Design und Nachhaltigkeit weitergegeben. Auch bei der Gestaltung von Arbeitsmodellen habe ich viel dazugelernt. Unsere Produktionsleiterin arbeitet Teilzeit, unsere Designerin ist nur montags im Betrieb und arbeitet sonst im Home Office. Das war für mich als Gründerin, die 24/7 arbeitet, anfangs ungewohnt, aber ich habe durch meine Mitarbeiter*innen gelernt, dass es auch anders funktioniert. Das hat auch was mit gegenseitiger Wertschätzung zu tun.

Bei euch finden auch sogenannte schwer vermittelbare Menschen einen Arbeitsplatz. Wieso klappt das bei euch? Wir sind einfach sehr tolerant und geben Chancen. Monika, zum Beispiel, habe ich vor einem Jahr als sogenannten „Härtefall" kennengelernt. Sie ist aus Rumänien und hat als Krankenschwester und Wirtschaftslehrerin gearbeitet und außerdem einen Bachelor und Master in Marketing – hat also sehr viele Fähigkeiten. Nach zwei Wochen konnte ich ihr unseren Bankzugang geben und sie macht inzwischen Buchhaltung, Versandmanagement und Controlling. Nur weil es noch Herausforderungen mit der deutschen Sprache gibt, heißt das nicht, dass es nicht gut funktionieren kann. Man muss einfach die Möglichkeit zur Entwicklung geben. Das ist für mich Empowerment.

→ lovjoi.com

← Ein Miteinander auf Augenhöhe: Jede Position im Team ist wertvoll.

→ Auch der Zuschnitt der Stoffe für die Produktion erfolgt direkt im Haus.

Wo Girlpower drauf steht, sollte auch Girlpower drin sein

WAS BEDEUTET FEMINISMUS?

————

Feminismus bedeutet ganz allgemein, dass allen Menschen die gleichen Rechte zuteilwerden – egal, welches Geschlecht sie haben oder welchem Gender sie sich zuordnen. Dass wir Feminismus heutzutage noch brauchen, wird durch aktuelle gesellschaftspolitische Debatten deutlich. Dies zeigt zum Beispiel die #MeToo-Bewegung, die seit Herbst 2017 dazu beiträgt, sexualisierte Gewalt und Missbrauch offenzulegen, oder der Streit um den Paragrafen §219a, der regelt, wie Abtreibungen in Deutschland gehandhabt werden, und damit ebenso über die Selbstbestimmung der Frau urteilt. Auch in der Mode lässt sich beobachten, dass Gleichberechtigung noch nicht erreicht ist. Sei es nun die Bewertung einer Frau, die im Minirock zu aufreizend oder nicht aufreizend genug wirke oder die Diskussion um den Hijab, das islamische Kopftuch, das für manche ein Symbol für die Unterdrückung der Frau ist und für andere ein Zeichen der Freiheit, den eigenen Glauben zu leben.

Der Feminismus will dafür sorgen, all diese Debatten hinter sich zu lassen, und kämpft deswegen für eine gerechte Zukunft. Julia Korbik, Autorin und Journalistin, fasst die Bedeutung von Feminismus in ihrem Buch *Stand Up: Feminismus für alle* wie folgt zusammen: „Feminismus ist eine politische Bewegung, die nach gesellschaftlicher Veränderung strebt. Das Ziel lautet Chancengleichheit unabhängig vom biologischen oder sozialen Geschlecht. Der Feminismus blickt auf unsere Gesellschaft mithilfe einer Gender-Brille und hinterfragt die Machtverhältnisse: Er möchte wissen, wer Macht hat (und wer nicht) und wie diese dann eingesetzt wird." Julias Definition zeigt, wie Feminismus auch für die Mode wichtig ist, denn auch hier spielen Machtverhältnisse und Chancengleichheit eine maßgebliche Rolle.

← Feminismus bedeutet, dass alle tragen können, was sie möchten – ohne anhand gesellschaftlicher Normen bewertet zu werden.

WAS HAT FEMINISMUS
MIT FAIRER MODE ZU TUN?

Sieht man sich die Modegeschichte der westlichen Welt an, bekommt man schnell das Gefühl, dass die Emanzipation der Frau einen langen, aber erfolgreichen Weg hinter sich hat. Bereits im 19. Jahrhundert emanzipierten sich Frauen, wie die US-amerikanische Frauenrecht-lerin Amelia Bloomer, über ihren Kleidungsstil: Hosen statt Röcke, Anzüge statt Kleider. Diese Emanzipation setzte sich bis ins 20. Jahrhundert fort und spitzte sich mit der Abschaffung des Korsetts, der Erfindung des Minirocks und der „Bra Burning"-Bewegung in den Sechzigern zu, die von Aktivistinnen mit dem Miss-America-Protest angestoßen wurde. Als Zeichen ihrer Unabhängigkeit vom Patriarchat verbrannten sie in einer Demo ihre BHs, Mieder, Strapse und High Heels. In den Achtzigern folgten dann sogenannte Powersuits und heutzutage kann theoretisch jede Frau, zumindest wenn es nach dem Angebot geht, tragen, was ihr gefällt.

Doch Feminismus in der Mode hört nicht bei dem auf, was Frauen tragen „dürfen". Auch in der Produktion von Kleidung spielen Frauen-rechte eine entscheidende Rolle. Feministisches Denken und Handeln sollten nicht an unseren Landesgrenzen enden, Menschenrechte schon gar nicht. Während in den westlichen Industrie-

> # „ICH BIN NICHT FREI, SOLANGE NOCH EINE EINZIGE FRAU UN-FREI IST, AUCH WENN SIE GANZ ANDERE FESSELN TRÄGT ALS ICH."
>
> Audre Lorde, Autorin und Aktivistin

nationen Statement-Shirts mit Girlpower-Slogans verkauft werden, nähen diese in den Ländern des Globalen Südens zumeist Frauen (schät-zungsweise 80 % aller Textilarbeiter*innen sind Frauen). Diese Frauen besitzen oftmals keine Arbeitsverträge, arbeiten für einen Niedriglohn inklusive unzähliger Überstunden und sind sexualisierter und verbaler Gewalt ausgesetzt.

Nicht nur dieser Umstand zeigt Ungleich-heiten. Während in Bangladesch eine Näherin gerade einmal 63 Euro Mindestlohn (Stand Juli 2019) erhält, verdienen CEOs in der westlichen Welt mehrere Millionen. Einer der reichsten

---

ℹ Modest Fashion
beschreibt Mode, die sich nach bestimmten religiösen Bekleidungsvorschriften richtet. Einst ein Nischenmarkt, soll dieser bis 2021 ganze 368 Milliarden US-Dollar umset-zen.[33] Vor allem jüdische und muslimische Kundinnen dürften sich über den Zuwachs freuen, da sie die Hauptabnehmerinnen der verhüllenden Kleidung sind.

Modest Fashion setzt auf weite Schnitte, fließende Stoffe und Bedecktheit – und steht dabei in Sachen Style den gängigen Kollektionen in nichts nach. Frauen wie Halima Aden, die als erstes Hijab tragendes Model für das Cover der Vogue abgelichtet wurde, oder die jüdisch-orthodoxe Bloggerin Adi Heyman zeigen die Rele-vanz und Akzeptanz innerhalb der Modebranche und inspi-rieren auch nicht-religiöse Frauen zu mehr Stoff statt nack-ter Haut. Expert*innen sehen dies als Gegentrend zu den

immer freizügigeren Aufnahmen der sozialen Netzwerke.[34] Was auffällt: Aufkommende Designer*innen sind eigentlich ausschließlich Frauen. Ein Zeichen der Emanzipation im engen Rahmen der Religion?

Menschen der Welt ist Inditex-Gründer Amancio Ortega. Zu seinem Modeimperium, welches das umsatzstärkste weltweit ist, gehören zum Beispiel Zara, Bershka und Stradivarius. Auch sonst stehen an der Spitze der größten und profitabelsten Modekonzerne ausschließlich Männer. Diese Diskrepanz gilt es zu überwinden.

Faire Mode versucht hier einen Unterschied zu machen und arbeitet daran, alle Menschen entlang der Wertschöpfungskette gerecht zu entlohnen. Dies verschafft Frauen, die als Näherinnen oftmals Alleinversorgerinnen der Familie sind, einen existenzsichernden Unterhalt. Im Kampf für mehr Gleichberechtigung, die über unsere Ländergrenze hinaus besteht, ist es wichtig, echte Solidarität mit den Arbeiter*innen vor Ort aufzubauen. Modeunternehmen können daran mitwirken, indem sie ausschließlich an Standorten produzieren, die geprüft existenzsichernde Löhne zahlen und sich zum Beispiel für das Bilden von Gewerkschaften, die sich für die Rechte der Arbeiter*innen einsetzen, engagieren. Auch die Unterstützung von Vereinen und NGOs, die ganz konkret Aktivist*innen und Gewerkschaften in ihrem Kampf gegen Niedriglöhne, menschenunwürdige Arbeitsbedingungen und für Versammlungsfreiheit unterstützen, ist ein wichtiger Baustein für mehr Solidarität und Gleichberechtigung.

WIE FEMNET FRAUENRECHTE IN DIE MODE BRINGT

Femnet ist eine 2007 gegründete, gemeinnützige Frauenrechtsvereinigung, deren Mitglieder sich ehrenamtlich für wirtschaftliche, soziale und kulturelle Rechte von Frauen weltweit einsetzen. Der Verein kämpft für die Rechte von Frauen und menschenwürdige Arbeitsbedingungen in der globalen Bekleidungsindustrie und macht sich weltweit für die Ideale einer Gesellschaft und von Arbeitswelten stark, in denen kein Mensch aufgrund von Geschlecht, ethnischer oder nationaler Zugehörigkeit, Religion oder sexueller Orientierung benachteiligt wird. Dafür mobilisieren sie über Kampagnen die Öffentlichkeit und üben Druck auf Unternehmen und Politik aus. Im Bereich Bildung engagiert sich Femnet vor allem an Hochschulen, um die Entscheidungsträger*innen von morgen über die Missstände der Textilindustrie aufzuklären und Bewusstsein zu schaffen. Außerdem arbeitet der Verein mit Partnerorganisationen in Indien und Bangladesch direkt vor Ort daran, Solidarität zu leben. Sie unterstützen Textilarbeiter*innen mit juristischem Beistand, Trainings und finanzieller Soforthilfe im Notfall.

← Näherinnen in Bangladesch erfahren durch solidarisches Handeln Gerechtigkeit und werden von Vereinen wie Femnet in ihrem Kampf für ihre Rechte unterstützt.

→ Modest-Fashion-Designerinnen wie Naomi Afia aus Wien geben ihren Kund*innen die Freiheit, selbst über ihre Körper entscheiden zu können.

Mode als Motor für einen Systemwandel

PORTRÄT ÜBER
LISA JASPERS

———

← Lisa Jaspers hat 2016 den Laden zu ihrem Label in Berlin-Kreuzberg eröffnet.

↑ Hier finden sich Keramik, Schmuck, Accessoires und Kleidung aus aller Welt.

„Als politischer und ästhetischer Mensch habe ich in Folkdays meine Bestimmung gefunden." Lisa Jaspers sieht sich selbst als Teil des Systempreneurship, das in Politik, Kultur und Wirtschaft einen Paradigmenwechsel herbeiführen will. Mit ihrem Berliner Label Folkdays will sie nichts Geringeres als einen Systemwandel. „Alles, was ich hier mache, soll einen sozialen Mehrwert schaffen", sagt die Politologin. „Ich mache das nicht, weil ich schöne Klamotten machen will, sondern weil Mode und Textilien ein gutes Vehikel sind, um Empowerment in Regionen der Welt zu bringen, wo die Menschen noch ausgebeutet werden oder gar nichts verdienen." Wer sich mit Lisa unterhält, merkt schnell, dass ihr Streben nach einem Systemwandel nicht auf Mitleid oder Betroffenheit beruht. Schon als Jugendliche habe sie erkannt, wie zufällig unsere Chancen im Leben verteilt sind. Nach einem Freiwilligen Sozialen Jahr, in dem sie Kindern aus sozial schwachen Milieus in Mexiko-Stadt Englisch beigebracht hat, studierte sie Politik in Berlin und Entwicklungsökonomie in London. Später arbeitete sie im Fundraising einer NGO und in einer staatlichen Beratungsfirma. Lisa Jaspers war gut in ihrem Job, hatte aber dabei nicht das Gefühl, innerhalb des Systems langfristige Effekte erzielen zu können, um Armut und Chancenungleichheiten zu bekämpfen. Das Konzept von Entwicklungs-arbeit basiere auf zu westlich geprägten Projekten, die zu große Abhängigkeiten entstehen lassen und zu wenig auf bedürfnisorientierte Zusammenarbeit setzen. Mit 30 Jahren machte Lisa schließlich einen Cut. Und fragte sich, was ihr eigentlich wirklich Spaß macht. Kreativität, Kunsthandwerk und Interesse für andere Kulturen standen auf ihrer Liste. Daraus entwickelte Lisa das Fair-Fashion-Label

Folkdays. „Folkdays ist der Versuch, Gleichmäßigkeit herzustellen. Und Beziehungen, die auf gegenseitigen Abhängigkeiten beruhen. Ich bin genauso abhängig von meinen Produzenten, wie sie es von mir sind."

Angefangen hat Folkdays mit einem kleinen Sortiment an Textilien, die direkt von Kunsthandwerker*innen eingekauft wurden. Inzwischen bietet Folkdays Kleidung, Accessoires, Schmuck, Möbel und Interior an und gestaltet 70 Prozent der Produkte in Zusammenarbeit mit den Künstler*innen. Bei den Entwürfen achtet Lisa darauf, dass die Designs auf den Fähigkeiten der Produzent*innen basieren. Etwa bei Sidai Designs in Tansania, wo Frauen der Massai mit einer traditionellen Perlenstickereitechnik Glasperlenschmuck fertigen. Für Folkdays hat Sidai Designs eine spezielle Technik für Ohrringe umgesetzt, die sie sich selbst angeeignet haben und nun auch anderen Kund*innen anbieten können. Der Schmuck – eine Kooperation mit dem Modeblog *This is Jane Wayne* – war in Windeseile ausverkauft. Folkdays arbeitet größtenteils mit indigenen Randgruppen zusammen, die jahrhundertealte Techniken beherrschen. In Kombination mit innovativem Design erreicht das Traditionshandwerk so auch jüngere Ziel-

„FOLKDAYS IST DER VERSUCH, GLEICHMÄSSIGKEIT HERZUSTELLEN. UND BEZIEHUNGEN, DIE AUF GEGENSEITIGEN ABHÄNGIGKEITEN BERUHEN. ICH BIN GENAUSO ABHÄNGIG VON MEINEN PRODUZENTEN, WIE SIE ES VON MIR SIND."

← Folkdays bietet fair gehandelte Waren von Produzent*innen, die auf Augenhöhe mit Gründerin Lisa zusammenarbeiten.

→ Als Modeaktivistin rief Lisa die Petition #fairbylaw ins Leben, die von der deutschen Bundesregierung ein Gesetz zu unternehmerischen Sorgfaltspflichten fordert.

gruppen. Im Grunde genommen sei Folkdays ein moderner Eine-Welt-Laden, schmunzelt Lisa. Mit ihren Produkten schafft sie es nicht nur, Kunsthandwerk zu fördern, weiterzuentwickeln und sichtbar zu machen, sondern schafft vor allen Dingen richtigen Impact. Durch Folkdays fließt Geld in Regionen, die von der Politik und klassischer Entwicklungszusammenarbeit niemals erreicht werden. „Das, was wir bei Folkdays machen, ist für mich eine bessere Form der Entwicklungszusammenarbeit, weil es eine Zusammenarbeit ist."

Der Kooperationsgedanke zieht sich durch alles, was Lisa angeht. Sie ist davon überzeugt, dass wir nur eine Chance haben, einen richtigen Unterschied zu machen, wenn wir uns zusammenschließen. Deswegen ist es für sie selbstverständlich, dass ihre Produzent*innen gemeinsam entworfene Designs auch anderen Brands anbieten können oder sie auf Marken zugeht, die dieselbe Zielgruppe haben. Weil ein Modelabel alleine keinen Systemwandel erwirken kann, ist

↖ Lisa bezeichnet sich selbst als Systempreneurin und möchte den Wandel von innen heraus mitgestalten.

↑ Die Handtücher und Körbe kommen aus Indien, Indonesien und Vietnam.

———

„DAS, WAS WIR BEI FOLKDAYS MACHEN, IST FÜR MICH EINE BESSERE FORM DER ENTWICKLUNGSZUSAM-MENARBEIT, WEIL ES EINE ZUSAMMEN-ARBEIT IST."

———

↑ Der Schmuck bei
Folkdays, wie hier aus Peru,
kommt aus fairem Handel.

Lisa im April 2018 unter die Aktivist*innen gegangen und hat eine Onlinepetition ins Leben gerufen. Mit #fairbylaw fordert sie die deutsche Bundesregierung dazu auf, ein Gesetz zur unternehmerischen Sorgfaltspflicht zu verabschieden. Unterstützung fand sie dabei bei unzähligen Multiplikator*innen. Inzwischen haben über 155.000 Menschen die Petition unterschrieben. Konsumveränderungen seien zwar ein großer Hebel, aber mit einem Marktanteil von unter einem Prozent würde es im Fair-Fashion-Bereich zu lange dauern, um spürbare Unternehmensveränderungen zu bewirken. Lisa ist überzeugt, dass der Staat dafür Sorge tragen muss, dass Mindeststandards entlang der Wertschöpfungskette eingehalten werden. „Man kann einfach nicht dagegen argumentieren. Wie kann man als (politischer) Mensch nicht dafür einstehen?", appelliert sie. Lisas Energie und grundoptimistische Haltung, gemeinsam Dinge wirklich verändern zu können, ist beeindruckend. Natürlich müssen wir nicht alle 24/7 neben Familie und Beruf das System herausfordern, aber wir können uns die Welt nun mal nicht grün kaufen. Wie wir uns gesellschaftlich stärker einbringen können, wollen wir zum Abschluss von Lisa wissen. „Oft muss Engagement erst auf privater Ebene passieren, indem wir uns mit anderen unterhalten und uns selbst und andere mit Fragen konfrontieren. Wichtig ist es, dass wir nicht aus einem negativen Schuldgefühl heraus agieren oder nur für den Eigennutzen oder Selbsterhalt handeln, sondern etwas finden, wofür wir brennen und in das wir Energie und Zeit investieren wollen."

→ folkdays.de

Was bedeutet Modeaktivismus?

PORTRÄT ÜBER MADELEINE ALIZADEH

———

Dass Aktivismus in der heutigen Zeit ganz verschiedene Erscheinungsbilder haben kann, sehen wir an Bewegungen wie Fridays for Future oder Extinction Rebellion. Die Ansätze und Konzepte, um aktiv zu werden, sind vielfältiger denn je. Meist sind es ganze Bewegungen, die Menschen mitreißen und dazu bringen, selbst ins Handeln zu kommen. Doch manchmal ist es auch nur eine einzelne Person, die eine große Gruppe von Menschen bewegt. Eine von ihnen ist Madeleine Alizadeh, die mit ihrer herzlichen, offenen Art viele Menschen begeistert. Die Wienerin setzt sich seit mehreren Jahren für die Themen Klimaschutz, Fair Fashion, Feminismus, bewusstes Leben und Politik ein. Angefangen hat sie als klassische Bloggerin und ist mittlerweile Aktivistin, Autorin, Unternehmerin und

Podcasterin. „Aktivist*innen sind Menschen, die Ungerechtigkeiten aufzeigen und gleichzeitig etwas dagegen tun, damit diese Welt gerechter wird", bringt es Madeleine, die Maddie genannt wird, auf den Punkt. Obwohl sie selbst aus einer politischen Familie kommt und schon als Jugendliche auf Demonstrationen war und sich sogar einer politischen Bewegung anschloss, sollte es noch viele Jahre dauern, bis Maddie ihre politischen Ansichten mit ihrer Moral und Ethik verknüpfen konnte. Das Wissen um die unethischen Bedingungen der Modeindustrie war da, die Handlung danach blieb jedoch aus. Erst 2013, als Maddie die Dokumentation *Gift auf unserer Haut* sah, wanderte dieses Wissen vom Unterbewusstsein ins Bewusstsein, um dort einen radikalen Lebenswandel auszulösen. Dazu gehörte auch, dass sie ihren eigenen Beruf als selbstständige Lifestyle-Bloggerin, in dem sie u. a. Konsum und Fast Fashion promotete, infrage stellen musste. Doch der Wunsch nach Veränderung war größer als die Angst vor Ablehnung oder Misserfolg. Und Maddie schaffte es intuitiv, die Menschen, die ihr bereits folgten, mit in diese neue, nachhaltige Welt zu nehmen. Heute bloggt die ausgebildete Fotografin nicht mehr über die neuesten Herbsttrends, sondern zeigt mit viel Einfühlungsvermögen, was es heißt, ein gerechtes Leben zu führen. „Das Thema der Gerechtigkeit steht über allem", erzählt uns Maddie, die trotz ihrer humorvoll-sarkastischen Art bei diesem Thema ganz ernst wird. Maddie weiß, dass wir nicht mit Individualentscheidungen weiterkommen. Dass die Bambuszahnbürste einfach nicht mehr reicht. Deswegen möchte sie so viele Menschen wie möglich mit den Ressourcen ausstatten, die es braucht, um sie zu mündigen Bürger*innen zu machen. Maddie ist sich

← Madeleine Alizadeh kämpft mit ihrer Stimme für eine gerechtere Welt.

↑ Die Wienerin gestaltet vor allem online den Diskurs mit.

ihrer Verantwortung bewusst: „Ich stelle mich nicht hin und sage, so müsst ihr es machen. Ich statte die Menschen mit den Werkzeugen aus, die sie brauchen, um sich selbst zu navigieren." Empowerment bedeutet für sie Ermächtigung und Teilhabe.

Oftmals geht Maddie dafür den Weg über die Onlinemedien. Über ihren Instagram-Account erreicht sie mehrere Tausend Menschen jeden Tag. Globale, oft hochkomplexe Themen bereitet sie persönlich auf und gibt so vielen Zugang zu Lösungen. Egal, ob es um die Ausrufung des Klimanotstands in Österreich geht, Rechtsextremismus und Rassismus in Europa oder die Bio-Baumwollgewinnung in Indien. Maddie findet die richtigen Worte, um ihre Followerschaft zu erreichen und die Message weiterzutragen. Dabei ist der Aktivistin stets bewusst, dass es ein schmaler Grat zwischen wirklichem Interesse und darauffolgendem Aktivismus und der Entpolitisierung der Onlinegeneration ist. „Man hat jahrelang über Plastiktüten, Plastikstrohhalme und Bio-Baumwoll-Shirts gesprochen und dabei das System an sich nicht hinterfragt", merkt Maddie kritisch an und bedenkt dabei auch ihre eigene Position. Mit Gründung ihres

eigenen Modelabels 2017 wurde sie ebenfalls mit der Frage nach der Notwendigkeit weiterer T-Shirts und Sweater konfrontiert. „Viele fragen mich, warum ich ein Modelabel betreibe, obwohl ich Aktivistin bin. Ich möchte aber ein Label machen, das wirklich konkurrenzfähig ist, dadurch Druck ausüben kann und vielleicht mal so groß ist, dass man damit wirklich etwas verändern kann", erklärt Maddie ihre Entscheidung. „Da der Kapitalismus das Problem ist, kann er auch Teil der Lösung sein."

Auch in ihrem Podcast *A Mindful Mess* merkt die Medienschaffende immer wieder an, dass es wichtig ist, das „bigger picture", also das große Ganze, im Auge zu behalten. Deswegen nennt Maddie als dringlichste Themen der Modeindustrie auch die großen Fragen nach Kapitalismus, Transparenz und Zukunft und verweist darauf, innerhalb unserer eigenen Möglichkeiten aktiv zu werden. „Wir stehen vor einem sechsten Massensterben. Das ist ein hochpolitisches Thema, bei dem es nicht um Plastikflaschen, sondern um fette Industrien, Lobbys und Machtinteressen geht", gibt Maddie energisch zu bedenken. „Es geht um unsere Systeme."

Obwohl sie selbst Kritik am Onlineaktivismus äußert, ist sich die Autorin sicher, dass dieser all das kann, was politische Mobilisierung offline leistet. Vielleicht sogar in manchen Teilen noch etwas besser, weil die Onlinekommunikation das Potenzial habe, Menschen schneller und globaler zu erreichen. Und trotz der großen, mahnenden Worte und des Wissens um die drängenden Fragen, schafft es die Aktivistin immer wieder, den Druck rauszunehmen: „Ich habe auch mit meinem individuellen Konsum angefangen. Wir haben sehr stark reingezoomt und müssen jetzt wieder herauszoomen."
Maddie tut dies, indem sie selbst noch aktiver wird. 2019 unterstützte sie Die Grünen bei der Wahl in Österreich. Nicht, weil sie einen Platz im Parlament wollte, sondern weil sie in Zeiten wie diesen solidarische Haltung als essenziell empfindet. Ihr Ansporn dazu ist klar: „Wir können es uns nicht mehr leisten, unpolitisch zu sein."

→ dariadaria.com

„AKTIVIST*INNEN SIND MENSCHEN, DIE UNGERECHTIGKEITEN AUFZEIGEN UND GLEICHZEITIG ETWAS DAGEGEN TUN, DAMIT DIESE WELT GERECHTER WIRD."

⊙ Maddies Tipps, um selbst aktiv zu werden

———

01. WERDE POLITISCH

Frage dich, wen wähle ich? Wofür stehe ich? Welche Initiativen unterstütze ich? Welche Petitionen unterschreibe ich? Wie setze ich meine Kommunikationskanäle ein?

02. NUTZE DEIN GELD

Frage dich nicht nur, wo du etwas kaufst, sondern auch, wo du dein Geld anlegst. Selbst wenn du nur wenig Geld auf dem Konto hast – bei welcher Bank ist das? Was macht die Bank damit?

03. ÜBERPRÜFE DEINEN CO_2-FUSSABDRUCK

Schaue dir an, in welchen Bereichen du den höchsten CO_2-Fußabdruck hast. Manches kann man nur schwer beeinflussen – wie zum Beispiel den Bausektor, der einer der größten Emittenten von CO_2 ist. Deine Ernährung, deine Mobilität, deinen Kleidungskonsum oder die Art und Weise, wie du lebst, kannst du jedoch schon selbst lenken.

↑ Für Maddie bedeutet politischer Aktivismus auch solidarisch zu leben.

→ Mehr Tipps für einen nachhaltigen Lebensstil findest du auf Seite 206.

⊙ Du willst dich auch modeaktivistisch engagieren?

⸻

01. VERNETZEN

Vernetze dich mit Gleichgesinnten – In vielen Städten gibt es Stammtische, offene Vernetzungstreffen oder Informationsabende von NGOs oder Privatpersonen, die bereits aktiv sind. Diese Veranstaltungen sind eine gute Möglichkeit, um Mitstreiter*innen kennenzulernen.

02. KOMFORTZONE VERLASSEN

Tritt aus deiner Komfortzone – Du hast noch nie über die Missstände der Modeindustrie öffentlich gesprochen, möchtest aber gerne Menschen darüber informieren? Fang im Kleinen an: Sprich mit Familie und Freund*innen darüber, lass deine Arbeitskolleg*innen wissen, dass dir das Thema wichtig ist. Nutz deine Social-Media-Profile, um Informationen und aktuelle Debatten zu teilen.

03. FRAG NACH

Gerade weil das Thema Mode auf solch intransparenten Strukturen aufgebaut ist, wird es oft, obwohl es uns alle betrifft, nicht groß besprochen. Zeit, dies zu ändern! Frag beim Kauf von Kleidung nach, woher sie kommt. Informiere deine Kommunalpolitiker*innen darüber, dass das Thema wichtig ist, und frage nach, was sie dafür tun. Schreibe E-Mails an Bundestagsabgeordnete, von denen du weißt, dass sie sich mit dem Thema befassen, und hake nach, wie der aktuelle Stand ist und wann gesetzlich etwas passiert.

04. THEMATISIEREN

Mach Mode so oft es geht zum Thema – Trau dich, dich Demonstrationen in deiner Stadt anzuschließen, am besten mit Gleichgesinnten (siehe Tipp 1), und zeige mit kreativen Plakaten, welche Rolle Mode bei Menschenrechtsverletzungen und Klimaschutz spielt.

05. STARTE PETITIONEN

Starte oder unterzeichne Petitionen – Unterstütze laufende Aktionen von anderen Aktivist*innen, sei es mit deiner Unterschrift oder dem Teilen der Kampagne. Du bist auf einen Missstand aufmerksam geworden, der noch nicht angesprochen wurde? Adressiere ihn mit einer eigenen Petition zum Beispiel auf change.org oder direkt als e-Petition an den Bundestag.

↑ Der Aktivist Quang Paasch setzt sich mit Fridays for Future für Klimagerechtigkeit und nachhaltige Mode ein.

Diese Aktivist*innen setzen sich für mehr Gerechtigkeit in der Modeindustrie ein:

Bryony Roberts (UK)
zeigt auf Instagram eindrücklich, wie Craftivism (also die Verbindung aus Handwerkskunst und Aktivismus) funktionieren kann.
→ @tickover_

Anne Neumann (D)
engagiert sich seit Jahren im zivilgesellschaftlichen Bereich und macht großartige Kampagnenarbeit. Mit dem INKOTA-Netzwerk spricht sie die Missstände in der globalen Schuh- und Lederindustrie an.
→ inkota.de

Venetia Falconer (UK)
ist Podcasterin und YouTuberin und engagiert sich als Klimaaktivistin vor allem im Bereich Slow Fashion. Mit ihren #OOOTDs („Old Outfit of the Day") zeigt sie, wie Mode klimafreundlich funktionieren kann.
→ @venetiafalconer

Aja Barber (UK)
Autorin und Aktivistin, die sich für eine inklusive und nachhaltige Modeindustrie einsetzt und fantastische antirassistische Arbeit leistet.
→ @ajabarber

Quang Paasch (D)
Berliner Aktivist bei Fridays for Future, der seine mediale Stimme auch für nachhaltige Mode nutzt. Fast Fashion zu boykottieren sieht er als gesellschaftskritischen Akt.
→ @quangpaasch

Kirsten Brodde (D)
ist Journalistin, Autorin und arbeitet als Campaignerin bei Greenpeace. Die von ihr initiierte Kampagne „Detox My Fashion" rief erfolgreich die großen Bekleidungsunternehmen dazu auf, die Vergiftung des Wassers durch schädliche Chemikalien zu stoppen.
→ @kirstenbrodde

Safia Minney (UK)
gründete das Fair-Fashion-Label People Tree und setzt sich mit all ihrer Erfahrung für soziales Unternehmertum ein. Auch sie unterstützt Extinction Rebellion und deren Untergruppierung „Boycott Fashion".
→ @xr.boycottfashion

Gisela Burckhardt (D)
ist Gründerin des Vereins Femnet, der sich für Frauenrechte in der Textilindustrie einsetzt. Die promovierte Pädagogin hat mehrere Bücher über die Fast-Fashion-Industrie geschrieben und arbeitet als entwicklungspolitische Beobachterin.
→ femnet.de

Mikaela Loach (UK)
bloggt über Nachhaltigkeit, Fair Fashion und Veganismus und engagiert sich leidenschaftlich bei Extinction Rebellion. Sie bezeichnet sich selbst als Klimaaktivistin.
→ @mikaelaloach

Tolly Dolly Posh (UK)
Tolly ist Grafikdesignerin und Illustratorin und nutzt ihre Fähigkeiten, um auf die Ungerechtigkeiten in der Modeindustrie und Klimaschutz aufmerksam zu machen.
→ @tollydollyposh

Sigrid Münzberg (D)
Nach mehreren Jahren in der Industrie arbeitet die ausgebildete Modedesignerin mittlerweile als Modebotschafterin in den Bereichen Upcycling und Wiederverwendung. Mit „Sekundär Schick" zeigt Sigrid, wie alte Kleidung neue Wertschätzung erfährt.
→ sekundaer-schick.de

Céline Semaan (USA)
Céline ist Gründerin von Slow Factory Global, einem Design-Lab, das durch Forschung innovative Wege in der Modeindustrie finden möchte. Die libanesisch-kanadische Designerin und Autorin prägte als Erste den Begriff Modeaktivismus. Ihr Slogan: „Social and environmental justice – but make it fashion"
→ @celinecelines

Sina Trinkwalder (D)
ist Sozialunternehmerin durch und durch. Mit ihrem Label Manomama beweist sie, dass ökonomisches und ökosoziales Handeln einhergehen können. Den Gewinn nutzt Sina, um weitere soziale Projekte ins Leben zu rufen.
→ manomama.de

Nunu Kaller (A)
zeigte mit ihrem Shopping-Ban, dass Konsum nicht die Antwort auf die Frage nach Glück ist. Ihre Erfahrungen schrieb sie in ihrem Buch Ich kauf nix nieder.
→ @nunu.kaller

Tere Arigo (USA)
hat mit teeforel ein Label, das ausschließlich mit Secondhandkleidung arbeitet, und bezeichnet sich als Craftivist.
→ @thresca

Was steckt hinter Cultural Appropriation?

WARUM SOLLTEN WIR TRADITIONELLE HANDWERKSKUNST BEWAHREN?

———

Der Begriff „Cultural Appropriation" ist noch relativ neu in der öffentlichen Wahrnehmung. Von kultureller Aneignung spricht man, wenn sich dominante Gesellschaftsgruppen Teile gewisser, vor allem marginalisierter Kulturen bedienen – ohne diese nach dem Einverständnis gefragt zu haben. Oftmals werden sogar bestimmte Elemente herausgegriffen, um sich zu Unterhaltungszwecken darüber lustig zu machen oder selbst Profit herauszuschlagen – ohne die jeweiligen ethnischen Gruppen daran zu beteiligen.

Dies ist insbesondere deswegen problematisch, weil viele Menschen, die einer solchen ethnischen Gruppe angehören, für einige dieser Merkmale selbst ihr Leben lang diskriminiert werden.

> „Kulturelle Aneignung ist Diebstahl. Es bedeutet Plünderung. Es entnimmt kulturelle Aspekte aus unterrepräsentierten Bevölkerungsgruppen und gibt nichts im Gegenzug. Im Gegenteil, es wird sogar noch Dankbarkeit für die Werbung erwartet. Dieser Wertetransfer kostümiert sich mit Identitäten anderer Leute, während die Menschen, die mit Haut und Haar in ihrer Kultur und Geschlechtsidentität leben, um Akzeptanz ringen."

Andray Domise, kanadischer Journalist

In Deutschland findet kulturelle Aneignung oft im Zusammenhang mit Kostümierungen statt. Viele Menschen ziehen sich beispielsweise für Unterhaltungszwecke an Karneval traditionelle Trachten von indigenen Gruppen Nordamerikas an, ohne dabei zu bemerken, dass diese ethnifizierenden Kostüme viel mehr sind als nur eine Verkleidung. Die Kleidung indigener Völker ist Kulturgut für diese. Als Kostüm zweckentfremdet wird wissentlich der Fakt ignoriert, dass Menschen jahrhundertelang für ebendieses Äußere verfolgt, versklavt und getötet wurden. Auch das Verwenden von Symbolik, wie zum Beispiel Federkopfschmuck oder das hinduistische Bindi – ein „drittes Auge" in Form eines aufgemalten Punkts oder aufgeklebten Schmucks zwischen den Augenbrauen –, die in anderen Kulturen einem besonderen Anlass oder nur speziellen Personen vorbehalten sind, führt dazu, dass diese missbräuchlich aus dem Zusammenhang gerissen werden und so ihre Bedeutung verlieren.

Auch in der Mode bedienen sich Labels und Designer*innen der kulturellen Aneignung. Vor allem Fast-Fashion-Ketten und Luxuslabels fallen immer wieder negativ auf, wenn es darum geht, aus traditionellen Trachten und Handwerkskunst Profit zu schlagen. So bediente sich zum Beispiel die französische Designerin Isabel Marant bei ihrer Etoile-Frühling/Sommer-Kollektion 2015 ungefragt an Mustern und Designs von Blusen und Kleidern einer mexikanischen, indigenen Gruppe, die seit mehr als 600 Jahren exakt dieses Design herstellt. Dabei wäre es ein Leichtes, statt sich andere Kulturen anzueignen, diese wertzuschätzen und ihnen den nötigen Respekt entgegenzubringen, den sie verdienen. Denn „Cultural Awareness" und „Cultural Appreciation" – also Kulturverständnis und Wertschätzung von Kulturen – können einen Platz in der Mode haben. Anstatt weiße Models, die nicht dieser Religion oder Kultur angehören, mit einem Hijab auszustatten, ihnen Dreadlock-Perücken

← Traditionelle Handwerkskunst zu bewahren
und wertzuschätzen, ist
essenziell, um verant-
wortungsvoll mit Mode
umzugehen.

„KULTURVERSTÄNDNIS
UND WERT-
SCHÄTZUNG VON KUL-
TUREN KÖNNEN
EBENSO EINEN PLATZ IN
DER MODE HABEN."

aufzusetzen oder palästinensische Schalmuster auf Fast-Fashion-Kleider zu drucken, wie es das Highstreet-Label Topshop für eine Festival-Kollektion 2017 machte, könnten Modelabels auch mit Menschen zusammenarbeiten, die wirklich aus diesen marginalisierten Gruppen kommen – sei es als Model für eine Kampagne oder als Designer*in für ein Kleidungsstück. So würde sichergestellt, dass die Tradition bewahrt wird und vor allem das Geld an diejenigen fließt, die diese Kultur, meist über Jahrhunderte, aufgebaut und erhalten haben.

Die Bewahrung ebendieser (Handwerks-) Kunst ist wichtig, damit kulturelle Gruppen und indigene Völker ihr traditionelles Gut weitertragen können. Es geht nicht nur darum, kulturelle Schätze auszutauschen und an andere weiterzugeben. Sondern vielmehr darum, dass der Austausch auf gegenseitigem Respekt beruht. Wenn wir die Traditionen indigener Gruppen für so wertvoll erachten, dass wir sie selbst in unserem Alltag gerne zeigen wollen, sollte dies immer damit einhergehen, dass diese Minderheiten geschützt und empowert werden. Als privilegiertes Nicht-Mitglied einer marginalisierten Gruppe ist es ein Leichtes, ein Kostüm, eine Hautfarbe, eine Frisur oder ein Kleidungsstück wieder abzulegen, wenn der „Trend" vorbei ist. Ethnische Randgruppen können dies nicht.

Die Verbindung von Tradition und Moderne

IM GESPRÄCH
MIT BUKI
AKOMOLAFE

——

← Die Designerin Buki
Akomolafe kreiert in ihrem
Kreuzberger Studio ethische
Mode.

↑ Die gequilteten Stoffe
entstehen in mühevoller
Handarbeit.

In liebevoller Handarbeit entstehen in einem kleinen Atelier in Berlin-Kreuzberg außergewöhnliche Kleidungsstücke, die nicht nur zeigen, wie facettenreich traditionell geprägte Mode ist, sondern auch wie vielfältig Empowerment aussehen kann. An der Nähmaschine sitzt Buki Akomolafe, die 2016 das gleichnamige Label gründete. Die meisten Teile näht sie selbst direkt vor Ort. Was im Atelier nicht geschafft wird, wird in einer kleinen Produktionsstätte gefertigt, die ebenfalls in Berlin ansässig ist. In jedem Kleidungsstück von Buki Akomolafe steckt immens viel Handarbeit. Allein die Produktion eines Mantels dauert mehrere Tage – viele Arbeitsstunden, die vor allem wegen der aufwendigen Steppung entstehen. Die Steppung, auch Quilt genannt, wird anhand des jeweiligen Musters individuell entwickelt. Je komplizierter das Muster, desto länger dauert die Herstellung. Buki ist es wichtig, dass die Menschen begreifen, welche Arbeit in jedem Kleidungsstück steckt. Und auch, dass traditionelle Handwerkskunst selbst einen neuen Wert zugeschrieben bekommt. „Für viele ist die Modeindustrie viel zu weit weg. Solange es die Menschen nicht betrifft, beschäftigt es sie nicht. Das ist das größte Problem", begründet Buki ihre Motivation.

Schaut man sich den Werdegang der Designerin an, wird klar, woher ihre Passion für langlebige Mode kommt, die noch dazu eine Botschaft aussendet. Aufgewachsen in Nigeria, erlebte sie in jungen Jahren, was es heißt, nicht alles im Überfluss zu besitzen. Ihr Vater, selbst Nigerianer, gründete dort ein Projekt, das Jugendliche im Bereich Landwirtschaft und Permakultur ausbildet. Die jungen Menschen erlernen so, wie sie sich besser selbst versorgen können. In dem Dorf, in dem Familie Akomolafe lebte, gibt es eine

111

„IN DEUTSCHLAND LEBEN WIR IM ÜBERFLUSS UND SIND UNS VIELER DINGE NICHT MEHR BEWUSST, WEIL ALLES IMMER ZUR VERFÜGUNG STEHT."

Frauenwerkstatt, in der die für Nigeria typische Schmalbandweberei gefertigt wird. Bevor Buki zu ihrer Einschulung nach Deutschland kam, wuchs sie als junges Mädchen zwischen Webstühlen und Batikstoffen auf. Eine prägende Erinnerung, die sie später zur Mode führen soll. Außerdem erlebte sie bereits als Kind, was es bedeutet, verantwortungsvoll mit Ressourcen umzugehen. Auch heute noch trägt sie dieses Wissen mit sich und wendet es in ihrer Arbeit an. „In Deutschland leben wir im Überfluss und sind uns vieler Dinge nicht mehr bewusst, weil alles immer zur Verfügung steht."

Gegenwärtig reist die junge Berlinerin vermehrt in den Senegal. Der Senegal war es auch, der sie zum Quilten brachte – die für Buki Akomolafe typische Stepptechnik, die sich an vielen Kleidungsstücken des Labels zeigt. Die Patchwork-Kleidung entdeckte sie das erste Mal bei den Baye Falls – eine Gruppe der Sufis – die zurückgezogen und autark im Senegal leben. „Ich war dort sehr fasziniert von der Art, wie sich die Männer kleiden", schwärmt Buki. Weil die ausgebildete Modedesignerin während ihres Studiums an der HTW Berlin nie die Möglichkeit bekam mit African Wax-Prints zu arbeiten, nutzte sie ihre Abschlussarbeit, um sich mit Stoffen zu befassen, die mit ihrer Herkunft zu tun haben. In der Recherche dafür stellte die damalige Jungdesignerin schnell fest, dass die African Wax-Prints keine Stoffe sind, die ursprünglich vom afrikanischen Kontinent kommen. Vielmehr wurde die Technik im 14. Jahrhundert von den Niederländern aus Indonesien nach Afrika gebracht. Im asiatischen Raum sind die Muster jedoch andere – sehr viel feiner, floraler und ornamentartig. Im Laufe der Jahrhunderte entwickelte sich daraus auf dem afrikanischen Kontinent eine eigene Ästhetik. Klassisch westafrikanisch hingegen sind die schmalbandgewebten Stoffe, denen Buki schon in ihrer Kindheit begegnete. Auch die Indigo-Batik kommt traditionell aus Nigeria.

Bevor später das Label geboren werden sollte, recherchierte die Berlinerin weitere anderthalb Jahre, um wirklich in den afrikanischen Ländern hergestellte Stoffe zu bekommen.

← Die auffälligen Prints sind das Markenzeichen des Labels.

↑ Für Buki bedeutet Empowerment Wahrung traditioneller Techniken und Sichtbarmachung von unterrepräsentierten Gruppen.

ⓘ **African Wax Prints**
sind traditionelle Stoffe des afrikanischen Kontinents, insbesondere Westafrikas, die im 19. Jahrhundert aus Indonesien eingeführt wurden. Es handelt sich um Baumwollstoffe, die Batik-inspiriert bunt bedruckt werden. Die verschiedenen Muster beruhen auf einer nonverbalen Kommunikation und können für verschiedene Dinge wie Städte, Persönlichkeiten oder Anlässe stehen.

Doch dies stellte sich schwieriger heraus als gedacht. „Ich wollte eigentlich die Stoffe auf meinen Reisen beziehen, habe mich dann aber dagegen entschieden, weil man oft leider nicht weiß, woher der Stoff genau kommt. Gerade aus China kommen aktuell irgendwelche Stoffe und überschwemmen die Märkte auf dem afrikanischen Kontinent. Vieles davon ist Synthetik und man weiß nicht, wie die Stoffe produziert wurden", erklärt Buki. Was die Recherche auch zeigt: Es existiert kaum noch traditionelle Stoffherstellung in den Ursprungsländern, da die Märkte von den günstigeren Alternativen kaputt gemacht werden. Nur vereinzelt gibt es in Ghana noch Fabriken, die traditionelle Stoffe herstellen. Auch in Nigeria kennt Buki nur einige wenige Künstler*innen, die mit der alten Handwerkskunst des Indigo-Färbens arbeiten. Sie entscheidet sich also dagegen, die Stoffe um die halbe Welt zu fliegen, und bezieht ihre Materialien von einem niederländischen Unternehmen, das sich auf diese Art von Stoffen spezialisiert hat und nur ethisch produzierte Ware vertreibt. Hinzu kommt, dass die Fast Fashion in den letzten Jahren das

Potenzial von traditionellen Mustern und Stoffen erkannt hat und diese in unwahrscheinlichem Ausmaß in Form von günstig produzierter Kleidung, die der traditionell hergestellten ähneln soll, reproduziert. Buki steht dem skeptisch gegenüber. Zum einen heißt sie es gut, dass etwas sichtbar gemacht wird, was in der bisherigen Betrachtung oftmals abgewertet wurde. Zum anderen hält sie die Art und Weise, wie Fast Fashion sich der traditionellen Techniken bedient, für Diebstahl. „Unternehmen sollten mit den Künstler*innen vor Ort zusammenarbeiten und deren Arbeit und die Prozesse dahinter zeigen. So ist es einfach Diebstahl." Außerdem werden so kurzfristig bestimmte Muster und traditionelle Künste zum Trend gemacht, um nach einer Saison wieder vergessen zu sein. Es geht den Fast-Fashion-Labels also nicht wirklich um die Sichtbarkeit, sondern nur um den schnellen Konsum.

Immer wieder betont Buki, wie wichtig ihr selbst Sichtbarkeit ist. Zu dieser möchte sie als Designerin maßgeblich beitragen. Sie selbst steht mit ihrer eigenen Identität immer wieder zwischen zwei Kontinenten. Und sie ist damit nicht allein. Viele Schwarze Designer*innen haben es sich zur Aufgabe gemacht, der Modewelt zu zeigen, wie Vielfalt aussehen kann. Doch in der Fair-Fashion-Szene fehlt Buki dieser Austausch oft: „Viele Labels fokussieren sich eher auf Diversität und antirassistische Arbeit, was super ist. Aber dann kommt das ökofaire Thema oft zu kurz. Das ist total schade, aber auch verständlich, denn es gibt so viele Probleme auf dieser Welt und man kann nicht alle auf einmal lösen." Und dennoch wünscht sich die Designerin mehr Repräsentation von BIPoC (Black, Indigenous and People of Color) innerhalb der fairen Modeszene, denn viele Labels, die wirklich daran arbeiten, gibt es bislang, zumindest in Deutschland, noch nicht. Empowerment untereinander ist extrem wichtig, weiß Buki. Auch sie wird durch den Austausch mit Gleichgesinnten bestärkt und bekommt neue Energie für ihre Arbeit, die immer wieder auch viel Kraft kostet. „Als Schwarze Frau musst du dich immer etwas mehr beweisen", resümiert Buki die letzten

← Bei Buki Akomolafe trifft Designtalent auf traditionelle Handarbeit.

↑ Die schmalbandgewebten Stoffe benutzt Buki vor allem für Henkel oder Gürtel.

„DAS NUTZEN TRADITIONELLER MUSTER IST, OHNE DIE ZUSAMMEN-ARBEIT MIT KÜNSTLER*INNEN VOR ORT, EINFACH DIEBSTAHL."

→ Für die Produktion eines Mantels benötigt Buki mehrere Tage an der Nähmaschine.

„ICH MÖCHTE MEINE MODELS IRGEND-WANN NICHT MEHR NACH DER HAUTFARBE AUSWÄHLEN MÜSSEN, WAS ICH ABER DERZEIT TUE, UM MEHR SICHTBARKEIT FÜR SCHWARZE MENSCHEN ZU SCHAFFEN."

Jahre. Da hilft es, wenn man Verbündete hat, die an der gleichen Sache arbeiten. Aber die Designerin spürt auch einen Aufschwung. Es gibt immer mehr Plattformen, Veranstaltungen und Aktivitäten, die konkret der Vernetzung von BIPoC dienen. Im Gegensatz zu ihrer Kindheit, in der sie sich als Schwarzes Mädchen in Deutschland oftmals alleine fühlte, hat sich mittlerweile viel verändert.

Ihr Label Buki Akomolafe trägt auf jeden Fall zu mehr Sichtbarkeit von BIPoC und der Würdigung traditioneller Handwerkskunst bei. Das erreicht die Designerin nicht nur in der Art und Weise, wie ihre Kleidung hergestellt wird, sondern auch in ihrer Kommunikation, in der sie Schwarze und weiße Models gleichermaßen zeigt. „Ich möchte meine Models irgendwann nicht mehr nach der Hautfarbe auswählen müssen, was ich aber derzeit tue, um mehr Sichtbarkeit für Schwarze Menschen zu schaffen", verrät uns Buki. Fast nebenbei erzählt die Designerin, dass sie neben ihrer Arbeit mit dem Label auch Workshops für Geflüchtete gibt. In diesen spürt sie immer wieder, wie wichtig Repräsentation und Sichtbarkeit ist. „Die jungen Menschen brauchen Vorbilder." Ein solches ist Buki Akomolafe ganz sicher.

→ bukiakomolafe.com

Was bedeuten Diversität und Inklusion?

VIELFÄLTIG, INKLUSIV,
BEREICHERND

————

In der Modebranche sieht man nach wie vor homogene Schönheitsideale. Je nachdem, in welchem Jahrzehnt man sich befindet, sind bestimmte Typen scheinbar gefragter als andere. Obwohl es für alle Geschlechter bestimmte Idealbilder gibt, findet man diese dennoch ausgeprägter bei Frauen. Vor allem im Laufe des 20. Jahrhunderts reproduzierte die Modeindustrie die Vorstellung eines Idealbilds einer Frau, die möglichst schlank, groß, weiß und mit makelloser Haut ausgestattet sein sollte. Gewisse Schwankungen, Trends und Veränderungen gab es zwar in den verschiedenen Jahrzehnten – die Norm eines schlanken Körpers blieb jedoch. In den Neunzigern wurde diese Norm durch Supermodels wie Cindy Crawford mit einer üppigen Hüfte und einem großen Busen versehen und löste damit Bilder der äußerst schlanken, fast mageren, androgynen Frau der Fünfziger- und Sechzigerjahre ab, wie sie insbesondere Twiggy in den Swinging Sixties in London verkörperte. Zehn Jahre später ist es Konfektionsgröße 32/34 oder auch Zero, die Models weltweit für die Laufstege hungern lässt. Was auffallend ist: Die Mode gibt eine Richtung vor, die Menschen haben sich dieser zu unterwerfen. Das ist nicht nur für Frauen jenseits einer bestimmten Kleidergröße diskriminierend, sondern auch rassistisch geprägt, wenn man sich die tiefer liegenden Strukturen dahinter ansieht. Die Idealvorstellungen folgen einem dominant-weißen Schönheitsbild. Menschen abseits dieser Norm werden entweder exotisiert, gar nicht erst wahrgenommen oder nicht sichtbar gemacht.

Dabei sehen die Gesellschaften dieser Welt wesentlich heterogener aus. Es gibt nicht nur

← Eine inklusive Modewelt schließt alle Menschen ein und bietet damit Kleidung für alle Körper.

einen Typ Frau, einen Typ Mann, sondern viele verschiedene Menschen (und Geschlechter) in all ihrer Schönheit. Es wäre an der Zeit, dass auch die Mode diese Vielfalt abbildet und Kleidung macht, die für alle Menschen gedacht ist.

Wie der Runway Diversity Report für die Herbst-2019-Kollektionen zeigt, ist dies leider noch immer nicht der Fall. Der Bericht wertet die Vielfalt auf den Laufstegen der Saison aus und verzeichnet zwar für Herbst 2019 einen leichten Anstieg an BiPoC-Models und Models höheren Alters auf den Laufstegen, aber gleichzeitig auch einen Rückgang an Repräsentation von Transgender- und nicht-binären Models sowie Models mit Behinderungen.

Dabei kann Mode dazu beitragen, gesellschaftliche Normen zu verändern. So wie sie Diktat für ein bestimmtes Schönheitsbild ist, kann sie auch Abbild der Gesellschaft sein und eine Selbstverständlichkeit fördern, die oftmals noch fehlt, wenn es um marginalisierte Gruppen geht. Mode kann Menschen sichtbar machen, indem sie Repräsentationsfläche schafft. Dafür ist es wichtig, nicht nur beispielhaft Mitglieder marginalisierter Gruppen herauszupicken, um diese zu tokenisieren, also als Vorzeigeobjekt auszunutzen, sondern echtes Interesse an den Lebensrealitäten und Bedürfnissen ebendieser zu zeigen und diese Perspektiven in Geschäfts-

bereiche und Machtstrukturen einfließen zu lassen. Diversität ist kein Trend, der in der nächsten Saison wieder abgewählt wird, sondern eine stetige Entwicklung hin zu einer wirklich vielfältigen Gesellschaft. Damit kann Mode nicht nur Menschen entlang der Wertschöpfungskette empowern, sondern eben auch darüber hinaus.

ⓘ Diversität
steht für Vielfalt. Ursprünglich aus dem biologischen Kontext kommend, bekam der Begriff größere Bedeutung seit der „Antidiskriminierungs- und Gleichberechtigungsbewegung in den Sechziger- und Siebzigerjahren in den USA".[35] Die EU-Grundrechtcharta legt den Begriff Diversität auf sechs Dimensionen fest: Alter, Geschlecht, sexuelle Orientierung, ethnisch-kulturelle Zugehörigkeit, Religion und Behinderung.

Inklusion
Umgangssprachlich gehen die Begrifflichkeiten Diversität und Inklusion oft einher. Dabei bezeichnen sie doch Unterschiedliches. Zwar kommt der Begriff Inklusion ebenfalls aus der Gleichberechtigungsbewegung der USA, setzt aber im Gegensatz zu Diversität eine konkrete Handlungsempfehlung. In Deutschland wird der Begriff oftmals im Zusammenhang mit Menschen mit Behinderung erwähnt, dabei kann sich Inklusion auf diverse Min-

derheiten beziehen und dazu beitragen, diese stärker in den gesellschaftlichen Diskurs aufzunehmen und mitzudenken.

„WIR KÖNNEN VIELFALT SELBST STEUERN."

Annette Granados Hughes, Womom

1   Rock und Weste: Buki Akomolafe
    Schuhe: Alina Schürfeld
    Ohrringe: Jyoti Fairworks
    T-Shirt: Womom
    Kleid: Son de flor
    Schuhe: Ekn
    Tasche: Humour.noir

2   Jumpsuit: Lovjoi
    Schmuck: Jyoti Fairworks
    Tasche: Youbag

3   T-Shirt: Womom
    Schmuck: Jyoti Fairworks

4   Top und Hose: Eyd Clothing
    Schuhe: Ekn

5   Bluse und Hose: Van Der Nag
    Schuhe: Veja

„EMPOWERMENT BEDEUTET TEILHABE."

Madeleine Alizadeh

I WANT TO EXPLORE,
I WANT TO FEEL,

„FÜR MICH BEDEUTET EMPOWERMENT, MÖGLICHKEIT ZUR ENTWICKLUNG ZU GEBEN."

Verena Paul, Lovjoi

Models: Ciani-Sophia Hoeder und Brit Morbitzer

Ciani-Sophia Hoeder hat 2018 das erste Online-Lifestyle-Magazin für Schwarze Frauen im deutschsprachigen Raum gegründet.
→ rosa-mag.de

Brit Morbitzer bloggt über Minimalismus, Nachhaltigkeit, Food und Fair Fashion und arbeitet als Autorin und Mentorin für mehr Minimalismus im Alltag.
→ brit-morbitzer.de

Styling: Stefan Uhr und Charline Lentschig
Haare und Make-up: Claudia Plath und Arielle Troß
Make-up: Dr. Hauschka
Location: Studio 21 Berlin

5

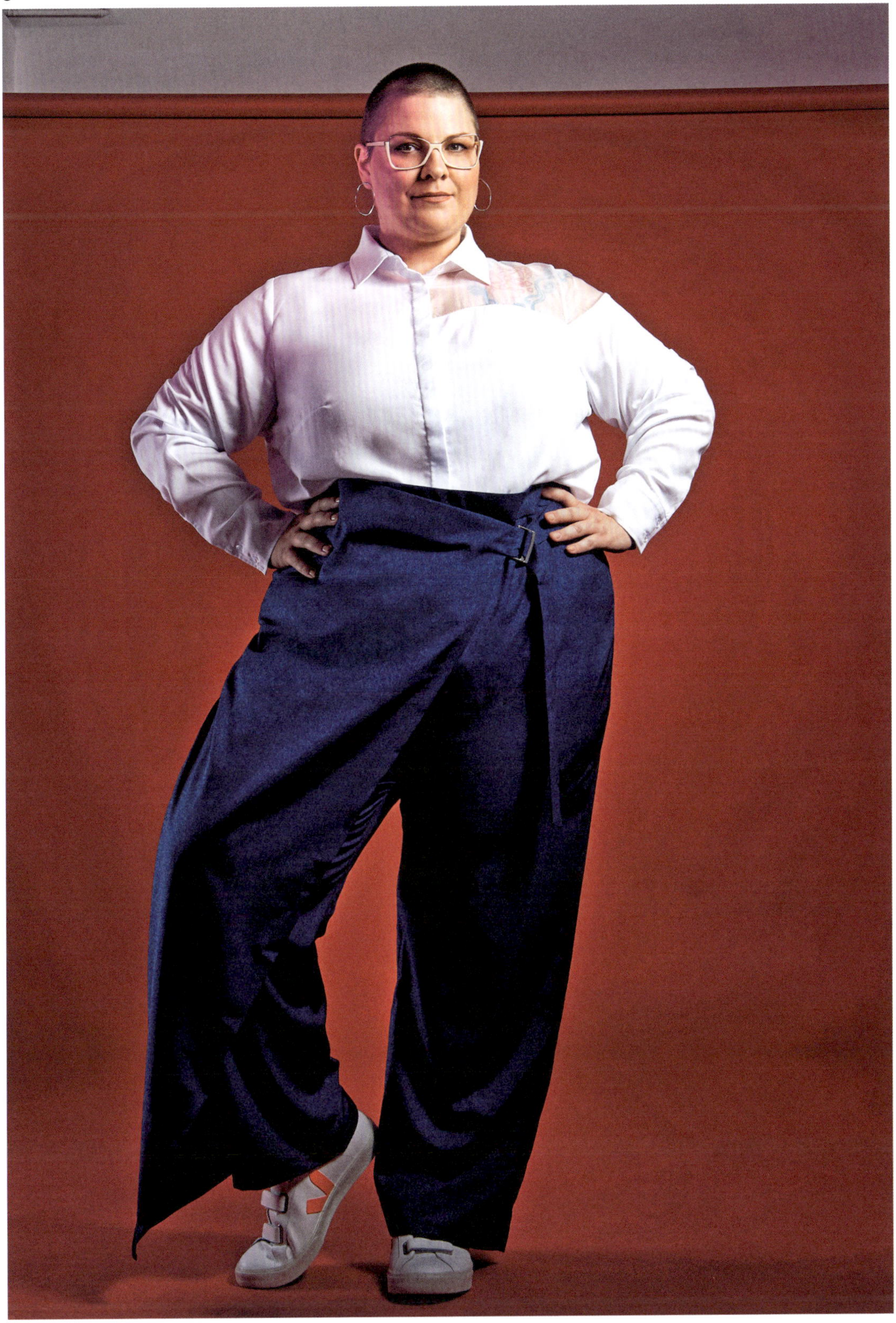

Sag es mit einem Shirt! Messages des Labels Womom

Seit ein paar Jahren sind Statement-Shirts nicht mehr aus unseren Kleiderschränken wegzudenken – vor allem seit immer mehr gesellschaftspolitische Themen den Mainstream erreichen. Kerstin Rothkopf war nie Fan von plakativen Statements auf der Brust. Als die Münchnerin jedoch ungeplant schwanger wird und mit den Vorurteilen, Tabuthemen und Klischees vom Muttersein konfrontiert wird, fragt sie sich: Wie schafft man es, über all diese Themen zu sprechen? Gemeinsam mit der Grafikerin Annette Granados Hughes gründet sie das Label Womom – ein Label für Mütter und Nicht-Mütter, das vor allem eines will: die Kategorisierung von Frauen aufbrechen und Tabuthemen plakativ, aber humorvoll ansprechen.

Was bewirkt eure Mode? Annette: Die Botschaften auf unseren T-Shirts sind für uns das Wichtigste. Die Mode und der ästhetische Anspruch dahinter sind nur die Transportmittel. Wir klären mit unserer Mode über gesellschaftliche Themen auf – ohne Zeigefinger, dafür aber mit viel Humor.

Kerstin: Wir sind kein Mummy-Label. Unsere Kleidung kann jede*r tragen. Wir wollen die Menschen zum Umdenken bewegen und Frauen wieder enger zusammenbringen. Die Gesellschaft und die Mode teilt uns ein in Mütter und Frauen. Diese Unterteilungen in „Woman", „Curvy" und „Maternity" finde ich traurig, weil Frauen immer wieder kategorisiert werden. Mit Womom setzen wir dem was entgegen und schaffen eine Community, die einen Dialog anregt.

Ihr sagt, ihr macht Mode für die Uniwoman. Was bedeutet das? Annette: Wir machen nicht Unisex, sondern Uniwoman – also Mode für alle Frauen.

← Kerstin und Annette wollen mit Statement-Shirts die Modewelt revolutionieren.

Deswegen bieten wir auch Größen von XS bis XXL an. Wir wollen, dass allen etwas passt.

Kerstin: Wir machen Mode für jede Lebenssituation und jeden Körper. Wenn wir neue Sachen machen, versuchen wir es so zu gestalten, dass niemand ausgeschlossen wird. Wir wollen die Frauen vereinen, anstatt uns gegenseitig in Schubladen zu stecken.

Spürt ihr, dass ihr damit Veränderung schafft? Kerstin: Gerade auf das Milk-Shirt, auf dem einfach nur groß MILK geschrieben steht, haben wir viele positive Reaktionen bekommen. Das Milk-Shirt symbolisiert, dass es in Ordnung ist, zu sagen, dass man sich als stillende Mutter selbst wie eine Milchpackung fühlt. Das hat viele bestärkt und ihnen Kraft gegeben. Die Frauen bedankten sich bei uns, dass wir das Muttersein nicht romantisieren, sondern ehrlich darüber berichten. Da es viele Themen gibt, über die wir in der Gesellschaft nicht sprechen, sieht es so aus, als würde es bei allen ganz toll laufen. Vor allem das Still-Thema ist tabuisiert und wenige sprechen darüber, dass Stillen auch sehr nervig sein kann. Insbesondere die sozialen Medien

← Das Milk-Shirt hat viele Frauen bestärkt auch über die negativen Seite der Mutterschaft zu sprechen.

→ Mit der „Get Naked"-Kampagne ruft das Label zu radikaler Ehrlichkeit auf.

erschaffen mit unrealistischen, perfektionierten Bildern eine Scheinwelt, die Druck auf uns ausübt, weil wir das Gefühl haben, wir müssten ein perfektes Leben führen. Selbst im Kern positive Bewegungen wie die Bodypositivity-Bewegung können sich dann negativ auswirken. Wenn ich auf einmal das Gefühl habe, dass alle ihren Körper ganz wunderbar annehmen, aber ich selbst das nicht schaffe, übt das Druck aus. Wir möchten diesen Druck rausnehmen und alle Perspektiven zeigen.

Ihr nutzt dafür immer wieder verschiedene Kampagnen, die ihr ins Leben ruft. Annette: Unsere „Get Naked"-Kampagne, die dazu ermutigt, offen über Tabuthemen zu sprechen, ist ein schönes Beispiel dafür. Es geht darum, einen Raum zu schaffen, in dem jede*r völlig ehrlich sein darf. Alles ist erlaubt. Viele erzählen dabei Dinge, die sie noch nicht mal der besten Freundin erzählt haben.

Kerstin: Eine Frau hat uns geschrieben, dass sie als junges Mädchen eine Frau geküsst hat, das toll fand und gerne mehr ausprobiert hätte. Doch sie redete sich die ganze Zeit ein, dass sie Männer lieben muss. Jetzt bereut sie es, dass sie diesem Gefühl nicht mehr nachgegangen ist. Wir wollen den Menschen den Raum geben, über genau diese Themen zu sprechen.

Woher nehmt ihr diese starke Motivation, nicht nur über Tabuthemen aufzuklären, sondern auch alles fair und ökologisch zu produzieren? Annette: Für uns ist das selbstverständlich. Alles was wir anfangen, produzieren wir fair und nachhaltig. Wenn man sich ein bisschen Gedanken über die Welt macht, kann es keine andere Entscheidung mehr geben. Natürlich spielen meine Lebensumstände auch eine Rolle. Ich bekomme die Bio-Kiste nach Hause, habe noch nie ein Auto besessen und das allgemeine Bewusstsein wird immer stärker. Jetzt gehen die Kinder mit Fridays for Future auf die Straße.

„UM ECHTHEIT
EINZUFANGEN,
BRAUCHT ES
KEINE PERFEKTE
FIGUR."

Man kann gar nicht mehr wegschauen. Ich finde es wahnsinnig fahrlässig, wenn man jetzt ein Label gründet und das Thema Nachhaltigkeit nicht berücksichtigt.

Kerstin: Vor acht Jahren war ich ein richtiges Shopping-Victim. Ich bin so froh, dass es irgendwann klick gemacht hat und ich mich fragte, warum ich so viel Kleidung konsumiere, die ich eigentlich nicht brauche. Dann fing ich an, Secondhand zu kaufen und später auch nachhaltige Produkte. Auch dass ich Mutter wurde, hat eine Rolle gespielt. Ich wollte das Beste für mein Kind und fragte mich gleichzeitig zum ersten Mal, was ich selbst auf meiner Haut trage.

Was kann die Modebranche dazu beitragen, dass Frauen weniger kategorisiert werden?
Kerstin: Man müsste anfangen, für andere Körperformen Mode zu machen. Es wird alles an irrsinnig kleinen Puppen geschneidert. Die Mehrheit von uns Frauen ist aber nicht super groß und hat keine schmale Taille. Man sollte mehr auf die Kund*innen eingehen und sich fragen, was wirklich tragbar ist.

Annette: Ich finde die Wertung in der Mode sehr schwierig. All diese No-Gos und auf der anderen Seite die Trends. Das schaltet total gleich. Irgendwann haben alle den gleichen Schmuck, den gleichen Schuh. Ich hätte gerne weniger Regeln und mehr Diversität. Wir sollten die Menschen ermutigen, sich mehr zu trauen und damit individuell auszuleben. Mode sollte kein Diktat, sondern Inspiration sein.

Welche Verantwortung nehmt ihr als Label im Hinblick auf Diversität wahr? Annette: Wir merken, dass wir Vielfalt selbst steuern können. Je nachdem, welche Models wir aussuchen, welche Hautfarben wir zeigen – alles sendet eine Botschaft aus. Die Frage ist doch, welchen Typ Mensch man nicht abbilden möchte und warum.

Kerstin: Oder mit welcher Bildsprache man gewisse Dinge kommuniziert. Welche Situationen zeige ich? Oft brauchen unsere Bilder gar keine Texte, weil das Bild selbst schon alles transportiert. Wir versuchen immer die Balance zwischen Modebildern und Botschaften zu finden.

Ist es schwer, diesen Ansprüchen gerecht zu werden?
Kerstin: Ehrlich gesagt, fotografiere ich sowieso nicht so gerne professionelle Models. Ich möchte echte Menschen vor der Kamera. Ich spreche oft Leute auf der Straße oder dem Spielplatz an, denn wir wollen auf jeden Fall echte Frauen zeigen, mit allen Unperfektheiten – krumme Nasen, Pickel, große Brüste, kleine Brüste.

Annette: Als Label kann man alles selbst entscheiden. Es ist eine Frage der Entscheidung, ob ich eine Vielfalt von Menschen zeigen möchte oder nicht.

Viele größere Produktionen scheitern an diesem Anspruch, weil es zum Beispiel länger dauert und damit teurer wird. Kann man euer Geschäftsmodell dennoch übertragen? Kerstin: Klar ist es aufwendiger, die Leute zu finden. Aber das Shooting an sich muss nicht unbedingt länger dauern. Am Anfang braucht man vielleicht mehr Geduld, weil Amateur-Models erst reinkommen müssen. Aber wenn man will, geht es auf jeden Fall. Als Fotografin behaupte ich, jeder Mensch

---

ⓘ **Unisex-Mode**
ist Mode, die für alle Geschlechter gleichermaßen gestaltet ist. Die Schnitte sind meist so variabel, dass sie an verschiedenen Körperformen gut fallen. Oftmals geht Unisex-Mode mit Unigrößen einher, die die klassischen Konfektionsgrößen aufbrechen.

Unisexlabels aus Deutschland:
→ formofinterest.com
→ richertbeil.com

→ Weitere Unisexlabels findest du ab Seite 238.

↑ Brüste in der Öffent-   ↗ In dem Münchner Büro
lichkeit? Für Womom eine   entstehen die kreativen
Selbstverständlichkeit.   Kampagnen des Designerin-
nen-Duos.

ist fotogen. Es kommt drauf an, wie man fotografiert. Bei unseren Bildern wollen wir das Echte einfangen. Dafür braucht es nicht die perfekte Figur. Außerdem gibt es unseren Kund*innen ein viel besseres Gefühl, weil man sieht, wie die Kleidung an echten Menschen aussieht. Größere Marken könnten das locker umsetzen. Es ist nur eine Willensfrage. Im Gegensatz dazu ist es doch total irrsinnig und überhaupt nicht nachhaltig, Models extra einfliegen zu lassen.

Was bedeutet für euch Empowerment?

Kerstin: Es bedeutet für mich, dass Frauen miteinander leben können, ohne sich gegenseitig fertigzumachen. Ich brauche dafür eigentlich kein Statement-Shirt. Viel wichtiger ist, dass ich das wirklich denke, fühle und auslebe. Für mich bedeutet es, dass Frauen nebeneinander bestehen können. Jede für sich und trotzdem hält man zusammen. Keine ist besser oder schlechter. Warum betiteln wir uns selbst mit all diesen Kategorien? Wir sollten aufhören, uns in diese Schubladen zu stecken.

→ womom.de

Frauen tragen Röcke, Männer tragen Sakkos?

WIESO MODE DAS GESCHLECHTERDIKTAT ÜBERWINDEN MUSS

———

So wie viele andere Bereiche unserer Gesellschaft auch, teilt die Modeindustrie Menschen in klassische Geschlechtsrollenbilder auf: Kleider werden von Frauen getragen, Sakkos von Männern. Kleidung weist den Menschen bestimmte soziale Gruppen zu und bildet Identität, so auch Geschlechtsidentität. Modegeschichtlich zeigt sich, dass es diese extreme Trennung der Geschlechter erst mit Herausbildung des Bürgertums gab. Während weit bis ins 18. Jahrhundert hinein Röcke von Männern wie von Frauen getragen wurden, bekamen diese mit der Entwicklung des Bürgertums eine negative Konnotation, standen für das Adlige, das man ablehnte, und wurden fortan nur noch Frauen zugewiesen, die im Bürgertum dem Mann untergeordnet waren. Insbesondere Frauen waren lange nur gewisse Kleidungsstücke vorbehalten. Und auch die beliebte Farbzuweisung von Rosa und Hellblau folgt historisch einer anderen Logik. So waren es bis ins 20. Jahrhundert hinein Jungen, die Rosa trugen. Rosa galt als das „kleine Rot" und Rot wiederum stand als starke Signalfarbe für Männlichkeit. So wurden männliche Säuglinge und Kinder in Rosa gehüllt. Hellblau hingegen stand für Jungfräulichkeit, von der Jungfrau Maria persönlich, und wurde somit Mädchen zugeordnet. Erst vor wenigen Jahrzehnten sorgten Bekleidungshersteller dafür, dass sich diese Zuordnung wandelte, weil sie glaubten, damit auf Kundenwünsche einzugehen. Geschlechtszuweisungen haben folglich nichts mit biologischer Logik zu tun, sondern schlicht und einfach mit Religion, Status und Marketing.

Glücklicherweise bricht das Geschlechter-Dogma seit einigen Jahren, zumindest in der Mode, immer weiter auf. Große Designer*innen wie Jean Paul Gaultier oder Givenchy spielen mit dem konventionellen Geschlechterverständnis, sie lassen Männer in Hochzeitskleidern über die Laufstege laufen oder arbeiten mit Transgender-Models. Die Grenzen verschwimmen immer weiter, so wie auch gesellschaftlich in den letzten Jahren immer deutlicher wurde, dass das Konstrukt des biologischen Geschlechts und der binären Denkweise von männlich-weiblich nicht für immer aufrechterhalten werden kann. Mode und die Kommunikation durch Mode kann dazu beitragen, dass sich alle Geschlechter auch abseits des Laufstegs freier fühlen und von dem Diktat lösen, nur bestimmte Kleidungsstücke tragen zu dürfen. Und doch gilt auch hier wieder: Es ist wichtig, in der Kommunikation, Ansprache und Repräsentation alle Geschlechter mitzudenken, um Inklusion voranzutreiben.

→ Mehr über Mode und Feminismus findest du auf Seite 92.

→ Mit dem Label Form Of
Interest kreiert Jessica
Dettinger Unisex-Mode, die
Geschlechter-Normen
aufbricht. Ihre Kollektionen
tragen revolutionäre Titel
wie „Be A Realist And Plan
A Miracle".

Größe S bis L reicht nicht!

**WIE GRÖSSENAUSWAHL
EINEN BESSEREN ZUGANG ZU
MODE SCHAFFEN KANN**

———

Das klassische Größensystem bewegt sich zwischen 34/36 bis 40/42, dabei gibt es in beiden Richtungen Menschen, die andere Körperformen mit sich bringen und Mode kaufen und tragen möchten. Geht es um die Inklusion aller Körpergrößen, hat die Modeindustrie noch immer einen langen Weg vor sich. Während der Plus-Size-Markt boomt und bis 2026 doppelt so stark wachsen soll wie der Markt für reguläre Größen, können sich manche Labels noch immer nicht mit dem Gedanken anfreunden, dass ihre Mode auch von dicken Menschen getragen wird. So ließ Karl Lagerfeld 2013 in einer TV-Show verlauten: „Keiner im Publikum will Rundungen sehen." Dabei ist die deutsche Durchschnittsgröße von Frauen eine 42. Genauso ergeht es sehr schlanken Menschen, wenn sie auf der Suche nach modischen Alternativen sind und unterhalb der Größe 36 keine Auswahl mehr finden. Bei Fair-Fashion-Labels ist die Frage nach einem breiteren Größenspektrum mitunter auch eine finanzielle Frage. Mehr Größen bedeuten ein höheres Risiko, da mehr Stücke in Auftrag gegeben werden müssen. Ein solches Risiko können kleine Labels oft nicht tragen. Hier könnte jedoch die Mengenreduktion der Normgrößen helfen, auch kleinere und größere Größen anzubieten. Natürlich ist dies nicht für jedes Kleidungsstück möglich, da gewisse Teile für eine andere Konfektionierung auch ein neues Schnittmuster benötigen. Aber schon jetzt zeigen kleine, unabhängige Labels wie Dariadéh, Phylyda, Ooshi oder Van Der Nag, dass der Wille stärker sein kann als die vermeintlichen Ausreden. Denn eine inklusive Größenauswahl ist wichtig, um allen Menschen Zugang zu Kleidung zu geben.

← Der Periodenunterwäschehersteller Ooshi setzte von Anfang an auf Größeninklusivität – sowohl in den Produkten als auch den Kampagnenfotos.

→ Das Berliner Bademodenlabel Phylyda zeigt, dass Mode für alle Körper und Größen zugänglich sein kann.

Menschen mit Behinderung in der Modebranche mitdenken

IM GESPRÄCH MIT
TABEA MEWES VON
NOTJUSTDOWN

————

Menschen mit Behinderung werden in unserer Gesellschaft oftmals kaum wahrgenommen. Das liegt vor allem daran, dass unser System darauf ausgelegt ist, Menschen mit Behinderung auszuschließen und gewissermaßen in einer Parallelgesellschaft leben zu lassen. „Bis heute haben Menschen ohne Behinderung kaum oder gar keine Berührungspunkte mit Menschen mit Behinderung – weder im Alltag und erst recht nicht im Arbeitsumfeld", erklärt Tabea Mewes vom Blog *Notjustdown,* auf dem sie und ihr Bruder Marian über das Leben mit Downsyndrom schreiben. Daraus folge, dass der Bedarf an Kleidung für Menschen mit Behinderung Modelabels und Designer*innen gar nicht bekannt ist. Dabei leben zum Jahresende 2017 laut Statistischem Bundesamt 7,8 Millionen Menschen mit Behinderung in Deutschland – das sind 9,4 Prozent der Gesellschaft. Die Problematik, dass Kleidung nicht auf vielfältige Körper zugeschnitten ist, wird besonders für Menschen mit Behinderung zur Herausforderung. Körperliche Behinderungen können zu Proportionen und Körperformen abseits der Norm führen – das macht es sehr schwer, passende Kleidung zu finden. Ein großes Problem, wie Tabea weiß: „Viele Menschen mit einer Behinderung werden bezüglich ihres Sinnes für Mode total unterschätzt und es kursieren Vorurteile wie ‚Menschen mit einer Behinderung haben eh keinen Geschmack' oder ‚Die haben doch sicher andere Probleme, als sich modisch anzuzie-

hen.'" Ein Sinnbild dafür, wie Menschen mit Behinderung in unserer Gesellschaft ausgeschlossen werden. Schließlich müssen alle Menschen im Laufe ihres Lebens ihren Sinn für Mode erst finden, ausprägen und sich inspirieren lassen. „Viele holen sich ihre Inspiration über Medien. Weil viele dieser Angebote aber nicht barrierefrei sind und gerade Menschen mit einer Lernbehinderung viele Angebote nicht assistenzlos nutzen können und zudem Menschen mit Behinderung zum Großteil in der besagten Parallelgesellschaft leben, ist doch klar, dass an ihnen viele Trends und Themen vorbeigehen", erklärt Tabea die Diskrepanz. Dabei wäre es ein Leichtes, auch Menschen mit Behinderung sichtbar zu machen. Gerade die Modebranche bietet dafür mit ihrer Außenwahrnehmung und der Kommunikation vielfältige Möglichkeiten. Dabei gilt es nicht nur Menschen

————

„VIELE MENSCHEN MIT EINER BEHINDERUNG WERDEN BEZÜGLICH IHRES SINNES FÜR MODE TOTAL UNTERSCHÄTZT."

————

← Tabea und Marian zeigen mit Notjustdown, dass das Leben mit Downsyndrom alles andere als down ist.

„INKLUSION IST KEIN KONZEPT, DAS NUR MENSCHEN MIT BEHINDERUNG BETRIFFT."

mit Behinderung vor die Kamera zu stellen und in Kampagnen zu repräsentieren, sondern auch Vielfalt in den Unternehmen mitzudenken. Inklusive Arbeitsplätze tragen dazu bei, dass wahre Diversität auch hinter den Kulissen gelebt wird. „Wenn der Diversity-Trend, der bereits boomt, mehr und mehr auch Menschen mit Behinderung einbezieht, wäre unglaublich viel möglich." Für Tabea sieht so gelebtes Empowerment aus: „Wir brauchen viel mehr Möglichkeiten und Strukturen, die Menschen mit Behinderungen gleichberechtigt teilhaben und mitbestimmen lassen." Denn oft genug werden über die Köpfe der Betroffenen hinweg Entscheidungen getroffen, die diese selbst viel besser treffen könnten. Wirklich inklusiv zu handeln und Menschen in all ihrer Vielfalt mitzudenken, sollte heute selbstverständlich sein. Denn Diversität und Inklusion geht uns alle etwas an. Tabea macht klar: „Inklusion ist kein Konzept, das nur Menschen mit Behinderung betrifft. Inklusion steht für ein Gesellschaftskonzept, an dem alle Menschen gleichberechtigt teilhaben. Somit geht uns dieses Thema alle etwas an."

→ notjustdown.com

↑ Auf Augenhöhe setzt sich für mehr Diversität in
der Modewelt ein, kreiert fair produzierte Mode
für Menschen mit Kleinwuchs und Produkte für eine
gleichberechtigtere Modewelt.

ⓘ **Labels,**
die Menschen mit
Behinderung sichtbar machen
Auf Augenhöhe
Mode für Menschen
mit Kleinwuchs
→ aufaugenhoehe.design
Esthétique
Inspiriert, designt und
gefertigt von und mit
Menschen mit Behinderung
→ esthetique-fashion.com

→ Bei Esthétique werden
Menschen mit Behinderung
zu Models und Designer*innen.

3

Mode & STIL

Wie finde ich meinen eigenen Stil?

Was hat guter Stil mit Nachhaltigkeit zu tun?

Wie kann Denim stilsicher und nachhaltig
hergestellt werden?

Wie funktioniert die Capsule Wardrobe?

Wie können Design und Nachhaltigkeit
Hand in Hand gehen?

Wie geht zeitgemäße, faire Mode?

LESLEY SEVRIENS
SABINNA
TASSEL TALES
KINGS OF INDIGO
COCO MALOU

141

———

Mode ist ein Kommunikationsmittel und ein Weg, seine Persönlichkeit visuell nach außen zu tragen. Unter modebewussten Menschen war die Ästhetik lange das ausschlaggebende Kriterium, um sich für ein Kleidungsstück zu entscheiden. Doch mittlerweile kommen weitere Aspekte hinzu, denn hinter jeder neuen Trendfarbe steht ein Färbeprozess, der womöglich umweltschädlich ist, und hinter jedem aufregenden Schnitt steht ein*e Näher*in, die das Textil zuschneidet. Ästhetik und Nachhaltigkeit getrennt zu betrachten, erscheint mit diesem Wissen hinfällig, denn: Wie gut können sich Kleider anfühlen, bei denen man nicht weiß, welches Material auf der Haut liegt? Sollte Stilsicherheit in der heutigen Zeit nicht auch bedeuten, dass man nur das besitzt, was man auch wirklich trägt und liebt, und nicht jedem Trend hinterherläuft?

Nachdem faire und nachhaltige Mode lange den Ruf hatte, nicht stilsicher zu sein, kommen in diesem Kapitel Modemacher*innen zu Wort, die die Ästhetik von Fair Fashion in verschiedenen Stilrichtungen vorantreiben. Sie zeigen, dass zeitgenössische faire Mode Stile von bohème über casual bis hin zu Businessmode bedient, und geben Tipps, wie sich der eigene Stil finden lässt. Mit ihrer Arbeit veranschaulichen sie, wieso Nachhaltigkeit und Ästhetik nicht getrennt betrachtet werden können und wie zeitgeistiges Design mehr Menschen von fairer Mode überzeugen kann. Dabei zeigt sich auch in diesem Kapitel: Hinter den porträtierten Modelabels steckt mehr als nur gutes Design und so geht es auch um die Geschichten hinter der Produktion und das, was Menschen, die faire Mode machen, antreibt.

Guter Stil ist authentisch

← Pullover: Flohmarkt
Hose: Musswessels
Ohrringe und Kette:
Atelier Sevriens.
Weste: Vintage Marlene
Birger
Armband: Hiitu

↑ Lesley Sevriens liebt aus-
gefallene Vintagekleidung
und kleine Designerlabels.

Mitten im Karolinenviertel in Hamburg, zwischen Vintagestores und Secondhandläden, führt eine steile Treppe in Lesley Sevriens' Wohnung, die ebenfalls kunstvolle und skurrile Dinge beherbergt. Die freischaffende Stylistin umgibt sich gerne mit alten, besonderen Dingen und zieht auch genau daraus ihre Inspiration für Modeproduktionen. „Mein Kleiderschrank besteht zu 80 Prozent aus Vintageteilen. Ich liebe Unikate einfach." Dabei probiert Lesley viel aus und kleidet sich je nach Tagesform, mal bohème, mal eher schlicht – immer im Wandel. „So wie sich meine Persönlichkeit verändert, verändert sich auch mein Stil." Es gehe häufig gar nicht darum, schlussendlich einen einzigen Stil für sich zu finden, sondern vielmehr darum, authentisch zu bleiben und Veränderung zuzulassen. Experimentierfreudig ist Lesley auch in ihrem Job. Wenn sie sich darauf vorbereitet, das Styling für ein Fotoshooting zu machen, probiert sie gerne die Outfitkombinationen selbst vor dem Spiegel an und bekommt so die besten Ideen. „Vor einem Styling begebe ich mich außerdem oft tief in die Recherche, um neue, aufregende Modelabels zu finden. Gerade lokale, kleine Designer*innen sollten viel mehr unterstützt werden." Mit den vielen im Karolinenviertel ansässigen Designerateliers ist Lesley in einer Luxusposition, doch auch in anderen Städten gibt es unterstützenswerte Labels, die in ihren eigenen, kleinen Ateliers produzieren – man muss nur suchen. Seit Lesley 2007 das erste Mal nachhaltige Mode für ein Magazin recherchiert hat, ist die Auswahl an fairen und nachhaltigen Modelabels insgesamt viel größer geworden: „Damals war es noch ein Highlight, wenn ich ein Label entdeckt habe, das mir auch ästhetisch richtig gut gefallen hat. Heute kann man die nachhaltige

↑ Auch in ihrer Wohnung spiegelt sich Lesleys Vorliebe für besondere und antike Dinge wider.

↗ Lesley trägt Schmuck-stücke, die ihr Vater aus alten Uhrwerken handgemacht hat.

Mode vom Look her von der konventionellen gar nicht mehr unterscheiden." Auch den eigenen Stil in fair und nachhaltig zu finden, sei kein Pro-blem mehr. Die Herausforderung sieht Lesley eher darin, dass wir in Zeiten von Instagram innerhalb weniger Sekunden sehen können, wie die ganze Welt angezogen ist. „Mode hat natür-lich mit Zugehörigkeit zu tun und auch ich ertappe mich hin und wieder dabei, wie ich einen Trend mitmache. Je länger ich mich aber mit meinem Stil beschäftige, desto weniger habe ich das Gefühl, zeigen zu müssen, dass ich verstanden habe, was gerade cool ist." Ihr Tipp? Nicht in die großen Filialen gehen – kein Zara, kein H&M, kein Urban Outfitters, kein & Other Stories. Die Mode, die dort hängt, sei austausch-bar – und somit das Gegenteil von authentisch. Außerdem sei das Gefühl, das man habe, wenn man einen Rock bei einem Lieblingslabel kauft statt drei bei einem anonymen Fast-Fashion-Konzern, sehr viel besser. Ob Lesley selbst eher wenig Kleidung hat? „Ich bin Liebhaberin von besonderen und schönen Teilen und brauche viel Varianz. Eine Capsule Wardrobe, bei der immer wieder die gleichen Dinge kombiniert werden, würde für mich also nicht funktionieren, obwohl ich das Prinzip toll finde." Die Varianz schafft Lesley allerdings nicht durch Neukäufe, sondern vielmehr dadurch, dass sie auf Floh-märkten besondere Stücke findet und auch wie-der verkauft, oder durch das Tauschen von Kleidern mit Freundinnen. Mehr kreislauffähige Ideen in der Modebranche sind auch genau das, was Lesley sich für die Zukunft wünscht. Sie findet: Es sollte in diesem Bereich viel mehr in die Forschung investiert werden, damit mehr ganzheitliche Konzepte entstehen können, bei denen kein Müll übrig bleibt.

→ lesleysevriens.de

⚠ Wie wird man stilsicher? Tipps von Lesley Sevriens

—

01. KEINE FAST FASHION

Nicht in die großen Fast-Fashion-Filialen gehen, denn hier wird man nur zu Trends verführt, die womöglich gar nicht zum eigenen Stil passen und außerdem sehr austauschbar sind. Dasselbe gilt für Onlineverkaufswelten.

02. FOTOGRAFIERE OUTFITS

Die eigenen Lieblingsoutfits fotografieren und abspeichern. So vergisst man es nicht, hat eine Outfitidee zur Hand, wenn es mal schnell gehen muss, und bekommt außerdem ein Gefühl dafür, was einem selbst wirklich gefällt.

03. KLEIDUNG AUSLEIHEN

Wer Lust hat, einen neuen Stil auszuprobieren, kann sich entsprechende Kleidungsstücke auch mal bei Freund*innen ausleihen. So findet man raus, ob ein bestimmter Stil passt, ohne dafür sofort etwas kaufen zu müssen.

04. CHALLENGES

Sich selbst Challenges setzen, zum Beispiel: „Dieses Jahr kaufe ich nicht mehr als fünf Kleidungsstücke." So denkt man mehr darüber nach, ob ein Teil wirklich in den eigenen Kleiderschrank passt, und vermeidet Fehlkäufe.

05. INDIVIDUALISIEREN

Hat ein T-Shirt oder ein anderes Kleidungsstück ein Loch, muss es nicht sofort im Müll landen, sondern bietet eine Chance für den persönlichen Stil: Mit einer kleinen Stickerei oder Kunststopferei lässt sich das Shirt individualisieren und wird womöglich *das* Teil im Schrank, auf das man häufig angesprochen wird.

06. SETZE STATEMENTS

Wer beruflich an einen Dresscode gebunden ist, kann beispielsweise bei kleinen Designerlabels eine interessantere Version des klassischen Anzugs finden und so ein modisches Statement setzen.

↑ Kleid: Vintage
Mantel: Burberry Mantel vom Flohmarkt
Schuhe: alte Doc Martens

Design und Nachhaltigkeit müssen Hand in Hand gehen

Elegant, spannend und innovativ – so könnte man das Modelabel Sabinna beschreiben, das Designer-Businessmode für Frauen macht. Die Designerin dahinter – Sabinna Rachimova – und ihr Team folgen dabei nicht nur fairen und nachhaltigen Prinzipien, sondern sind auch Vorreiter, wenn es darum geht, wie High Fashion die Branche verändern kann.

——

Du hast am Central Saint Martins College of Art and Design in London studiert und für große Designhäuser wie Dior gearbeitet, bevor du später dein eigenes ökofaires Label gegründet hast. Wie kam es dazu? Meine Liebe zur Mode kommt von der Handarbeit. Meine Großmutter konnte sehr gut häkeln, stricken und nähen. Sie war eigentlich Lehrerin für Mathematik und Physik, hat sich damit aber Geld dazuverdient. Ich war fasziniert von ihrer Handarbeit und sie hat mir alles, was sie wusste, beigebracht. Ich wusste also schon immer genau, wie viel Arbeit in einem einzigen Teil steckt, und habe den größten Respekt vor Menschen, die der Handarbeit nachgehen. Deswegen war für mich auch von Anfang an klar, dass ich alle, die etwas für mein Label produzieren, gleichberechtigt behandle und ihnen auch eine Plattform gebe. Damals hat sich aber noch niemand für Nachhaltigkeit interessiert. Früher wollte man eher wissen, auf welcher Fashion Week wir mit dem Label vertreten sind oder welche Celebrities unsere Kollektionen tragen. Heute interessiert man sich dafür, dass die Sachen in unserem eigenen Studio produziert werden und wir ein frauengeführtes Unternehmen sind. Da hat sich wirklich einiges verändert.

← Sabinna Rachimova macht innovative Businessmode für Frauen.

In der High-Fashion-Welt wird bisher dennoch noch wenig über Nachhaltigkeit gesprochen. Wieso? Mode ist dafür bekannt, dass sie Innovation immer als etwas Kreatives angesehen hat. Die Innovation passiert dadurch, wie die Schulter genäht ist oder wie das Kleid fällt, weniger durch nachhaltige Produkt- oder Prozessinnovationen. In London gehört es zum guten Ton, zu jeder Fashion Week eine Show durchzuführen, die jedoch Ressourcen, Zeit und Geld kostet. Wir haben uns entschieden, keine Shows mehr zu organisieren, und konzentrieren uns stattdessen auf die direkte Kommunikation mit unseren Kund*innen.

Wie schaffst du es, aus solchen Konventionen der Branche auszubrechen und im Zeitgeist zu bleiben? Ich hinterfrage alles. Nur weil wir etwas in einer Saison gemacht haben, heißt es nicht, dass wir es wieder so machen. Als wir aufgehört haben, Shows zu machen, gab es viel Gegenwind und viele haben gesagt, dass es uns bald nicht mehr geben wird, weil niemand unsere Kollektionen kennen wird. Wir haben aber sehr viel Geld gespart, das wir für PR- und Marketingstrategien besser nutzen konnten. Mittlerweile wollen immer weniger Leute Shows machen und wir werden oft danach gefragt, weil wir einer der Vorreiter waren. Ebenso haben wir uns viel mit künstlicher Intelligenz und Virtual Reality

← Sabinna nimmt auch gerne kritisches Feedback an, denn nur so entsteht Innovation.

→ Powerkleidung und blumige Muster schließen sich für die Designerin nicht aus.

———

„IM ZEITGEIST ZU BLEIBEN, HEISST: IMMER HINTERFRAGEN, FEEDBACK EINFORDERN UND NIEMALS GLAUBEN, DASS MAN AUSGELERNT HAT."

———

beschäftigt, um herauszufinden, wie wir als junges Label im E-Commerce mit unserem eigenen Onlineshop erfolgreich sein können. Wir haben dem Handel komplett den Rücken zugekehrt, weil es sich aufgrund der Margen oft einfach nicht lohnt. Ich glaube immer sehr stark daran, dass es alternative Lösungen gibt.

Im Zeitgeist zu bleiben, heißt: immer hinterfragen, Feedback einfordern und niemals glauben, dass man ausgelernt hat. Manches Feedback ist vielleicht hart, aber das mag ich umso mehr, denn nur so passiert Innovation und Veränderung.

Wie passen Nachhaltigkeit und Design für dich zusammen? Ich sehe beides auf derselben Ebene. Es zahlt sich nicht aus, ein Design herzustellen, das nicht nachhaltig ist, weil das nicht zu unseren Prinzipien passt. Genauso zahlt es sich nicht aus, wenn ich beim Design zu viele Kompromisse machen muss, nur damit etwas nachhaltig ist. Es muss Hand in Hand gehen.

Ist das manchmal nicht auch herausfordernd? Definitiv herausfordernd, aber einfach wäre ja auch langweilig! Eine Herausforderung ist zum Beispiel, etwas Glitzerndes zu machen, denn diese Stoffe sind oft nicht nachhaltig, Pailletten erst recht nicht.

haben einen kostenlosen Reparaturservice für unsere Produkte, wir nutzen unsere Reststoffe, um unsere Accessoires zu fertigen, und noch viele andere Kleinigkeiten, die zusammen einen großen Unterschied machen und etwas bewegen.

Deine Stücke wirken immer businesstauglich und trotzdem sehr besonders. Was willst du mit deinen Designs in der Hinsicht erreichen? Ich habe in meinem Umfeld oft Frauen erlebt, die, wenn sie im Job ernst genommen werden wollten, plötzlich einen Anzug oder einen strengen Rock getragen haben. Ich habe mich immer gefragt, wieso das so ist. Warum kann es für uns Frauen nicht Sachen mit Mustern und Rüschen geben, die gleichzeitig auch Powerkleidung sind? So habe ich mit Sabinna meine Nische gefunden. Ich möchte Kleidung machen, die nach Business aussieht, aber gleichzeitig habe ich auch meine Blümchen oder Rüschen, um meine feminine Seite auszuleben, weil es mir einfach gefällt. Wir können ruhig mal hinterfragen, ob es immer das klassische Businessoutfit sein muss.

„SOLANGE FAIRE MODE IMMER NOCH ALS NISCHE BEHANDELT WIRD, KANN SICH NICHTS ÄNDERN."

Als ich also Deadstockseide mit Glitzerprint gefunden habe, habe ich mich sehr gefreut. Deadstock bedeutet, dass der Stoff einwandfrei ist, aber aufgrund der kleinen Menge oder aus anderen Gründen nicht mehr in der Industrie verwendet wird und auf dem Müll landen oder verbrannt werden würde. Aus Nachhaltigkeitssicht könnte man sagen, dass es dennoch ein konventioneller Stoff ist. Das stimmt auch. Ich konnte in der Saison aber dadurch eine glitzernde Bluse anbieten, die eine Kund*in sonst vielleicht nur in einem Fast-Fashion-Store gefunden hätte, und gleichzeitig den Stoff noch sinnvoll nutzen.

Für uns hört die Nachhaltigkeit aber auch nicht beim Produkt auf. Wir nennen das „Sustainability beyond the Product". Wir verschicken zum Beispiel alle Bestellungen aus London mit dem Fahrradkurier, wir bitten unsere Fabrik, nichts in Plastik zu verpacken, was sie uns senden, wir

Designermode wie eure hat natürlich auch ihren Preis. Bekommt ihr oft zu hören, dass ihr zu teuer seid? Viele haben uns geschrieben, dass ihnen unsere gehäkelten Accessoires gefallen, sie aber über ihrem Budget liegen. Günstiger machen konnten wir es aber nicht, weil die Produktion einfach so viel kostet, wie sie eben kostet. Was wir aber machen können, ist: beibringen, wie das Häkeln funktioniert. Also haben wir angefangen, kleine Events in unserem Studio in London zu veranstalten, bei denen wir genau das machen. Die Tickets kosten fünf bis zehn Pfund, es ist ein netter Abend und alle verlassen das Studio mit einer fertigen, selbst gehäkelten Brosche. Im Nachhinein sagen die Teilnehmer*innen sogar oft, dass unsere Teile viel zu günstig sind, weil sie nun wissen, wie viel Arbeit es ist. Genau so etwas braucht es, um den Wert von Kleidung wieder in das Bewusstsein zu holen. Es reicht

→ mehr zu veganen Materialien und Materialien der Zukunft auf Seite 30 und 38.
→ auf Seite 224 findest du weitere Gedanken über bezahlbare Fair Fashion.

↑ Die Liebe zur Handarbeit
hat Sabinna von ihrer Großmutter geerbt.

nicht, ein Produkt herzustellen und zu sagen:
Das ist nachhaltig, weil ich es sage. Man kann
nicht erwarten, dass Menschen das wirklich
verstehen.

**Was, wenn man endlich seinen Stil gefunden hat
und dann merkt, dass all die Marken im Kleiderschrank weder fair noch ökologisch sind?** Erst
einmal muss gar nicht so viel passieren, wie man
denkt. Wenn du jetzt ein Kleid von einer Fast-
Fashion-Marke im Schrank hast und es liebst:
Bitte liebe es für so viele Jahre wie möglich,
denn es passt zu dir und es ist schon da! Soll-
test du es später nicht mehr haben wollen, biete
es einer Freundin oder deiner Schwester an.
Was ich auch wichtig finde: Man sollte nicht zu
hart zu sich sein oder versuchen, alles sofort zu
verändern. Wer seine Ernährung umstellen will,
macht das schließlich auch nicht von heute auf
morgen. Hilfreich finde ich außerdem Events, die

faire Mode präsentieren, oder Freund*innen zu
fragen, die sich schon besser auskennen. Es gibt
außerdem tolle Webseiten, Blogs und Influen-
cer*innen, die sich ausschließlich mit fairer
Mode beschäftigen und ganz unterschiedliche
Stile zeigen. Instagram ist da ein hilfreiches Tool.

Was muss sich in der Modebranche ändern? Das
Problem der Modebranche ist, dass wir alle zu
lange weggeschaut haben: Die Unternehmen
haben zu lange nur für das Geld gearbeitet und
die Kund*innen haben nicht nachgefragt. Wir
müssen alle an einem Strang ziehen, damit sich
etwas ändert. Da muss auch die Presse mitmachen: Solange faire Mode immer noch als
Nische behandelt wird, kann sich nichts ändern.
Ich will mit Sabinna neben konventionellen
Marken stehen und den Kund*innen den Ent-
scheidungsspielraum lassen.

→ sabinna.com

⊙ Influencer*innen, die zu einem fairen und nachhaltigen Stil inspirieren

———

KIM GERLACH

Stil: „Clean und manchmal fast androgyn. Fast all meine Kleidungsstücke sind einfarbig und taillenlos. Ich trage kaum Muster oder zu viele Details, achte aber immer auf die Silhouette eines Outfits."

Inspiriert von: „Skandinavien – seit ich hier lebe, achte ich sehr auf die Wirkung von Schnitten. Viel gelernt habe ich aber auch von meiner Oma, die mich zu Kindergartenzeiten eingekleidet hat und mir alles über Materialien und Farben beigebracht hat. Daher habe ich auch eine gewisse emotionale Bindung zu Kleidung."

Tipp, um den eigenen Stil zu finden: „Immer nach Farben und Materialien gehen. Einige Farben trage ich gar nicht und so kann ich alles andere in meinem Kleiderschrank miteinander kombinieren."

→ kimgoeseko.com
→ @kim.gerlach.sunandrise

ANNA KESSEL & ESTHER RÜHE

<u>Stil:</u> „Unkompliziert, aber trotzdem ausgefallen. Wir haben Spaß daran, Vintagestücke mit zeitgenössischen Teilen zu mixen, oder tragen dramatische Ohrringe im Alltag und Stiefel zu schickeren Anlässen."

<u>Inspiriert von:</u> „Tollen Persönlichkeiten, deren Stil wir auf Instagram folgen, wie zum Beispiel Pola Fendel oder Nike van Dinther. Aber auch die Städte, in denen wir leben, inspirieren uns. Esther hat einen mutigeren und bunteren Stil, seit sie in Amsterdam wohnt. Anna trägt, seit sie in Berlin wohnt, viel zu viel Schwarz. Da können wir uns dann aber auch gut gegenseitig ausgleichen."

<u>Tipp, um den eigenen Stil zu finden:</u> „Freude am Ausprobieren haben, aber auch ehrlich zu sich selbst sein. Stil hat unserer Erfahrung nach eben auch viel mit dem Wohlgefühl in der eigenen Community und den Räumen zu tun, in denen man sich bewegt."

→ diekonsumentin.com
→ @diekonsumentin

ALISSON SIMMONDS

Stil: „Sehr basic. Ich liebe es, schlichte Kleidungsstücke zu tragen und sie dann mit einer schönen Jacke, bequemen Schuhen und minimalistischem Schmuck zu kombinieren."

Inspiriert von: „Meinen Pinterest-Boards! Dort sammle ich viele Outfits und je nach Jahreszeit und dem, was ich im Schrank habe, suche ich nach neuen Kombinationsideen."

Tipp, um den eigenen Stil zu finden: „Hör auf, Trends zu folgen. Trag lieber Kleidung, die du wirklich magst und die sich gut anfühlt."

→ alissonsimmonds.com
→ @alisson_simmonds

GABRIELLE KOSTER

Stil: „Bewusst, mit einem Hauch der Siebziger."

Inspiriert von: „Den Ikonen der Sechziger und Siebziger wie Jerry Hall, Stevie Nicks, Pattie Boyd uand Janis Joplin oder sogar Jimi Hendrix, er hatte einen sehr coolen Vintagestil."

Tipp, um den eigenen Stil zu finden: „Fang mit einem Pinterest-Board an und frag dich: Welche Bilder sammeln sich darauf? Haben sie was gemeinsam? Welche Kleidungsstücke trage ich oft und was sagt das über meinen Stil? Sortier die Dinge aus, die du lange nicht getragen hast, und mixe deinen Kleiderschrank mit nachhaltigen oder Vintagestücken, die zu dir passen."

→ @gabrielle_koster

SYDNEY NWAKANMA

<u>Stil:</u> „Eine Mischung aus Dandy, Hippie und Streetkid – ein Tanz zwischen kultiviert und rebellisch."

<u>Inspiriert von:</u> „Alten Fotos von meinem Vater, wie er Schlaghosen und Plateauschuhe getragen hat und so durch sein kleines Dorf in Nigeria gegangen ist – das inspiriert mich!"

<u>Tipp, um den eigenen Stil zu finden:</u> „Vergiss den Mainstream, verlerne Dresscodes und denke Kleidung neu. Wie du dich kleidest, kann eine kraftvolle Art der Selbstliebe sein und deine Identität zeigen. Deine modischen Entscheidungen können dich viel über dich selbst lehren und darüber, wie du durch das Leben gehst. Wartest du auf einen besonderen Tag, um dein Lieblingsoutfit zu tragen? Oder machst du deinen Tag aktiv besonders, indem du mit deinem Stil alles gibst? Wenn du damit anfängst, findest du viel mehr als deinen persönlichen Stil – du findest einen neuen Lifestyle."

→ @sydney_space

„WIE DU DICH KLEIDEST, KANN EINE KRAFT-VOLLE ART DER SELBST-LIEBE SEIN UND DEINE IDENTITÄT ZEIGEN."

Sydney Nwakanma

„HEUTE KANN MAN DIE NACHHALTIGE MODE VOM LOOK HER VON DER KONVENTIONEL- LEN GAR NICHT MEHR UNTERSCHEIDEN."

Lesley Sevriens

2

3

„SO, WIE WIR MOMENTAN LEBEN UND WIRT- SCHAFTEN, MACHEN WIR DIE WELT KAPUTT.“

Corinna Borucki, Coco Malou

Model: Dörte de Jesus

Dörte de Jesus ist die Gründerin des internationalen, holistischen High-End-Modemagazins *The Lissome*, das für anspruchsvolle Editorials und achtsam erzählte Geschichten bekannt ist.
→ thelissome.com

Styling: Stefan Uhr und Charline Lentschig
Haare und Make-up: Claudia Plath und Arielle Troß
Make-up: Dr. Hauschka
Location: Studio 21 Berlin

Zwischen bohème und elegant

Tassel Tales – das ist das Label der drei Schwestern Alexandra, Stephanie und Sophie Eisl. Mit ihren Designs bieten sie gekonnt eine Abwechslung zu Basics und stechen in der Fair-Fashion-Welt mit ihren besonderen Prints heraus. Nach dem Motto „von Frauen für Frauen" unterstützt Tassel Tales in der Produktion verschiedene Frauenkollektive und macht außerdem Mode, die Frauen jeden Alters steht.

———

← Tassel Tales sollte von Beginn an ein Familienunternehmen werden.

↑ Trotz vieler Farben und Muster sind die Teile von Tassel Tales gut miteinander kombinierbar und für viele tragbar.

Eure Kleidungsstücke wirken sehr bohème. Was ist das Besondere am Stil von Tassel Tales? All unsere Teile sind sehr von Marokko und Indien inspiriert: von den Farben, den Formen, den Mustern. Wir arbeiten viel mit Upcycling, werten zum Beispiel Vintage-Jeansjacken auf und verwenden alte Teppiche, um daraus Babouches (extra-flache, spitze Slippers) zu machen. Das sind also oft Einzelstücke, die nicht alle haben. Dabei sollen unsere Designs aber nicht nur bohème wirken, sondern auch elegant. Wir machen fließende Schnitte, die locker sitzen und etwas lässiger sind, haben aber auch Kleider aus Ahimsaseide. Das ist eine sogenannte gewaltfreie Seide, bei der die Seidenraupen nicht gekocht werden, sondern schlüpfen dürfen, bevor der verbleibende Kokon verwendet wird. So ein Kleid kann man sowohl mit Sandalen oder Babouches kombinieren für einen lässigen Look als auch mit High Heels, wenn es etwas schicker sein soll. Wir verwenden oft besondere Muster, die vom Stil eher speziell sind. Das ist aber das Schöne daran und macht den Wiedererkennungswert aus.

Wie kam es dazu, dass ihr Tassel Tales gegründet habt? Wir wollten schon immer ein Family-Business gründen. Zwei von uns waren bereits im Modebereich und eine in der PR – da lag es nah, in diese Richtung zu gehen. Wir waren von

„WICHTIG IST UNS BEI DER ZUSAMMEN-ARBEIT, DASS ES KEINE WOHLTÄTIGE CHARITYAKTION, SONDERN EIN BUSINESS AUF AUGENHÖHE IST."

↑ In ihrem Studio in Wien entwickeln die Schwestern gemeinsam neue Ideen.

früheren Reisen sehr von Marokko und Indien fasziniert. Also sind wir zusammen nach Marokko gereist, weil gerade dort Handarbeit noch sehr präsent ist. Einen Monat lang waren wir unterwegs, um Handarbeiter*innen zu finden. Wir haben dann dort Kontakte aufgebaut, erste Prototypen anfertigen lassen und Produktions-stätten gesucht. So hat alles angefangen. Dabei war für uns immer klar: Es sollte fair und nach-haltig sein. Und es sollte Frauen empowern.

Woher kommt euer Antrieb, faire Mode zu machen und andere zu bestärken? Wir haben gesehen, wie die großen Fast-Fashion-Ketten auf den Markt kamen. Es war neu, man war begeistert, hat sich etwas Günstiges gekauft und war für sehr kurze Zeit glücklich darüber. Spä-testens nach dem Einsturz der Textilfabrik Rana Plaza haben wir uns aber gefragt, wie das alles sein kann, und viel über die Umstände in der Modeindustrie recherchiert. Danach stand für uns fest: Wenn wir ein Modelabel gründen, dann nur eines, das die Industrie positiv verändert.

Wie sieht Frauen-Empowerment konkret bei euch aus? In Indien arbeiten wir mit dem Saheli-Women-Kollektiv zusammen, in dem mittlerweile 28 Frauen arbeiten. Es war nicht immer so, da in Indien die Ehefrauen auf dem Land oder in kleinen Dörfern meistens zuhause bleiben müs-sen. Jetzt gehen sie zur Arbeit, haben eine Krankenversicherung, bekommen monatlich ihr Gehalt – das ist schön zu sehen. Wir suchen Kooperativen zur Zusammenarbeit aus, bei denen es nicht nur darum geht, dass die Frauen Geld verdienen, sondern auch um Ausbildung und persönliche Weiterentwicklung. Bei Saheli

→ Weitere Informationen zum Saheli-Women-Kollektiv findest du auf Seite 64.
→ Wie die Zusammenarbeit mit solchen Kollektiven für Empowerment auf Augenhöhe sorgt, liest du ab Seite 83.

↑ Die Babouches werden aus alten Teppichen handgefertigt. Jedes Paar ist ein Einzelstück.

↗ Viele Designs sind von Reisen nach Marokko inspiriert.

Women gibt es inzwischen zum Beispiel jemanden für Controlling und Buchhaltung. Das Kollektiv wächst und wird inzwischen auch von mehr Männern respektiert, was in indischen, ländlichen Gebieten immer noch nicht selbstverständlich ist. Am längsten arbeiten wir aber mit dem Al Kawtar Women's Cooperative in Marrakesch zusammen, wo Frauen mit körperlicher Beeinträchtigung arbeiten, die sonst wahrscheinlich keinen Arbeitsplatz finden würden. Wichtig ist uns bei der Zusammenarbeit, dass es keine wohltätige Charityaktion, sondern ein Business auf Augenhöhe ist.

Wie ist die Zusammenarbeit mit den Kooperativen für euch? Es ist total spannend. Durch die Sprachbarriere und die Distanz ist es allerdings auch nicht immer einfach zu kommunizieren, was genau man will. Deswegen ist der persönliche Kontakt sehr wichtig: mal einen Chai zusammen trinken, auch wenn man sich nicht versteht, und zusammen lachen. Es ist natürlich eine ganz

ⓘ bohème
bezeichnet ursprünglich eine Subkultur intellektueller Randgruppen, die gerne gegen Normen verstoßen hat. In der Mode wird bohème häufig für farbenfrohe, außergewöhnliche und detailreiche Kleidung genutzt. Der Bohème-Style wird häufig auch als Boho-Chic bezeichnet und ist das Gegenteil von klassischer Eleganz.

169

← Die drei Schwestern tragen die Tassel-Tales-Designs auch privat sehr gerne.

andere Kultur, aber das ist auch das Schöne daran. Wenn wir da sind, kochen und essen wir zusammen. Es ist sehr herzlich. Auf der anderen Seite gibt es natürlich auch viele Herausforderungen. Das sind allerdings eher Kleinigkeiten im Arbeitsablauf, wie zum Beispiel, dass man bei der Arbeit an den Maschinen nicht essen sollte. Generell ist es beachtlich, was die Frauen leisten. Man muss sich vorstellen: manche sind 30, lernen zum ersten Mal nähen und sollen dann ein Kleid perfekt nähen – das muss man erst einmal schaffen!

Der Look von traditionellen Mustern und Handarbeit ist aktuell insgesamt sehr angesagt und man findet ihn oft auch bei den großen Fast-Fashion-Ketten. Wie steht ihr dazu? Kulturelle Aneignung ist ein Problem in der Modebranche und es ist sehr schade, wenn das passiert, denn es gibt Menschen, die diese Handarbeit wirklich können und schon seit ewigen Zeiten pflegen. Wir nehmen ihnen das nicht einfach weg, sondern arbeiten mit ihnen zusammen und bestärken so die Wirtschaft und die Handarbeit vor Ort.

Was wünscht ihr euch für den Stil von Fair Fashion? Es wäre schön, wenn sich die negativ wahrgenommene „Öko"-Konnotation auflöst. Fair Fashion kann auch farbenfroh sein und spannende Stoffe und Prints einsetzen. Und die dürfen dann übrigens auch nicht nur von jungen Frauen getragen werden. Wir achten in unseren Designs immer darauf, dass es zu verschiedenen Altersgruppen passt. Ältere Frauen wollen zum Beispiel manchmal längere Ärmel – also berücksichtigen wir das im Design einfach so, dass es für alle passt. Mode sollte keine Altersgrenze haben.

Außerdem wünschen wir uns, dass auch große Unternehmen nachhaltig werden und dass Konsument*innen verstehen, was alles hinter den Kulissen passiert. Dann kaufen sie hoffentlich lieber mal ein Teil weniger und dafür aber eines, das mit Liebe hergestellt wurde.

→ tassel-tales.com

→ Was bedeutet kulturelle Aneignung genau und wieso ist es ein Problem? Lies weiter auf Seite 108.

ⓘ Kleidungsstücke gut kombinieren – How to dress up and dress down

Jedes fünfte Kleidungsstück wird so gut wie nie getragen. Das Problem: Mit jedem ungenutzten Teil liegen auch verschwendete Ressourcen im Kleiderschrank – eine einzige Jeans benötigt beispielsweise zwischen 7000 und 12.000 Litern Wasser in der Herstellung. Damit Kleidung möglichst häufig getragen wird, ist es hilfreich zu wissen, wie man sie entweder „updressen" oder „downdressen" kann, denn so passt ein Kleidungsstück nicht nur für einen Anlass.

01. LÖSE DICH VOM KONTEXT

Sich vom Kontext lösen, in dem man das Kleidungsstück gekauft hat: Ein Blazer, den man für ein Bewerbungsgespräch gekauft hat, muss nicht ausschließlich im Arbeitskontext seinen Platz finden. Mit einer Jeans kombiniert kann er zum Beispiel auch zur Übergangsjacke werden.

02. VIELSEITIGKEIT

Die meisten Kleider sind sehr vielseitig. Mit eleganten Schuhen und filigranem Schmuck eignen sie sich für besondere Anlässe. Mit Sandalen, Sneakern oder einer Jeansjacke können sie aber auch im Alltag getragen werden.

03. KLEIDUNG AUSLEIHEN

Ebenso wirken Stoffhosen förmlicher, wenn man sie mit einer Bluse trägt. Mit einem lockeren Shirt oder Strickpullover wird der Look mehr casual.

04. ACHTE AUF DIE MATERIALIEN

Um Outfitkombinationen entweder schicker oder alltagstauglicher zu machen, hilft es, auf die Materialien zu achten. Feine Materialien wie Seide oder Kaschmir machen ein Outfit häufig eleganter, Denimstoffe oder grobe Texturen machen es lässiger.

Innovation mit Stil

Das niederländische Modelabel Kings of Indigo (kurz KOI) ist für nachhaltige und stilsichere Jeansklassiker bekannt. 2011 von Tony Tonnaer gegründet, zählt KOI heute zu den größten nachhaltigen Jeansherstellern. Tony selbst gilt in der Denimwelt als eine Art Urgestein. Vor KOI arbeitete er bei den Denimbrands Pepe Jeans und Kuyichi – zu einer Zeit, als sich kaum jemand an das Thema Nachhaltigkeit herangetraut hat. Eine spannende Herausforderung, dachte sich Tony und wollte mit KOI von Anfang an saubere, faire und coole Produkte schaffen, die jede*r haben möchte.

———

Wie würdest du den typischen KOI-Style beschreiben? Unsere Inspiration ist eine Mischung aus japanischer Detailliebe und amerikanischen Klassikern. Sowohl Japan als auch die USA sind zwei wichtige Denimländer. Die von Levi's begründete Arbeitsbekleidung – was Jeans ursprünglich waren – kommt aus den USA. Und in Japan gibt es einfach sehr gutes Design. Diese Kombination wollte ich auch in unserem Namen aufgreifen: KOI steht für den japanischen Fisch, für die Natur und sauberes Wasser. Gleichzeitig ist Kings of Indigo eine Hommage an die USA: Wir designen viele klassische Stücke, nichts Verrücktes. Uns geht es mehr darum, den klassischen Style mit Details und Qualität anzureichern.

Warum ist es so schwer, die perfekte Jeans zu finden? Die Idee einer Jeans scheint so einfach: fünf Taschen, zwei Beine, das Ganze dann in Blau oder Schwarz. Viele Brands wählen einfach

← Denim nachhaltig
herzustellen ist die Herausforderung, die Tony
Tonnaer täglich antreibt.

aus bestehenden Material-Samples und Schnittmustern aus und lassen so ihre Jeans fertigen. Für eine perfekt sitzende Jeans spielen die Schnittmuster und die richtige Produktionsstätte aber eine sehr wichtige Rolle. Es gibt so viele Körperformen, so viele Längen, die bei der Passform beachtet werden müssen, allein innerhalb Europas haben Menschen schon ganz unterschiedliche Körpergrößen und -formen, sodass es nicht leicht ist, eine Jeans herzustellen, die möglichst vielen passt. Wir machen alles selbst: Wir beziehen alles, was wir für eine Jeans benötigen, aus verschiedenen Ländern in Europa und haben einen Hersteller, der unsere eigenen Schnittmuster erstellt. Dabei ist der Ausgangspunkt immer das Material: Welche Stoffe kennen wir und welche Materialien können wir gemeinsam mit unseren Zulieferern entwickeln? Danach entscheiden wir uns für Passformen und stellen sicher, dass sich die ausgewählten Materialien dafür eignen. Für all das braucht man ein ganz besonderes Verständnis.

Was fasziniert dich an der nachhaltigen Jeansproduktion? Ganz klar Innovation. Das hält uns auf Trab. Saubere und faire Jeans herzustellen,

← Kings of Indigo will
in Zukunft mehr innovative
Materialien einsetzen.

neue Bio-Baumwolle für unsere Kollektionen mehr verwenden, sondern nur recycelte Baumwolle gemischt mit Chemiefasern auf Zellulose-Basis wie Tencel und Naturmaterialien wie Leinen oder Hanf, die einen geringeren ökologischen Fußabdruck haben. Aktuell haben 75 Prozent unseres Jeans-Sortiments einen Anteil an recycelter Baumwolle. Dabei enthält eine Jeans im Schnitt 15 bis 20 Prozent recycelte Baumwolle aus textilen Abfällen. Eine zu hundert Prozent recycelte Baumwoll-Jeans weist leider keine gute Qualität auf – weder was Langlebigkeit noch was die Passform angeht. Deshalb kombinieren wir derzeit noch recycelte Bio-Baumwolle beispielsweise mit der Faser Refibra™ ein. Dieses ressourcensparende Material setzt sich aus Baumwoll-Schnittresten, die in Fabriken anfallen und gesammelt werden, und Holzzellulose-Fasern zusammen. Hier werden also nur Materialien genutzt, die schon da sind.

———

„DIE GRÖSSTE VER-ÄNDERUNG KOMMT VON DER JUNGEN GENE-RATION, DIE SICH FÜR KLIMASCHUTZ EINSETZT, KEIN GROSSES AUTO BRAUCHT UND NICHT SO STARK AUF BESITZ AUS IST."

———

ist einfach eine viel schönere Art und Weise, ein Produkt zu machen, als einfach nur eine weitere Jeans zu produzieren. Es passiert so viel in der nachhaltigen Mode: von neuen Färbetechniken über neue Garne bis hin zu neuen Materialien. Das ist alles sehr aufregend.

Welche Materialien faszinieren euch aktuell besonders? Bei der Jeansherstellung treibt uns sehr stark die Frage an, wie wir es schaffen können, keine neue Baumwolle mehr einzusetzen. Baumwolle ist eine sehr ressourcenintensive Faser, die angesichts der Klimakatastrophe nicht mehr zukunftsfähig scheint: Die Weltbevölkerung wächst, wir brauchen mehr Nahrung, es wird immer wärmer und das Wasser knapper. Baumwolle bringt uns hier nicht voran, genauso wenig wie Bio-Baumwolle.

Aber Jeans bestehen ja zum Großteil aus Baumwolle. Wie stellt ihr euch die baumwolllose Zukunft der Jeans vor? Ab 2025 wollen wir keine

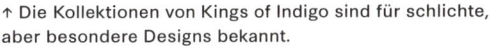

↑ Die Kollektionen von Kings of Indigo sind für schlichte, aber besondere Designs bekannt.

Außerdem mischen wir bei Jeans oft recycelte oder nicht-recycelte Bio-Baumwolle mit Leinen oder Hanf. So bekommen wir weiche Materialien mit einer tollen Textur, aber eben mit weniger Baumwollanteil. Wir sind uns sicher, dass es in 10 oder 15 Jahren zukunftsweisende Innovationen für Jeans ohne Baumwolle gibt.

Entwickelt sich auch die konventionelle Denimbranche stärker in Richtung Nachhaltigkeit?
Es gibt eine langsame Veränderung. Der Fokus bei vielen Denimbrands liegt aber eher auf der Waschung und nicht auf nachhaltigen Materialien. Wirkliche Veränderungen in der Wertschöpfungskette zu erwirken ist für große Unternehmen schwieriger. Wir sind da viel flexibler. Inzwischen machen aber fast alle großen Denimbrands etwas zu Nachhaltigkeit. Es gibt

nur wenige, die sich da komplett rausnehmen. Wenn große Unternehmen Marketingbudgets in Millionenhöhe haben, dann wird allerdings auch viel Greenwashing betrieben. Warum investiert man davon nicht einen Teil in die Produktion? Die wahren Vorreiter in der Industrie sind für mich die Zulieferer, die Brands dazu motivieren, Dinge zu verändern. Beim Handel hingegen bewegt sich noch nicht viel und es gibt viele Unsicherheiten.

Und wie steht es um die Verhaltensveränderungen von Konsument*innen? Als ich damals bei Kuyichi angefangen habe, hat sich niemand für Nachhaltigkeit interessiert. Das ist inzwischen anders. Trotzdem hat Verhalten auch viel mit Privilegien und Prioritäten zu tun. Menschen mit sehr viel Geld kaufen sich dann vielleicht doch eher einen Tesla als eine eco-faire Jeans. Die größte Veränderung kommt meiner Meinung nach von der jungen Generation, die sich für Klimaschutz einsetzt, kein großes Auto braucht

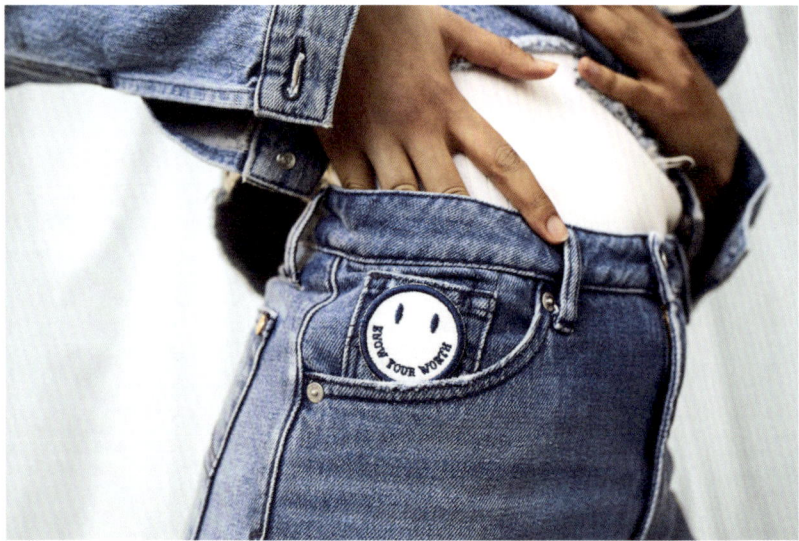

← Hosentaschen sind bei Frauen* um 48 Prozent kleiner als bei Männern*: Ein Sinnbild dafür, dass Frauen* im Schnitt 21 Prozent weniger verdienen? Mit der Equal-Pockets-Kampagne hat KOI eine Jeanskollektion entwickelt, die genauso große Taschen hat wie Männerjeans und so auf Geschlechtergleichberechtigung aufmerksam macht.

und nicht so stark auf Besitz aus ist. Mit der Slow-Fashion-Bewegung stehen wir jetzt hoffentlich vor der vierten Industrierevolution. Veränderung braucht jedoch Zeit und Innovation ist am Anfang immer teurer. Das kann sich nicht jede*r sofort leisten. So ist das nicht nur mit neuen technischen Geräten, sondern auch in der nachhaltigen Mode. Dann kann der höhere Preis natürlich auch ein Hindernis für Konsument*innen sein. Das wird sich in naher Zukunft hoffentlich ändern.

„MIT DER SLOW-FASHION-BEWEGUNG STEHEN WIR JETZT HOFFENTLICH VOR DER VIERTEN INDUSTRIE-REVOLUTION."

Wie können Denimbrands die ökologischen Auswirkungen von Jeans reduzieren? Ganz klar weniger Baumwolle einsetzen und die Produktionsorte möglichst dicht beieinanderhalten, um CO_2 einzusparen. Wir produzieren – mit Ausnahme unserer Jacken in China – fast alles in Europa. Also zum Beispiel in der Türkei, in Griechenland, Portugal, Mazedonien. Dann wird alles mit dem Schiff oder LKW nach Holland gebracht. Außerdem sollten Brands auf dunkle Waschungen zurückgreifen und wenn man eine helle Waschung haben möchte, einfach ein helleres Material wählen, statt den dunklen Stoff chemisch so zu bearbeiten, dass dieser am Ende hell ist. Interessanterweise fallen bei dem Lebenszyklus einer Jeans zwei Drittel des Wasserverbrauchs erst im Privathaushalt an. Deswegen ist es so wichtig, dass Brands umweltschonende Pflegetipps an die Kund*innen weitergeben.

→ kingsofindigo.com

ⓘ Denimpflegetipps von Tony Tonnaer – Jeans richtig waschen

———

Man sollte schon beim Kauf einer neuen Jeans auf eine gute Qualität achten. Damit diese dann möglichst lange hält, kann man folgende Tipps beim Waschen berücksichtigen.

01. SELTEN WASCHEN

Jeans so selten wie möglich waschen. Stattdessen die Jeans auslüften, zum Beispiel im Bad mit hoher Luftfeuchtigkeit. Der Wasserdampf entfernt Gerüche. Eine andere Waschalternative ist, die Jeans in das Gefrierfach zu legen, um Bakterien abzutöten.

02. AUF LINKS DREHEN

Wenn gewaschen werden muss: Jeans auf links drehen und in der Waschmaschine einfach nur durchspülen und wenig schleudern.

03. DOCH EIN FLECK?

Bei Flecken: Kaltwäsche mit etwas Bio-Waschmittel, gegebenenfalls den Fleck vorher etwas einweichen.

04. KEIN TROCKNER

Jeans nie in einen Trockner geben. Je nach Materialzusammensetzung kann die Hose schon nach wenigen Trocknergängen hinüber sein.

→ Wo genau in der Herstellung eines Kleidungsstücks CO_2 anfällt, erfährst du auf Seite 80.

Das Prinzip der Capsule Wardrobe

95 Kleidungsstücke – das ist die Menge, die Deutsche durchschnittlich besitzen. Vieles davon bleibt jedoch im Schrank und wird kaum oder nie getragen. Kein Wunder, denn aus 95 verschiedenen Teilen ließe sich leicht eine neue Kombination für 365 Tage im Jahr bilden. Das scheint auf Dauer überfordernd, zeitaufwendig und für die allermeisten Menschen unpraktisch. Mit Blick auf die Ressourcen, die es benötigt, um ein einziges Kleidungsstück herzustellen, und wenn man bedenkt, dass bereits die Her-

stellung eines einzigen T-Shirts mindestens sieben Kilogramm CO_2 verursacht, scheint es außerdem fatal, dass viele Kleidungsstücke produziert werden, um letztendlich nicht genutzt zu werden. Ein Ansatz, der dafür sorgen kann, dass man nur das hat, was man auch wirklich trägt und braucht, ist das Prinzip der Capsule Wardrobe. Geprägt wurde der Begriff durch Susie Faux, die in den Siebzigern die Inhaberin der Londoner Boutique Wardrobe war und bemerkte, dass viele Menschen zu viel Zeit und Geld für Mode verwenden, die sie nicht tragen, weil sie nicht passt, die Qualität schlecht ist oder der Stil in der nächsten Saison nicht mehr aktuell ist.

WIE FUNKTIONIERT
DIE CAPSULE WARDROBE?

Die Idee der Capsule Wardrobe ist, eine Garderobe zu kreieren, die zeitlos, qualitativ hochwertig und untereinander einfach kombinierbar ist. Das beinhaltet auch, dass es keine Impulskäufe gibt, was nicht nur Geld, sondern auch Zeit spart, die man anders investieren kann. Wer eine Capsule Wardrobe aufbauen will, sollte sich zunächst fragen: Wie sieht mein Lifestyle aus und welche Kleidung ist dafür am wichtigsten? Für die einen kann ein Blazer ein zentrales Kleidungsstück sein, für andere die perfekte Jeans. Eine Capsule Wardrobe sollte möglichst gut auf den persönlichen Lebensstil abgestimmt sein, damit sie funktionieren kann.

↑ Schlichte Kleidungsstücke wie eine schwarze Hose oder eine weiße Bluse eignen sich perfekt als Grundlage für eine Capsule Wardrobe.

ⓘ Capsule Wardrobe

Project 333: Die Bloggerin und Autorin Courtney Carver hat 2010 eine minimalistische Fashion-Challenge ins Leben gerufen, bei der man jeweils für drei Monate mit bis zu 33 Teilen auskommt. Die Challenge ist unter Minimalist*innen inzwischen weltweit beliebt.
→ bemorewithless.com

Im Ratgeber Das *Kleiderschrank-Projekt* gibt Autorin Anuschka Rees keine klassischen Modetipps, sondern hilft dabei, eine Garderobe aufzubauen, die den eigenen Bedürfnissen entspricht.

Wer das Prinzip der Capsule Wardrobe einmal ausprobieren möchte, kann sich bei Fairnica eine sogenannte Kapsel, bestehend aus fünf bis sieben Teilen leihen, mit der sich 30 verschiedene Outfits kombinieren lassen.
→ fairnica.com

Auf YouTube gibt es viel Inspiration, wie eine Capsule Wardrobe aussehen kann. Verena Erin zum Beispiel kreiert auf ihrem YouTube-Kanal *My Green Closet* regelmäßig neue Capsule Wardrobes aus fairen und nachhaltigen Kleidungsstücken.

Das nachhaltige Modelabel Vetta bringt Mini-Capsule-Wardrobes zu verschiedenen Stilen auf den Markt, die aus fünf vielseitigen Kleidungsstücken bestehen, aus denen sich 30 Outfits zusammenstellen lassen.
→ vettacapsule.com

WIE KANN MAN ANFANGEN, EINE CAPSULE WARDROBE AUFZUBAUEN?

Es gibt keine festen Regeln dafür, wie eine minimalistische Capsule Wardrobe auszusehen hat, allerdings kann man sich an einigen Punkten orientieren:

- Eine Capsule Wardrobe sollte ungefähr zwischen 30 und 40 Kleidungsstücke umfassen. Unterwäsche und Sportbekleidung werden nicht dazugezählt.
- Für den Anfang ist es sinnvoll, eine kleine Inventur zu machen: Welche Teile habe ich im letzten Jahr getragen, welche nicht? Passen die Kleidungsstücke, die ich habe, zu meinem Alltag? Wo halte ich mich am häufigsten auf und welche Kleidung benötige ich dafür? Was davon kann ich gut untereinander kombinieren?

- Alle Kleidungsstücke, die diesen kleinen Test nicht bestehen, sollten verkauft, verschenkt oder gespendet werden. Ebenso solche, die nicht richtig passen oder sich aus anderen Gründen nicht gut anfühlen.
- Die Kleidungsstücke, die bleiben, sind eine Basis, um die Garderobe aufzubauen. Häufig zeichnet sich hier ein Farbmuster ab. Was miteinander kombinierbar ist, hängt allerdings sehr vom persönlichen Geschmack ab. Für manche sind Muster und Farben gut miteinander kombinierbar, andere wiederum bevorzugen es, wenn die Garderobe auf neutralen Farben aufbaut. Insgesamt sollte das Gefühl entstehen, dass sich (fast) alle Kleidungsstücke miteinander tragen lassen.
- Wichtig beim Zusammenstellen ist außerdem, eine Balance an unterschiedlichen Kleidungsstücken zu haben. Eine typische Capsule Wardrobe hat also ein ausgewogenes Verhältnis an Oberteilen, Hosen, Jacken, Schuhen und Accessoires.
- Fehlen noch Kleidungsstücke in der Capsule Wardrobe, werden sie nur dann gekauft, wenn sie mit den bereits bestehenden Kleidungsstücken kombiniert werden können und außerdem sowohl Schnitt als auch Material versprechen, lange zu halten.

↖↗ Das Label Vetta designt Kleidungsstücke, die vielseitig kombiniert werden können.

Coco Malou rüttelt die Lingerie-Branche auf

PORTRÄT ÜBER CORINNA BORUCKI

———

Corinna Borucki öffnet die Tür ihres Souterrain-Studios mit einem breiten Lächeln. Es ist schön, Gleichgesinnte zu sehen. In Stuttgart ist Corinna unter einigen wenigen, die sich mit fairer Mode beschäftigen. Mit ihrem Label Coco Malou will sie die Lingerie-Branche verändern. Im Vorraum fällt der Blick sofort auf eine kupferne Kleiderstange mit Unterwäsche, die vor einer weißen Wand steht. Es sind zehn verschiedene Teile, alle sind filigran und mit Spitze versehen. „Fass gerne an!" Der Stoff ist weich – Tencel eignet sich besonders gut für Lingerie, da er anpassungsfähig und elastisch ist. Außerdem wird der Stoff Corinnas Nachhaltigkeitsanspruch gerecht. Die Spitze hingegen ist aus recyceltem Polyamid. Ein Kompromiss. „Ich will mit meinem Design die Kund*innen erreichen, die sonst bei Victoria's Secret oder Intimissimi ihre Unterwäsche kau-

fen. Ein schlichter BH, der nur aus Bio-Baumwolle besteht, würde diese Frauen nie erreichen." Frauen und ihre Körper sind ein zentrales Thema. Sie kennt das Gefühl, in einem Katalog zu blättern und sich einen Modelkörper zu wünschen. Dehnungsstreifen, Cellulite, Speckfalten – alles ganz normal und trotzdem so unsichtbar in der Modewelt. Coco Malou ist ein Versuch zu zeigen, dass es auch anders geht: mit besseren Materialien, fairen Arbeitsbedingungen und Wertschätzung für den weiblichen Körper. Diese Vorbildfunktion als Marke zu leisten ist nicht immer einfach. Die Materialauswahl ist kleiner, die Produktion teurer und die Suche nach Models, die ihre vermeintlichen Makel bei einem Lingerie-Fotoshooting zeigen möchten, herausfordernd. Den Aufwand ist es allerdings wert, denn mit einer eigenen Marke kommt Verantwortung. Und wenn Corinna in der Produktionsstätte in Lissabon steht, weiß sie, was sie auch für die Frauen vor Ort bewirkt. Seit Anfang 2019 wird hier wieder eine Produktionsstätte aufgebaut, nachdem der größte Abnehmer nach Übersee gegangen ist. Für die Näherinnen fatal, denn die Kompetenzen, die es braucht, um Wäsche zu produzieren, sind speziell. Das macht es schwer, einen anderen Job zu finden.

Generell ist die Herstellung komplex: Für einen einzigen BH werden zehn bis zwölf verschiedene Komponenten eingesetzt und damit auch fast so viele Lieferanten benötigt. Die Komplexität der Produkte ist auch der Grund, wieso es als Start-up nicht einfach ist, sofort alle BH-Größen anzubieten. Während Bralettes viel einfacher zu produzieren sind, haben BHs sehr viele verschiedene Bestandteile: Unterbrustband, Oberbrustband, Träger, Steg, Körbchen, Bügel – das Zusammenspiel aus diesen Teilen

← Corinna hat 2018 ihr Label Coco Malou gegründet.

↑ Nach und nach kommen immer mehr Designs und Farben hinzu.

funktioniert in einer größeren Größe anders und bedarf so eines ganz neuen Schnitts, um Halt zu gewährleisten. „Viele haben mir wegen des enormen Aufwands davon abgeraten, BHs zu produzieren." Abgehalten hat sie das allerdings nicht. Eine mutige Entscheidung, denn eigentlich kommt Corinna aus dem Marketingbereich. Was ein Oberbrustband überhaupt ist, musste sie erst lernen. Doch der Wunsch, etwas in der Modeindustrie zu verändern, ist groß. „Ich bin ein sehr naturverbundener Mensch, mag Tiere, mag einfach die Welt. Aber so wie wir momentan leben und wirtschaften, machen wir sie kaputt." Nun soll Coco Malou wachsen, zu einer echten Alternative für konventionelle Unterwäsche werden und dafür sorgen, dass sich etwas in der Branche bewegt. „Ich wünsche mir einmal zu meinen Lieferanten sagen zu können: Jetzt nehme ich 20.000 Meter Spitze ab, die muss dann aber aus nachhaltigem Tencel sein."

→ coco-malou.com

↖ Alle Materialien sucht Corinna selbst sorgfältig aus.

↑ Typisch für die Designs von Coco Malou: Spitze.

„ICH WÜNSCHE MIR, EINMAL ZU MEINEN LIEFERANTEN SAGEN ZU KÖNNEN: JETZT NEHME ICH 20.000 METER SPITZE AB, DIE MUSS DANN ABER AUS NACHHALTIGEM TENCEL SEIN."

⚠ Sich kleiden, wie man sich wohlfühlt, nicht, wie die Werbung es erwartet

← *This Is Jane Wayne* geben Inspiration für einen individuellen Kleidungsstil, der die Persönlichkeit unterstreicht.

Die Modebranche spielt in Marketing und Werbung wie viele andere Branchen mit den Unsicherheiten von Konsument*innen. Die Logik dahinter: Das Erzeugen eines Mangelgefühls führt zum Konsum des beworbenen Produkts, das wiederum verspricht, den Mangel zu beheben. Karl Lagerfeld beschrieb diese Verkaufsstrategie einmal sehr treffend: „Wir machen ein Produkt, das keiner braucht. Man kann ohne es leben. Man muss es also so hinkriegen, dass die Leute bereit sind, sich dafür zu ruinieren, obwohl es unnötig ist."[36] Häufig wird zusätzlich auch ein bestimmter Lebensstil mitverkauft. So kommt es, dass besonders Fast-Fashion-Marken mit großen Marketingbudgets nicht einfach nur ein Kleidungsstück bewerben, sondern die Models in der Werbung auch zu vermitteln scheinen, dass man mit dem Tragen des Teils auch reich, beliebt und erfolgreich wird – Dinge also, die ein Kleidungsstück überhaupt nicht leisten kann.

„IN EINER GESELL-SCHAFT, DIE PROFIT MIT DEINEN SELBSTZWEI-FELN MACHT, IST ES EIN REBELLISCHER AKT, SICH SELBST ZU MÖGEN."

Caroline Cardwell, Künstlerin

01. SCHÜTZE DEINE KOMFORTZONE

Komfortzonen klingen meist so, als müsste man sie schnellstmöglich verlassen. Das gilt aber nicht unbedingt für den modischen Kontext. Jede*r hat diese Kleidungsstücke, die sich ganz besonders gut anfühlen: eine Lieblingsjeans, bequeme Unterwäsche, Sneaker oder vielleicht ein leichtes Kleid, das man schon jahrelang trägt. Diese Teile sind ein sicherer Hafen und hilfreich an Tagen, an denen man sich ganz besonders wohlfühlen möchte. Sie sind die Basis einer Garderobe, die sich gut anfühlt, und eignen sich perfekt, um rundherum neue Outfits zu kombinieren.

02. VERGISS REGELN

Denn strenge Moderegeln, die vorgeben, was der Norm entspricht oder wer etwas tragen „darf" und wer nicht, führen meistens nur zu einem Gefühl der Unterdrückung der eigenen Persönlichkeit – etwas, das sich nicht gut anfühlen kann.

03. KLEIDE DICH FÜR DICH SELBST

Letztendlich ist es nicht wichtig, andere zu beeindrucken, und im Kern ist Kleidung auch eines: eine Notwendigkeit. Komplimente für den eigenen Stil zu bekommen ist zwar schön, sollte aber nicht dazu bewegen, Dinge zu tragen, in denen man sich nicht gut fühlt.

4

Mode & LIFESTYLE

Was bedeutet ein ganzheitlich
nachhaltiger Lebensstil?

Wo kann ich anfangen, wenn ich
nachhaltiger leben will?

Geht Spaß an der Mode auch ohne Konsum?

Wie trägt Vintagemode
zu mehr Wertschätzung bei?

Wie kann ich meine Kleidung pflegen,
damit sie möglichst lange hält?

Wie geht faire Mode eigentlich
mit kleinem Geldbeutel?

STEFANIE LUXAT
LENA HOFFMANN
MARGARET & HERMIONE
JAN 'N JUNE
MIRJAM SMEND

———

Was wir kaufen, was wir tragen, wie oft wir unsere Kleidung waschen – all das ist nicht nur Teil unseres ganz persönlichen Alltags, sondern hat auch immer Auswirkungen auf die Umwelt. Die Frage, die sich stellt, ist: Wie groß soll unser Fußabdruck sein? Um seinen Lebensstil ganzheitlich nachhaltiger zu gestalten, muss man den eigenen Konsum zwar hinterfragen, jedoch nicht auf alles verzichten. Sich nachhaltiger zu kleiden und zukunftsfähiger zu leben ist keine Reise, an deren Ende die Perfektion steht, sondern vielmehr das Wissen, dass man seinen Einfluss auf die Umwelt ein Stück verkleinern konnte.

Dieses Kapitel erzählt davon, wie der Weg zu einem nachhaltigen Leben aussehen kann, wo jede*r ansetzen kann und warum Nachhaltigkeit nicht anstrengend sein muss. Geschichten von inspirierenden Persönlichkeiten zeigen, wie wir wieder lernen können, Kleidung wertzuschätzen und zu pflegen, welche Alternativen es zum schnellen Konsum gibt und wie faire und nachhaltige Mode zu den unterschiedlichsten Lebenssituationen passt: im Familienleben, beim Sport oder wenn man nur über ein begrenztes Budget verfügt.

Über die Leichtigkeit des vermeintlich anstrengenden nachhaltigen Lebensstils

Seit zehn Jahren schreibt die Hamburger Journalistin Stefanie Luxat in ihrem Blog-magazin *Ohhhmhhh* über Geschichten mitten aus dem Leben und schafft es, auch ernsten Themen mit Leichtigkeit und Humor zu begegnen. Seit 2018 interviewt sie für ihren Podcast *Endlich Om* spannende Menschen über gesunde Ernährung, Selbstliebe und Nachhaltigkeit. Egal, was sie macht: Steffi zeigt ehrlich-unverkrampft, wie wir mehr Nachhaltigkeit und Achtsamkeit in unseren Alltag bringen können und warum es sich lohnt, einfach mal loszulegen.

———

Wie verstehst du Nachhaltigkeit und welche Rolle hat das Thema inzwischen in deinem Leben eingenommen? Nachhaltigkeit bedeutet für mich an das große Ganze zu denken – nicht nur an mich im Kleinen, sondern die Zukunft meiner und aller (Enkel-)Kinder. Meine Freundin Lynn Hoefer, mit der ich auf einer Fridays-for-Future-Demonstration war, hatte ein gutes T-Shirt an, darauf stand: „We not me". Das bringt es gut auf den Punkt. Das Wir hat Vorrang. Ich finde es wichtig, sich selbst zu hinterfragen: Zu was führen meine Handlungen? Wenn ich jetzt etwas von dieser Modemarke kaufe – was bedeutet das im großen Ganzen? Wer hat dann daran gearbeitet? Von wo wurde es eingeflogen? Wer hat was davon, wenn ich es kaufe? Wen unterstütze ich damit? Und: Möchte ich das? Vielleicht hilft es bei dem Wort Nachhaltigkeit auch an den Dominoeffekt unserer Handlungen zu denken.

Du bezeichnest dich selbst als „Spätzünderin in Sachen Nachhaltigkeit". Was denkst du, wieso du später mit dem Thema in Berührung gekommen bist? Was hat dich zum Umdenken bewegt? Leider sind ja die meisten Menschen weltweit Spätzünder in Sachen Nachhaltigkeit, sonst hätten wir jetzt nicht die Klimakrise. Ich bezeichne mich absichtlich als Spätzünderin in meinem Podcast, weil ich hoffe, dass ich so vielen Menschen Mut mache, sich auch mit dem Thema zu beschäftigen. Bei mir begann der Weg zu mehr Nachhaltigkeit mit dem Schritt zur gesunden Ernährung. Ich habe irre viel Zucker gegessen, weil mein Sohn unfassbar schlecht schlief – keine Stunde am Stück – und ich versuchte mich, mit den vermeintlichen Energie-Kicks durch den Tag zu retten. Doch nach einem Zuckerentzug merkte ich, welche wahren Superkräfte gesunde Ernährung mit sich bringt. Und so führte eins zum anderen. Jetzt, wo ich mich frage: „Woher kommen eigentlich meine Lebensmittel?", stelle ich auch ansonsten mehr Fragen.

← Stefanie Luxat zeigt, wie ein nachhaltiger Lebensstil ganz unangestrengt klappen kann.

Wir hören oft, dass man alleine nichts bewegen kann und man sowieso nicht hundert Prozent nachhaltig leben kann. Wie ist dein Blick darauf?
Es stimmt ja auch: Niemand kann zu hundert Prozent nachhaltig leben. Dann müssten wir aufhören zu atmen. Makaber gesprochen, sind wir selbst als Leiche ja noch Klimasünder. Generell glaube ich, dass der Anfang das Wichtige ist. Es geht darum, sich mit dem Thema Klimakrise zu beschäftigen, statt es zu verdrängen. Man muss den ersten Schritt wagen und die Menschen aus der „Es bringt doch alles nichts"-Haltung rausholen. Wenn das über so simple Dinge geschieht wie Plastik einzusparen, unverpackt einzukaufen, weniger zu kaufen, mehr auf Secondhand zu setzen, dann ist das doch wunderbar. Wer denkt, nichts verändern zu können, muss sich nur das Bild von Greta Thunberg noch ganz allein demonstrierend im Sommer 2018 anschauen und dann ein Jahr später, gestärkt durch Millionen an ihrer Seite. Das hat sie alleine geschafft.

↑ Kein Grund sich zu verstecken: Stefanie plädiert für unperfektes Anfangen.

—

„LEIDER SIND DIE MEISTEN MENSCHEN WELTWEIT SPÄTZÜNDER IN SACHEN NACH-HALTIGKEIT, SONST HÄTTEN WIR JETZT NICHT DIE KLIMAKRISE."

—

Wie inspirierst du andere zu einem nachhaltigeren Leben und wie schaffst du es, deine Leser*innen und Hörer*innen hier abzuholen?
Mein größter Hebel zum Thema Nachhaltigkeit ist mein Podcast „Endlich Om". Der hat bei jeder Ausgabe bis zu 40.000 Hörer*innen. Für mich ist das immer wieder der Beweis, dass man eben doch als einzelne Person etwas auslösen kann. So viele Hörer*innen schreiben mir, dass sie aufgrund meiner Beiträge ihren Konsum überdacht haben, demonstrieren gegangen sind, bei der Arbeit mit Kolleg*innen überlegen, wie man das Büro ressourcenschonender gestalten kann und so weiter. Vielleicht hilft es auch, dass ich immer wieder zugebe, keine Klima-Heilige zu sein. Ich fahre immer noch Auto – aber ich zeige auch, dass ich trotz kleiner Kinder und voller

→ Mehr Podcasts und Blogs zum Thema Nachhaltigkeit findest du auf Seite 249.
→ Weitere Secondhand- und Vintageshops findest du auf Seite 243.

To-do-Liste nicht nach München fliege, sondern den Zug nehme. Ich bin einfach sehr ehrlich und das erleichtert, glaube ich, vielen das Ausprobieren und Mitmachen, weil sie wissen: Es ist total okay, nicht alles richtig zu machen. Aber anfangen, das ist wichtig!

Was sind die Bereiche, die bei dir schon ganz gut funktionieren? Und Hand aufs Herz: Wo ist noch Luft nach oben? Unsere Ernährung und der Lebensmitteleinkauf funktionieren mittlerweile sehr gut. Früher sind wir viel zielloser einkaufen gegangen. Wir mussten vieles wegschmeißen, weil es verschimmelt war. Heute machen wir einen groben Speiseplan für die Woche, kaufen sehr gezielt ein und vieles davon unverpackt. Das heißt, wir füllen zum Beispiel die Nudeln und Nüsse direkt in mitgebrachte Gläser ab und machen sehr viel selbst. Luft nach oben gibt es ganz bestimmt beim Autofahren. Ich bin leider bisher die Schönwetter-Radfahrerin und steige bei Regen ins Auto. Aber da bin ich dran.

Wie sieht es mit ökofairer Mode aus? Worauf achtest du da für dich, wenn du Kleidung kaufst? Mein Modeverhalten hat sich generell umgestellt auf: Weniger ist mehr. Wenn ich noch etwas kaufe, dann schau ich mir sehr genau an, von welcher Marke es ist und wo und wie sie fertigt. In den großen Kaufhausketten, in denen ich früher gern gekauft habe, war ich schon ewig nicht mehr. Dafür versuche ich so oft es geht kleine Firmen zu unterstützen, die wirklich für die Zukunft etwas bewegen wollen.

Für unser „Endlich Ich"-Abo haben wir eine Testgeschichte zum Thema Kleidung leihen gemacht, weil ich die Ausrede „Aber ich brauch doch ständig neue Outfits für meine Auftritte, Instagram-Bilder und Kundentermine" nicht mehr gelten lassen mag. Ich hoffe, wir können dabei helfen, es cooler zu machen, sich Kleidung zu leihen. Außerdem wünsche ich mir ein Gegengewicht zur Fast Fashion, vielleicht ein Siegel oder eine Art Super-Slow-Fashion-Award als Auszeichnung für Anziehsachen, die man lange trägt und die gut halten. Ich habe seit elf Jahren die gleiche Winterjacke von Acne, da ist nichts dran und es gibt keinen Grund, sie nicht noch weitere zehn Jahre zu tragen. Außer, meine Eitelkeit geht mit mir durch.

Und Mode für Kinder? Hast du da ein paar Tipps, was man sofort und ohne großen Aufwand umstellen kann? Meine Kinder tragen mittlerweile fast ausschließlich Secondhandkleidung. Entweder kaufe ich Müttern aus dem Kindergarten zum Beispiel Schuhe ab oder schaue, was es in meinen zwei Lieblings-Secondhandläden Fux Vintage und Oh Dear in Hamburg gibt. Damit spart man nicht nur viel Geld, es macht auch sehr viel Spaß, weil die Kinder nämlich nicht alle die gleichen Sachen anhaben. Oft denken die Kinder und ich uns kleine Geschichten aus, wer die Anziehsachen schon vorher anhatte und was das Kind darin erlebt hat. Passen die Sachen nicht mehr, verkaufe ich sie weiter über eBay Kleinanzeigen. Es fühlt sich gut an, dass es eher ein Kreisverkehr als eine Einbahnstraße ist.

Lifestyle-Blogs und Magazine, die Nachhaltigkeit zum Thema machen, werden oft dafür kritisiert, dass sie letztlich auch nichts anderes tun, als zum Konsum anzuregen. Wie löst du das für dich? Ich habe schon immer versucht, in zehn Jahren Bloggen kleinen Firmen, gern auch gegründet von Frauen, zu Aufmerksamkeit zu verhelfen. Und so halten wir es auch heute. Wir versuchen verstärkt, Fair-Fashion-Brands bei Rabattaktionen anzubieten und mit Firmen zu kooperieren, deren Produktionswege wir kennen und die wir unterstützen. Was man immer nicht sieht, ist, wem wir alles absagen, trotz lukrativer Angebote. Meine Hoffnung ist, dass wir zeigen, was es alles für gute Marken gibt, bei denen es lohnt, sie zu unterstützen, und dadurch automatisch den anderen Firmen irgendwann die Kund*innen fehlen. Das wäre doch was.

→ ohhhmhhh.de

Einfach mal nichts kaufen – Alternativen zum klassischen Modekonsum

LEIHEN, TAUSCHEN, REPARIEREN

———

Die Modebranche ist eine, die sich keine Sorgen um Wachstum machen muss, denn nach wie vor wächst der globale Konsum an Kleidung stark an. Seit dem Jahr 2000 hat sich die weltweite Textilproduktion mehr als verdoppelt. Dieser Trend soll so weitergehen. Faire und nachhaltige Modemarken können hier etwas bewegen, indem sie hochwertige Kleidung herstellen und ihre Kund*innen über Produktionsverfahren und Materialien aufklären, die dann womöglich weniger und dafür bessere Kleidung kaufen. Vorreiter wie die Outdoormarke Patagonia veranstalten dafür beispielsweise Events zum Thema Konsum und Mindset oder schließen ihre Filialen zum Black Friday und für Klimastreiks. Und dennoch: auch ein nachhaltigerer Konsum bleibt Konsum, der Ressourcen beansprucht – selbst wenn man bei fairen, konsumkritischen Marken kauft. Deswegen ist es wichtig, sich auch mit Alternativen wie Leihen, Tauschen und Reparieren zu beschäftigen.

KLEIDUNG LEIHEN STATT KAUFEN

In den letzten Jahren entwickelten sich immer mehr Unternehmen, die gemäß dem Prinzip der Sharing Economy Kleidung zum Verleih anbieten. Das macht nicht nur für Kleidungsstücke Sinn, die man selten braucht, wie zum Beispiel ein sehr elegantes Kleid, sondern auch dann, wenn man mehr Abwechslung oder etwas Neues ausprobieren möchte, ohne dafür etwas kaufen zu müssen. Das spart nicht nur Geld, sondern auch Ressourcen.

Fairnica – Fairnica vermietet online Fair-Fashion-Kleidungsstücke einzeln und in kuratierten Paketen, die dem Prinzip der Capsule Wardrobe folgen (fünf bis acht Kleidungsstücke, aus denen sich 30 Outfits kreieren lassen) für jeweils einen, zwei oder drei Monate.
→ fairnica.com

Unown Fashion – Das Hamburger Start-up Unown Fashion verleiht ebenfalls online Kleidung – einzeln oder im Abo mit drei Teilen monatlich.
→ unown-fashion.com

Kleiderei – Die Kleiderei ist ein Store-Konzept mit Vintage- und fairer Mode sowie Secondhandkleidung, die man als Mitglied auch leihen kann. Bis jetzt gibt es zwei Filialen: in Köln und in Freiburg.
→ kleiderei.com

Stay Awhile – Stay Awhile verleiht Kleidung online im Vierer-Paket – entweder kuratiert oder selbst zusammengestellt.
→ stay-awhile.de

KLEIDUNG TAUSCHEN STATT KAUFEN

Ähnlich des Leihprinzips steckt hinter der Kleidertausch-Idee der Gedanke, dass Kleidungsstücke für mehr als nur einen Kleiderschrank bestimmt sind – mit dem Zusatz, dass man beim Tauschen völlig ohne Geld auskommt und einfach Kleidung gegen Kleidung tauscht. Kleidung lässt sich im privaten Umfeld mit Freund*innen oder der Familie tauschen, auf öffentlichen Tauschpartys, die es in ganz Deutschland gibt, oder auch über Onlineplattformen.

Kleiderkreisel – Onlineverkaufsplattformen bieten häufig auch die Option an, Kleidung zu tauschen. Bei Kleiderkreisel beispielsweise lassen sich in einer Filterfunktion speziell die Kleidungsstücke anzeigen, die zum Tauschen angeboten werden. Tauschen kann natürlich nur, wer selbst auch Kleidung zum Tausch anbietet.
→ kleiderkreisel.de

Kleidertausch – Auf kleidertausch.de und der dazugehörigen Facebook-Seite informiert Greenpeace über Kleidertauschpartys in ganz Deutschland.
→ kleidertausch.de

KLEIDUNG REPARIEREN STATT KAUFEN

Was früher ganz normal war, ist heute eine Seltenheit. Ungefähr die Hälfte der Deutschen hat noch nie Kleidung reparieren lassen. Dabei machen Reparaturen nicht nur aus Nachhaltig-

keitssicht Sinn, sondern sind häufig auch günstiger als ein neues Kleidungsstück. Reparieren bietet außerdem eine gute Möglichkeit, sich selbst in Handarbeit zu üben und so Wertschätzung für die Herstellung von Kleidung zu bekommen. Neben dem Schuster oder der Änderungsschneiderei in der eigenen Stadt gibt es noch weitere Möglichkeiten, Kleidung zu reparieren, statt etwas Neues zu kaufen:

mindful_mending – Auf dem Instagram-Account @mindful_mending zeigt die Grafikdesignerin Lily Fulop aus New York, wie einfach und ästhetisch es sein kann, Kleidung zu reparieren.

Sneaker Rescue – Das Berliner Start-up Sneaker Rescue bietet online einen Reparatur-Service für Sneaker an. Kaputte Schuhe oder auch solche, die einfach etwas Pflege gebrauchen können, werden per Post an den Reparier-Service gesendet und nach der Reparatur wieder zurückgeschickt.
→ sneaker-rescue.de

Repair Cafés – Repair Cafés sind Veranstaltungen, bei denen Werkzeuge und Materialien für allerlei Reparaturen vorhanden sind. Die Non-Profit-Organisation Repair Café Foundation bietet Unterstützung für alle an, die sich in einem Repair Café engagieren wollen, und zeigt auf repaircafe.org, wo man eines in seiner Nähe finden kann.
→ repaircafe.org

← In den Kleiderei-Filialen lässt sich faire und Secondhandkleidung ganz einfach auch leihen.

Vintagekleidung bringt die Wertschätzung für Kleidung zurück

IM GESPRÄCH MIT VINTAGESTORE-BESITZERIN LENA HOFFMANN

———

← Lena Hoffmann hat ihren Traum vom eigenen Vintageladen wahr gemacht.

↑ Bei Lena's Lovely Vintage findet sich Kleidung, die so auch in herkömmlichen Stores gerade Trend ist.

Leise Musik kommt aus einem kleinen, alten Radio. Gleich daneben sitzt Lena Hoffmann an einem Fünfzigerjahre-Schreibtisch, dessen Tischplatte beinahe ebenso mintgrün ist wie die Visitenkarten, die daraufliegen. „Lena's Lovely Vintage" steht auf den Karten – der Name des Vintageladens, den Lena 2017 eröffnet hat.

Eigentlich führte alles in ihrem Leben zu dieser Eröffnung. Schon als Kind hat Lena sich mit den alten Sachen ihrer Mutter verkleidet, ihre Diplomarbeit schrieb sie über die Mode der Sechzigerjahre in Paris und als Stylistin hat sie sich im Kostümverleih immer am liebsten in den Abteilungen voll von Kleidern des letzten Jahrhunderts aufgehalten. Die Idee zu Lena's Lovely Vintage kam dann trotzdem ziemlich plötzlich in ihr Leben. Ermüdet von den endlosen Überstunden als Stylistin und mit der Frage, ob sie wirklich für diese Marken arbeiten will, entdeckte Lena einen leeren Laden in Berlin-Schöneberg und sah darin die Möglichkeit, ihrer Liebe zu Vintagekleidung einen Platz zu geben. Von da an ging alles ziemlich schnell und nur wenige Monate später stand das Konzept: ein Vintagestore, der sich nach einer Boutique mit Einzelstücken anfühlt und auch diejenigen anlockt, die eigentlich vor gebrauchter Kleidung zurückschrecken würden.

„Immer wenn ich mir aktuelle Trends angeschaut habe, habe ich gedacht: Moment mal! Das gab es doch schon einmal in besserer Qualität und viel origineller in einem vorherigen Jahrzehnt. Genau das war meine Motivation für den Laden." Diese sorgfältige Auswahl erkennt man sofort. Es hängen College-Lederjacken neben Jeanshemden im Neunziger-Stil und Jumpsuits der Achtziger – Teile, die man aktuell ähnlich auch bei den großen Stores in der

↑ In dem Vintageladen findet man eine liebevolle Auswahl an kultigen Trendteilen, aber auch zeitlose Klassiker.

↗ Bei Bedarf legt Lena selbst Hand an und näht für ihre Kund*innen auch mal einen Knopf ans Vintageteil.

———

„WENN DU EIN TOLLES VINTAGETEIL FINDEST, DANN HAST DU AUCH IMMER EINEN BESONDEREN MOMENT."

———

Fußgängerzone findet. Immer wieder passiert es, dass Kund*innen denken, die Sachen wären neu. Kein Wunder, denn Lena wäscht, repariert und sortiert jedes einzelne Teil. Als eine der wenigen Vintageverkäufer*innen macht sie sich außerdem die Mühe, alle Teile neu auszumessen, um sie den heutigen Konfektionsgrößen zuordnen zu können. Diese haben sich über die Jahrzehnte stark verändert. Während damals noch andere Schönheitsideale und eine kalorienärmere Ernährung für schmalere Silhouetten sorgten, haben die Menschen heute andere Proportionen und Körperformen. Das Ausmessen ist zwar ein Mehraufwand, vermeidet gleichzeitig aber Enttäuschungen bei der Größenauswahl – Lenas Weg, ein möglichst schönes Einkaufserlebnis zu kreieren. „Manchmal höre ich: ‚Ach, bei dir riecht es so gut im Laden!' Viele glauben einfach immer noch, dass Vintage müffelig, unsortiert und ausgewaschen sein muss. Dabei stimmt das einfach nicht: Wenn du ein tolles Vintageteil findest, dann hast du auch immer einen besonderen Moment." Umso schöner ist es dann, wenn junge Frauen hereinkommen und nach einem Kleid als Hochzeitsgast suchen, weil sie gerne etwas Individuelles tragen möchten. Lena ist sich sicher: Mit diesem Kleid geht man dann auch stolz auf ein Fest, weil man sieht, dass es nicht einfach etwas von der Stange ist. Vintagekleidungsstücke haben außerdem oft eine viel höhere Qualität, da die Textilverarbeitung früher sorgfältiger war und bessere Stoffe verwendet wurden. Genau darin sieht Lena viel Potenzial, die Wertschätzung für Kleidung zurückzuholen. Denn ein Kleidungsstück, das dank einer hochwertigen Verarbeitung nicht so schnell Pilling (Knötchen oder Fusselbildung) oder aufgerissene Bündchen hat, wie das bei Fast Fashion oft der Fall ist, wirft man nicht so schnell weg. Dazu kommt, dass man diese Qualität zu einem Preis bekommt, der ansonsten gar nicht möglich wäre.

"Lena's Lovely Vintage" ist ein Beispiel dafür, wie es aussehen kann, wenn man Kleidung pflegt und als wertvolle Ressource behandelt. Es ist ein Versuch, den ungenutzten Kleidermassen, die für Endverbraucher*innen oftmals unsichtbar bleiben, etwas entgegenzusetzen. Lenas Wunsch? "Ich hoffe, dass Menschen in Zukunft wieder sorgfältiger mit ihrer Kleidung umgehen."

„ICH HOFFE, DASS MENSCHEN IN ZUKUNFT WIEDER SORGFÄLTIGER MIT IHRER KLEIDUNG UMGEHEN."

← Collegejacken sind seit jeher ein Vintageklassiker.

⊙ Wie kann jede*r tolle Vintagemode finden?

———

- Sich auf Umlandflohmärkten statt dem Flohmarkt in der Innenstadt umsehen: Dort finden sich nicht nur Händler*innen, sondern auch viele Privatleute, die womöglich tolle Schätze haben.
- Nicht nur die Vintageläden der Großstädte haben gute Sachen, auch bei Kleiderläden von Hilfsorganisationen (Rotes Kreuz, Oxfam) in der Kleinstadt kann man fündig werden.
- Das potenzielle Lieblingsstück einmal genau ansehen, auch beim Innenfutter: Ist etwas kaputt?
- Niemals etwas mit Mottenlöchern (erkennbar an kleinen „angefressenen" Stellen) kaufen. Falls man doch einmal ein solches Stück erwischt: mehrere Tage ins Gefrierfach legen, um die Motten abzutöten.
- Kleidung ändern lassen: Hat man beispielsweise eine Vintagehose gefunden, die zu lang ist, kann man sie bei der Änderungsschneiderei anpassen lassen.

⊙ Lenas Wasch- und Pflegetipps, die jede*r kennen sollte:

——

↑ Durch ihre langjährige Erfahrung kennt Lena die besten Pflegetipps für Kleidung.

01. NATURMATERIALIEN
Alle Naturmaterialien außer Baumwolle sollten immer mit Wollwaschmittel gewaschen werden, um die Faser zu schonen.

02. KASCHMIR UND WOLLE
Kaschmir und Wolle sind selbstreinigend und müssen überhaupt nicht gewaschen werden. Stattdessen sollte man die Kleidung lüften und kleine Flecken punktuell entfernen.

03. HELLE KLEIDUNG
Ein helles Kleidungsstück mit Fleck? Einfach Zitronensaft daraufgeben und in die Sonne legen – wirkungsvoller und ökologischer als Fleckenmittel.

04. LEDER
Leder kann man selbst waschen: mit Wollwaschmittel, nicht schleudern, nass aufhängen und anschließend mit Bienenwachs einreiben.

05. GERÜCHE
Kleidungsstück in einer Schüssel mit zwei bis drei Spritzern Essigessenz für eine Stunde einweichen und danach waschen.

Generell sollte man so wenig wie möglich waschen, um Fasern und die Umwelt zu schonen. Stattdessen auslüften und punktuell Flecken entfernen.

Was passiert mit unserer aussortierten Kleidung?

DIE SCHATTENSEITEN DES SECONDHANDMARKTS

———

Die Secondhandbranche stand schon häufiger in der Kritik, denn oftmals geht der westliche Überkonsum so weit, dass gut erhaltene Kleidung nicht lokal weiterverkauft, sondern von großen Altkleider-Verwertern unter anderem in afrikanische Länder exportiert wird. Angeboten wird sie dann zu einem so niedrigen Preis, dass es den Textilmärkten in ebendiesen Ländern schadet oder aufgrund der Überschwemmung mit Altkleidern überhaupt kein eigener Textilmarkt entstehen kann. Das geht inzwischen so weit, dass Länder in Afrika, Asien und Südamerika Begrenzungen für den Import von Secondhandkleidung eingeführt haben.

Viele der Secondhandgroßhändler beziehen ihre Ware aus „Kleiderspenden", die über Altkleider-Container gesammelt werden. Selbst wenn ein Teil davon wirklich Bedürftigen zukommt, sind die Massen zu groß und es wird letztendlich doch exportiert. Ein Teil des Exports geht außerdem nach Bulgarien, denn bevor große Secondhandhändler etwas mit gebrauchter Kleidung anfangen können, muss sie häufig sortiert, gewaschen und aufbereitet werden. Eine Reportage der *Zeit* hat aufgedeckt, dass sich in Bulgarien dadurch ein Markt zur Kleideraufbereitung entwickelt, der an Arbeitszustände von Fast-Fashion-Fabriken erinnert, denn auch hier ist Profit häufig das übergeordnete Interesse. 1,7 Tonnen Kleidung sollen Arbeiter*innen täg-

lich in einer Sortierfabrik schaffen – und das unter hoher Feinstaubbelastung und ohne eine Gewerkschaft, die sie im Ernstfall (oder Streitfall) vertritt. In den Sortierfabriken landen außerdem häufig Retouren von Onlineshops und andere ungewollte Kleidung, die oftmals von großen Bekleidungskonzernen nicht weiterverkauft wird, da es günstiger ist, sie einfach zu entsorgen.

Wer also selbst ausmistet und Kleidung loswerden möchte, sollte nicht einfach Container dafür nutzen, bei denen nicht eindeutig ist, wie die Kleidung weiterverwendet wird, sondern zunächst versuchen, sie lokal weiterzuverkaufen, beispielsweise über Onlineplattformen, auf dem Flohmarkt oder über einen Secondhandladen in der Stadt. Wer seine Kleidung spenden möchte, sollte sie statt sie in einen Altkleider-Container zu werfen, lieber bei einer Stelle abgeben, die sie gebrauchen kann, wie der Bahnhofsmission oder einem Sozialkaufhaus. Generell empfiehlt sich allerdings, davor anzurufen, um zu erfahren, welche Kleidung genutzt werden kann und welche nicht. Allem voran sollte man von Anfang an nur das kaufen, was man auch nutzt, um die ohnehin schon großen Berge an Secondhandkleidung nicht noch zu vergrößern.

→ Noch mehr Adressen und Tipps zu Secondhand findest du auf Seite 243.

↑ Bei der Kleiderspende
sollte man auf seriöse
Anbieter achten und wirklich
schauen, wer die Kleidung
gebrauchen kann.

⊙ Influencer*innen, die zu einem fairen und nachhaltigen Stil inspirieren

Auch außerhalb des Kleiderschranks gibt es viele Kleinigkeiten, die man im Alltag umsetzen kann, um den eigenen ökologischen Fußabdruck zu verringern. Das Spannende daran: Oft tut man nicht nur etwas für die Umwelt, sondern lernt auch neue Konzepte kennen oder bringt etwas mehr Kreativität in den Alltag.

FRANZISKAS TIPPS FÜRS BADEZIMMER:

↑ Franziska Schmid (franziskaschmid.de) bewegt sich seit Jahren in der deutschen Blogosphäre und berichtet auf Veggie Love über eine neue Art des Luxus in Form von nachhaltiger Mode, Naturkosmetik, veganem Essen und Reisen.

- Auf Seife oder festes Shampoo für den Körper und die Haare umsteigen. Die gibt es zum Beispiel bei Marianne und Monomeer. Nachfüllbare flüssige Produkte aus dem Unverpackt-Laden sind auch eine gute Option. Unverpackt und in fester Form gibt es zudem Conditioner für die Haare sowie Körperbutter. Zu finden sind solche Produkte nicht nur in Unverpackt-Läden, auch in der Drogerie oder im Bioladen gibt es immer mehr davon.
  → marianne-store.de
  → monomeer.de
  → naturalou.de

- Kleine Handtücher für die Gesichtsreinigung am Abend zu verwenden spart jede Menge Wattepads beim Abschminken. Ebenfalls waschbar sind Kosmetikpads aus Bio-Baumwolle, die zum Beispiel Kulmine aus Osnabrück in unterschiedlichen Größen in Deutschland herstellt.
  → kulmine.de

- Menstruationstasse statt Tampons nutzen: etwa Lunette aus Finnland. Inzwischen gibt es solche Menstruations-Cups sogar in der Drogerie, zum Beispiel vom Berliner Unternehmen Einhorn. Eine gute Ergänzung ist Periodenunterwäsche von Ooshi oder Kora Mikino – entweder als zusätzlicher Schutz oder alleine getragen.
  → de.lunette.com
  → einhorn.my
  → ooshi-berlin.de
  → koramikino.de

- Dank dem für 2021 geplanten EU-Verbot von Einwegplastik haben Drogerien jetzt schon reagiert und den Plastikschaft von Wattestäbchen durch Papier ersetzt. Besser: aus Dänemark kommt LastSwab, ein bis zu 1000 Mal wiederverwendbares Wattestäbchen in zwei Ausführungen (eine davon speziell für das Schminken).
  → lastswab.com

ℹ️ **Loungewear für Periodenschmerz**

Mit femitale kreiert Lisa-Maria Reisinger eine Jogginghose, die Wärmflasche oder Kirschkernkissen am Unterleib oder unteren Rücken hält. Damit will sie Endometriose-Betroffenen helfen und gleichzeitig das Tabu der Menstruation brechen. Das Design ist so gewählt, dass man die Wärmflasche bei Einsatz sieht, die Hose aber genauso gut ohne Wärmflasche getragen werden kann. Die femitale besteht aus Bio-Baumwolle und wird fair in Europa produziert. Aus dem Verschnitt entstehen Wärmflaschenüberzüge und Kirschkernkissen.
→ femitale.com

- Auch in der dekorativen Naturkosmetik gibt es Marken, die Verpackung und Müllvermeidung im Blick haben. Preislich eher im höheren Segment angesiedelt, ist Kjaer Weis mit nachfüllbaren Lippenstiften, Mascaras und Blushes. Im Bioladen oder Naturkosmetikladen findet man die Palette der Marke benecos, die nach den eigenen Vorlieben immer wieder mit Lidschatten, Pudern und Highlightern befüllt werden kann.
  → kjaerweis.com
  → benecos.eu

↑ Mit festen Seifen und Shampoos lässt sich ganz leicht Plastikmüll einsparen.

↑ Menstruationstassen und wiederverwendbare Abschminkpads sorgen für ein nachhaltigeres Badezimmer.

← Jennifer Hauwehde (mehralsgruenzeug.com) bloggt über einen nachhaltigen Lebensstil, Slow Fashion und Fragen rund um die Klimakrise.

JENNIS TIPPS FÜR LEBENSMITTEL UND KÜCHE

- Zero-Waste-Essentials muss man nicht neu kaufen: Einfach Gläser mit Deckeln aller Art direkt nach Aufbrauchen des Inhalts säubern und anschließend wiederverwenden oder im nächsten Unverpacktladen in der „Von Kund*innen für Kund*innen"-Ecke abgeben.

- Tipps gegen Lebensmittelverschwendung: Das Grün von Möhren, Radieschen und Co. in Smoothies, der nächsten Suppe, im Eintopf oder zu Pesto verarbeiten.

- Auch aus altem Brot kann man viel zaubern: Mit Olivenöl bestrichen und Tomaten belegt kann es im Ofen zu Bruschetta werden. Man kann es in die Suppe geben, in der Pfanne kross anbraten und anschließend damit Salat oder Eintopf verfeinern.
  Mehr Tipps zum kreativen Kochen gegen Lebensmittelverschwendung gibt es im Kochbuch *Zero Waste Küche* von Sophia Hoffmann.

- Viele Gemüsesorten kann man unkompliziert auf der Fensterbank nachziehen, indem man sie ein paar Zentimeter über dem Strunkende abschneidet und in ein Glas Wasser stellt (Wasser regelmäßig wechseln). Mit Frühlingszwiebeln und Salat erzielt man besonders schnelle Erfolge.

↑ Gebrauchte Gläser eignen sich gut als Vorratsbehälter für Lebensmittel.

JENNIS TIPPS IM BEREICH TECHNIK

- Technik, wenn möglich, gebraucht kaufen. Neue Geräte haben unter anderem durch seltene Erden einen enormen ökologischen Fußabdruck und werden häufig unter unethischen Bedingungen produziert.

  Mögliche Anlaufstellen:
  → lapstore.de
  → rebuy.de
  → asgoodasnew.de
  → refurbed.de

- Bei Kameras und anderem Profi-Equipment kann es sinnvoll sein, sich in entsprechenden Facebook-Gruppen umzuschauen: Nicht selten verkaufen Fotograf*innen beispielsweise ihre Backup-Kameras, um auf neue Geräte aufzurüsten. Hier gilt: Immer nach dem Garantiebeleg fragen und sichere Bezahlmethoden verwenden, bei denen man im Fall des Falles das Geld zurückbekommen kann.

- Beim Kauf darauf achten, dass die Technik möglichst modular verbaut ist – so können Einzelteile (wie z. B. Akkus) bei Bedarf ausgetauscht werden. Dies erhöht die Lebensdauer eines Produktes gewaltig. Das Fairphone macht vor, wie es geht.
  → fairphone.com

- Keine Ahnung von Technik, aber das Gehäuse qualmt? Wenn Freund*innen und Bekannte nicht weiterwissen, kann der Gang ins Repaircafé helfen.
  → weitere Infos auf Seite 197

- Bei Haushaltsgeräten unbedingt auf die Energieeffizienz achten – das gilt vor allem für Waschmaschine und Kühlschrank. Tipps für energiesparende Spitzenreiter gibt's auf
  → ecotopten.de

- CO_2-Schleuder Internet: Der ökologische Fußabdruck durch Internetnutzung ist größer, als man auf den ersten Blick vermuten mag. Durch das Nutzen internetfähiger Geräte und die Netzinfrastruktur dahinter wird eine gewaltige Menge CO_2 emittiert: ganze 830 Millionen Tonnen jährlich.[37]
  Da hilft eigentlich nur offline gehen oder umweltfreundliche Alternativen nutzen. So pflanzt zum Beispiel die Suchmaschine Ecosia aus den Einnahmen der Suchanfragen Bäume an Orten, wo sie dringend benötigt werden. Der Marktplatz Fairmondo ist die Alternative für Großkonzerne im Onlinehandel.
  → ecosia.org
  → fairmondo.de

↑ Das Fairphone setzt auf eine modulare Bauweise. So lassen sich bei einem Defekt die meisten Einzelteile einfach ersetzen anstatt ein gänzlich neues Handy zu kaufen.

← Bina Nöhr (styletz.com) bloggt unter dem Motto „Be the change" über Inspiration zu den Themen Fair Fashion, Veganismus, Familie und Nachhaltigkeit.

BINAS TIPPS FÜR ZU HAUSE:

- Für die Inneneinrichtung gilt: Lieber etwas mehr Zeit lassen und nach gebrauchten Einzelstücken suchen und nach zeitlosen und wertigen Möbeln Ausschau halten. Gerade bei Möbelstücken wie einem Bett sollte man auf ein Modell setzen, das nie aus der Mode kommt.

- Gebrauchte Möbel findet man via Kleinanzeigen, bei Etsy oder über die Zeitung und Wohnungsauflösungen.
  → kleinanzeigen.ebay.de
  → etsy.de

- Wenn man keine Zeit hat, nach gebrauchten Möbeln zu suchen, findet man mittlerweile einige Möbelhersteller, die eine nachhaltige Philosophie verfolgen. Auch Spezialanfertigungen können eine gute Möglichkeit und müssen dabei nicht unbedingt teurer sein.
  → ekomia.de
  → grueneerde.de
  → manufactum.de
  → atisan.de

- Befindet sich eine alte, gebrauchte Küche in der Wohnung, kann man diese mit schönen Einzelteilen oder Upcycling-Stücken aufhübschen.

- Ökostrom statt Kohlekraft: 100 Prozent Ökostrom aus erneuerbarer Energie verbessert die eigene CO_2-Bilanz deutlich. Grüne Anbieter gibt es viele:
  → ews-schoenau.de
  → polarstern-energie.de
  → greenpeace-energy.de
  → lichtblick.de
  → naturstrom.de

BINAS TIPPS FÜR FAMILIE UND SCHWANGERSCHAFT:

- Für die meisten Frauen ist nachhaltige Mode während einer Schwangerschaft eine große Herausforderung – man braucht Kleidung für spezielle Bedürfnisse für einen relativ kurzen Zeitraum. In so einer Situation hilfreich: einfach mal im Freundes- und Bekanntenkreis nach Umstandsmode fragen. Während der Schwangerschaft kann es außerdem sinnvoll sein, Kleidung zu mieten: Man leiht sich einfach Stücke in größeren Größen und kann sie dann nach einem bestimmten Zeitraum wieder zurückgeben.

- Besonders die Kleidungsstücke in den ersten Lebensmonaten eines Babys werden nur sehr kurz getragen, weil die Kinder so schnell aus ihnen herauswachsen. Man kann Kinderkleidung wunderbar secondhand kaufen oder innerhalb der Familie tauschen und teilen (zum Beispiel die eigene Kinderkleidung mit der von Cousins und Cousinen).

- Ein super Lifehack für das Leben mit Kindern: waschbare Tücher für das Gesicht, die Hände und den Po. Man merkt erst, wenn man Kinder hat, wie oft man etwas abwischen muss. Da lohnt es sich, auf eine nachhaltige Alternative zu Papiertüchern zu setzen.

  DIY-Tipp: Einfach ein altes Handtuch in kleine Stücke schneiden.

- Als Eltern kommt man an den Quetschies im Supermarkt nur schwer vorbei. Sie üben eine totale Faszination auf die Kleinen aus. Es gibt aber auch welche zum Selbstbefüllen zum Beispiel von Squeasy Gear – das spart ungemein viel Verpackungsmüll.
  → squeasygear.de

- Geld grün anlegen: Konventionelle Banken investieren mitunter in dreckige Energiekonzerne, Rüstungsindustrie oder Gentechnik. Dabei gibt es auch Banken, die Geld in nachhaltige Projekte investieren.
  → tomorrow.one
  → gls.de
  → triodos.de

← Zeitlose Möbelklassiker garantieren lange ein schönes Zuhause.

Radikal neu gedachte Activewear

Unkonventionell und zielstrebig verfolgt Barbara Gölles ihren Weg als Designerin für Sport- und Bademode. Obwohl die Wienerin aus der konventionellen Modebranche kommt, oder vielleicht auch gerade deswegen, sind ihr Zwänge und Modediktate zuwider. Barbara ist gut vorbereitet für den Weg als Einzelunternehmerin. Bei Alexander McQueen lernte sie mit wenig Schlaf auszukommen und ihre Familie gab ihr die nötige Portion Unternehmertum mit. Für sie gibt es keinen Plan B. Barbara ist kein Fan von halben Sachen und setzt lieber aufs Ganze. Das zeigt sich auch in ihren nachhaltigen, radikal neu gedachten Kollektionen. Mit ihrem Label Margaret & Hermione will sie aufbrechen, woran die Modeindustrie bisher noch krampfhaft festhält: ein überzeichnetes Frauenbild, das keinen Platz für Unperfektheiten lässt. Ihr Zugang dafür: ein Sportswearlabel, das so ganz anders funktioniert, als man es gewohnt ist. Ihre Kampagnen zeigen echte Menschen, Bademode und Activewear in Aktion – also so, wie wir Sportbekleidung auch wirklich tragen.

Was macht gute Swim- und Sportswear aus? Man muss sich darin wohlfühlen und gut bewegen können. Swimwear ist für viele Kund*innen mit negativen Gefühlen verbunden, weil sie sich in ihrem Körper nicht gut fühlen und diesen nicht zeigen wollen. Für mich ist es wichtig, da eine gewisse Leichtigkeit und Selbstverständlichkeit hineinzubringen. Sportswear sollte nicht unbedingt nur zu Sport verpflichten, sondern für viele Lebenslagen gemacht sein. Oft verfällt die Mode in ein gewisses Diktat. Das finde ich schwierig, denn alles was extrem in eine Richtung geht, klammert sehr viel anderes aus und schränkt den Freiraum des Einzelnen ein. Ich versuche das aufzubrechen.

← Barbara Gölles designt Bademode, die vermeintliche Unperfektheiten zulässt.

Wie genau gehst du das an? Bademode wird oft aus der Sicht des Mannes kommuniziert. Es muss immer sexy und lasziv sein. Ich möchte meine Kommunikation weg von diesem Verständnis der pseudo-verruchten Sexyness und Romantik bringen, es realer machen und ein anderes Frauenbild transportieren. Es geht mir darum, selbstbestimmte Frauen zu zeigen. Man kann auch mit viel Stoff und wenig Ausschnitt oder als nicht-schlanke Frau sexy sein.

Auch bei deinen Sportswear-Kampagnen wird das sehr deutlich. Yoga ist gerade total im Trend und vieles rundherum wird romantisiert. Es geht gar nicht mehr um die Philosophie dahinter, sondern vielmehr darum, was ich anhabe und wie ich aussehe. Dabei kann Sport so viel mehr als nur Yoga sein. Das will ich auch zeigen. Bei meiner ersten Kampagne habe ich mich

↑ Das Label Margaret &
Hermione setzt auf eine
authentische Bildsprache.

„MAN SOLLTE
NICHTS MACHEN,
WAS EINFACH
NUR SCHÖN ODER
GEFÄLLIG IST."

deswegen für Roller Derby entschieden. Die Models sind alle selbst Roller-Derby-Sportlerinnen. Das Shooting war so toll und ging super schnell. Ich mag es nicht, die Shootings groß zu planen. Aus der Spontanität heraus entstehen nämlich oft die tollsten Bilder. Außerdem ist vieles in der Realität sowieso anders als im Kopf, weil man ja mit Menschen arbeitet.

Das heißt, du lässt deine Bilder auch bewusst so menschlich wirken? Ich möchte die Selbstverständlichkeit des menschlichen Körpers zeigen. Wir alle haben Falten am Körper. Es ist normal, dass in der Bewegung Falten entstehen – sowohl am Körper als auch am Produkt. Der klassische Modeltyp repräsentiert nicht meine eigentlichen Käufer*innen, die eher zwischen 30 und 50 Jahren alt sind. Meine älteste Kundin ist sogar 70 Jahre alt. Es ist wichtig, dass ich deswegen verschiedene Körper und auch beispielsweise Busen zeige. Ein älterer Busen sieht einfach anders aus. Mit meiner Kommunikation hinterfrage ich somit auch ganze Gesellschaftsbilder und Klischees.

Zeigst du diese Vielfalt auch in deiner Größenauswahl? Ich habe Produkte von Größe 34 bis 42 – da es aber keine französischen Größen sind, passt das locker bis zur 44. Es ist berechtigt zu fragen, warum ich nicht noch mehr Größen anbiete, sondern mich im klassischen Größensystem aufhalte. Das ist vor allem eine finanzielle Frage. Die Schnitte für größere Größen sind, gerade für Oberteile mit Cups, ganz andere als für kleine Größen. Es bedarf einer anderen Konstruktion. Die Träger müssen zum Beispiel anders sein. Das würde bedeuten, dass ich eine zweite Linie herausbringen müsste. Das kann ich erst machen, wenn die erste Linie mich vollständig trägt. Es ist schwierig für ein Nischenprodukt auch noch Nischengrößen zu machen. Ich habe jetzt zumindest zwei Männerhosen dabei, was ich bisher nicht machen wollte, weil es für mich nicht zur Marke gepasst hat. Aber jetzt habe ich es unisex designt. So passt es für mich wieder. Die Hosen mit Bein können auch von Frauen getragen werden.

Wieso hast du angefangen, faire Bademode zu machen? Als ich begonnen habe, gab es in Europa kaum ein nachhaltiges Swimwearlabel – vor allem nicht mit Prints. Ich habe die Notwendigkeit gesehen, das zu machen.

In der Modebranche wird so viel Kleidung produziert, die es in ähnlicher Form schon gibt. Wenn man noch etwas Neues macht, sollte man sich eine Nische aussuchen, die noch nicht besetzt ist. Econyl, das Material, mit dem ich arbeite, gibt es noch gar nicht lange, weil es bis dato die Nachfrage dafür einfach nicht gab. Es existierte bisher keine Alternative zum konventionellen Bademodenmaterial, welches im Endeffekt einfach Plastik ist. Der Markt musste also erst mal entstehen, damit es nachhaltigere Bademode geben kann.

Welche Verantwortung haben Modelabels deiner Meinung nach? Wenn man etwas tut, mit dem man in die Öffentlichkeit geht, hat man die Verantwortung, etwas Sinnvolles zu machen. Ich will keine Moralapostelin sein, aber jede*r von uns hat eine soziale Verantwortung und dessen sollten wir uns bewusst sein. Es sollte der Standard sein, sich darüber Gedanken zu machen. Man sollte nichts machen, was einfach nur schön oder gefällig ist. Egal, ob in der Mode oder der Kunst, es sollte etwas sein, das andere einlädt, Dinge zu hinterfragen. In den letzten Jahren zeigt sich das auch immer stärker. Es gibt eine neue Bewegung von Unternehmen, die soziale Verantwortung übernehmen.

← Barbara will die negativen Gefühle, die es beim Kauf von Swimwear häufig gibt, auflösen.

„WIR MÜSSEN WEG VON DIESEM WACHS- TUMSGEDANKEN."

Wie kommunizierst du die Nachhaltigkeit deines Labels an deine Kund*innen? Am Anfang habe ich den Aspekt der Nachhaltigkeit und mein verarbeitetes Material, das Econyl, gar nicht kommuniziert. Zum einen weil der Markt noch nicht so weit war, zum anderen aber auch, weil ich nicht mit erhobenem Zeigefinger dastehen wollte, sondern meine Kleidung über das Design verkaufen wollte. Es hilft nichts, wenn es das fairste Produkt ist und am Ende nicht gefällt. Die Nachhaltigkeit ist schon immer die DNA meines Labels, aber früher wollten das die Kund*innen nicht wissen. Erst jetzt fragen die Leute nach, woher das Material überhaupt kommt. Ich finde das gut, weil man spürt, dass sich was bewegt.

Welche Anforderungen muss gute Activewear erfüllen? Die Kleidung liegt sehr eng am Körper und exponiert den eigenen Körper. Fast jede Frau hat gewisse Schwierigkeiten mit dem eige- nen Körper, weil wir so sozialisiert wurden. Wir denken, immer schön sein zu müssen, um gewisse Dinge tragen zu können. Das sind jedoch unrealistische Bilder. Ich möchte mit meiner Mode vermitteln, dass man sich dem nicht unbedingt beugen muss. Gerade weil Bademode so körpernah ist, sollte man sich angezogen wohlfühlen. Meistens sind wir am strengsten mit uns selbst. Ich möchte dazu beitragen, dass man Schritt für Schritt zu einem besseren Selbstwertgefühl kommt.

Wie muss ein Bademodenteil designt sein, damit das passieren kann? Ich habe viele verschiedene Schnitte für viele unterschiedliche Körper. Gerade Frauen brauchen für das Ober- und Unterteil oft verschiedene Größen. Ich schaue, was den besten Halt gibt und ob die Dinge ver- steckt werden, die versteckt werden möchten. Die Materialien und die Verarbeitung sollten so sein, dass man das Teil nicht spürt. Es sollte nicht einengen oder einschneiden. Ich nutze ganz bewusst die doppelte Verarbeitung des Materials und achte darauf, dass die Nähte nicht einschneiden. Das Material ist dadurch etwas kompakter und dichter als das klassische Bade- modenmaterial. Deswegen entsteht ein leichter Shaping-Effekt und man fühlt sich nicht so nackt.

Warum ist fair produzierte Bademode so teuer? Es ist wichtig, den Menschen zu erklären, warum bestimmte Produkte teurer sind. Erst die Geschichte und die Philosophie dahinter sorgen für Wertschätzung und ein besseres Preisver- ständnis. Das Material, das ich verwende, ist viel hochwertiger und dementsprechend teurer. Ich verwende kein neues Plastik, es ist alles aus recycelten Materialien oder Bio-Stoffen – die Hangtags (Etiketten), die Labels und alles, was beim Produkt dabei ist. Und die Produktion ist natürlich viel teurer als in Niedriglohnländern. Ich habe geringe Abnahmemengen und so setzt sich am Ende der Preis zusammen.

Du propagierst, dass die Menschen weniger konsumieren sollen und willst gleichzeitig, dass sie deine Kleidung kaufen. Wie passt das zusam- men? Wir müssen weg von diesem Wachstums- gedanken. Mein Anspruch ist es nicht, mit die- sem Label steinreich zu werden. Ich will einfach nur eine kleine Firma, die funktioniert. Außer- dem muss ein Bikini definitiv länger als nur eine Saison halten und nicht jeden Sommer ausge- tauscht werden.

→ Weitere Infos zu Econyl findest du auf Seite 31.
→ Weitere Sportswear- und Swimwearlabels findest du auf Seite 242.

↑ Barbara bietet viele verschiedene Schnitte für verschiedene Körper an.

↗ Die Swimwear von Margaret & Hermione setzt auf das Recycling-Material Econyl.

Wie gehst du mit deiner eigenen Überproduktion um? Ich lasse wirklich kleine Stückmengen produzieren. Ich finde ein Verknappungsprinzip ganz gut: Was weg ist, ist weg. Wir sollten lernen, dass es Dinge nicht unbegrenzt gibt. Den Print produziere ich zum Beispiel gar nicht nach. Das sind alles Limited Editions. Es ist wichtig, den Kund*innen ein neues Mindset mitzugeben. In Zukunft möchte ich auch keinen Sale mehr machen. Es macht bei mir gar keinen Sinn, weil ich eigentlich keine Saison-Teile habe. Das passt auch nicht zu einem nachhaltigen Label. Es ist mir wichtig, dass die Teile immer zusammenpassen und man jederzeit Mix and Match machen kann. Man könnte natürlich auch auf ein anderes System setzen und nur on demand produzieren. Das ist in der Praxis aber leider nicht so leicht.

Was gehört für dich zu einem nachhaltigen Lebensstil sonst noch dazu? Jede*r Einzelne sollte sich ihrer*seiner Verantwortung bewusst sein und einen bewussten Umgang mit Konsum haben. Wir sollten uns gezielt selbst hinterfragen. Es macht wenig Sinn, wenn wir uns über die Plastikstrohhalme aufregen, aber dann ein Avocadobrot zum Frühstück essen. Es ist eben nicht nur Plastik. Schauen wir uns zum Beispiel Quinoa an, ist es erschreckend, dass die Menschen, deren Grundnahrungsmittel bisher Quinoa war, sich diese nun nicht mehr selbst leisten können, weil der Westen sie entdeckt hat und Quinoa somit um ein Vielfaches teurer geworden ist. Diese Menschen müssen nun von nicht nahrhaftem Maismehl leben. Es ist wichtig, verschiedene Perspektiven einzunehmen. Den Jutebeutel zum Einkaufen mitzunehmen reicht heute nicht mehr.

→ margarethermione.com

„ES IST TOTAL OKAY, NICHT ALLES RICHTIG ZU MACHEN. ABER ANFANGEN, DAS IST WICHTIG."

Stefanie Luxat

1 Kleid: Armedangels
   Ohrringe: Tassel Tales

2 Jacke: Hund Hund
   Hose: Ecoalf
   Shirt: Trigema
   Schuhe: Ekn
   Brille: Neubau Eyewear

3 Jacke: Hund Hund
   Hose: Ecoalf
   Shirt: Trigema

4 Kleid: Armedangels
   Jacke: Tassel Tales

5 Hemd und Hose: Armedangels
   Cap: Rotholz

6 Bluse: Rotholz
   Ohrringe: Jyoti Fairworks
   Hemd und Cap: Rotholz

7 T-Shirt: Jan 'n June
   Rock: Hund Hund
   Schuhe: Veja
   Socken: Thokk Thokk

2

3

> „MAN SOLLTE
> SICH IMMER FRAGEN:
> WÜRDE ICH MIR
> DAS TEIL AUCH KAUFEN,
> WENN ES NICHT
> SO GÜNSTIG WÄRE?"

Juliana Holtzheimer, Jan 'n June

Models: Mia Marjanovic und
Yannick Döring

Mia Marjanovic schreibt auf *Heylilahey*
über faire Mode, Naturkosmetik und
nachhaltigen Lifestyle und kreiert
inspirierende Vidos für ihren
gleichnamigen YouTube-Kanal. Sie ist
außerdem Contributorin für das
Fashion Changers Magazin und
weitere, redaktionelle Formate.
→ heylilahey.de

Yannick Döring ist Content Creator bei
Rethinknation – einem YouTube-Kanal
zu Fair Fashion und nachhaltigem
Lifestyle. Außerdem kreiert er Videos
für Formate wie *Glanz & Natur* und
kannstduauch.
→ @rethinknation

Styling: Stefan Uhr und Charline
Lentschig
Haare und Make-up: Claudia Plath
und Arielle Troß
Make-up: Dr. Hauschka
Location: Studio 21 Berlin
S. 188: Label: Phyne

5

6

Faire Mode on a Budget

NACHHALTIGE PRODUKTION
UND LEISTBARE PREISE

———

Dass faire Mode einen gewissen Preis haben muss, steht außer Frage, wenn man sich den komplexen Herstellungsprozess und die vielen Beteiligten, die alle einen fairen Lohn erhalten sollen, dahinter ansieht. Gleichzeitig ist es durchaus berechtigt, die Frage nach der Leistbarkeit ethisch hergestellter Mode zu stellen.

Laut dem Statistischen Bundesamt sind circa 19 Prozent der Deutschen von Armut oder sozialer Ausgrenzung betroffen. Es ist verständlich, dass hier andere Sorgen im Vordergrund stehen. Aber auch diejenigen, die nicht unmittelbar von Armut betroffen sind, können sich mitunter faire Mode nicht leisten, weil sie beispielsweise Studierende mit kleinen Einkommen sind oder in einem anderen Lebensbereich höhere Kosten decken müssen. Noch dazu sind die Ansprüche sehr unterschiedlich: Während eine vierköpfige Familie immer mal wieder neue Schuhe, Sportbekleidung oder Winterjacken benötigt, hat ein*e junge*r Erwachsene*r möglicherweise eher anlassbezogene Neukäufe im Sinn.

Natürlich ist es wichtig, das eigene Mindset zu hinterfragen und darüber nachzudenken, inwieweit der Konsum von Mode auch Privileg, Ablenkung oder Vergnügen ist. Das ändert allerdings nichts daran, dass es für den Zugang für möglichst viele Menschen unbedingt notwendig ist, dass es auch leistbare, faire Labels auf dem Markt gibt. Nur so kann ethisch produzierte Mode für alle realisiert werden.

↑ Vor allem Sneaker und Co. gibt es fair *und* leistbar

→ Eine Alternative zu teurer Neukleidung ist das Stöbern in Secondhand- und Vintageläden

→ Weitere Gedanken zu Modekonsum und Privilegien findest du auf Seite 15.

Wie geht faire Mode eigentlich mit kleinem Geldbeutel?

Hamburg hat seit einigen Jahren eine kleine Perle der fairen Mode: Jan 'n June. Anna Bronowski und Juliana Holtzheimer machen Kleidung, die Trends aufgreift, ökologisch ist und fair produziert wird. Und noch dazu für (fast) jeden Geldbeutel leistbar ist. Dabei setzen sie auf vegane Materialien, die vergleichsweise günstige Preise ermöglichen. So arbeitet das Label von Anfang an mit recyceltem Polyester, das ähnliche Eigenschaften wie Seide mit sich bringt, im Gegensatz dazu aber erschwinglich ist. Wie sie es schaffen, guten Stil und leistbare, faire Mode zusammenzubringen, verraten sie im Interview.

Was war eure Motivation, 2014 Jan 'n June zu gründen? Jula: Ökologie, faire Arbeitsbedingungen und Leistbarkeit standen für uns im Vordergrund. Wir haben uns gefragt, warum niemand modische, nachhaltige und dennoch bezahlbare Mode für uns macht. Der ausschlaggebende Motivationsschub, den wir dann noch gebraucht haben, war der Launch von & Other Stories. Ein damals neues Label des H&M-Konzerns, bei dem man die Chance gehabt hätte, die Wertschöpfungskette von Grund auf nachhaltig aufzubauen. Wir haben uns gefragt: Wie kann es sein, dass sie das nicht tun? Damit war klar, dass wir es selbst machen wollen!

Anna: Wir haben dort eine Marktlücke erkannt. Der faire Modemarkt war damals noch stark auf Basics beschränkt, doch wir wollten zeitgeistige Mode für den gesamten Kleiderschrank machen. Eben gemäß unserem Motto: „Fashionable. Sustainable. Affordable" (Modisch. Nachhaltig. Leistbar).

Wie nehmen Kund*innen eure vergleichsweise leistbaren Preise auf? Anna: Das kommt auf das persönliche Einkaufsverhalten an. Manche finden uns zu teuer, weil sie Fast-Fashion-Preise gewohnt sind, an die wir natürlich nicht rankommen können und wollen. Andere wiederum kaufen bereits bei teureren, konventionellen Marken ein und kennen die Preise.

Jula: Wir sind für viele oft der Einstieg für Fair Fashion. Wir sprechen die Kund*innen an, die bereits wissen, dass die Fast Fashion, die sie kaufen, nicht so cool ist, und sich deswegen langsam nach modischen Alternativen umsehen. Dabei stoßen sie dann schnell auf uns. Wenn sie weiter recherchieren, wird klar, dass wir sehr wohl sehr leistbar sind. Natürlich bekommt man Basics in Bio-Baumwolle noch wesentlich günstiger. Wenn man aber etwas mehr Auswahl will, gibt es noch nicht so viel. Wenn man dann noch versteht, dass es nicht fünf neue Tops im Monat sein müssen, ist ein Top bei uns auf jeden Fall drin.

Was entgegnet ihr den Preis-Kritiker*innen? Jula: Ich sage ganz gerne: „Zähl mal alle T-Shirts zusammen, die du diesen Monat bereits gekauft hast. Wie viel hast du dafür ausgegeben? Hättest

← Anna (links) und Jula (rechts) wagen den Versuch, nachhaltige und stilvolle Kleidung erschwinglich zu machen.

du für den Preis auch weniger und fair kaufen können?" Ein anderer erster Schritt könnte außerdem Kleiderkreisel sein. Dort bekommt man super Stücke, die eben noch in den Läden hingen, weil sie die Leute so schnell wieder verkaufen. Das ist nachhaltiger, als es neu zu kaufen.

Anna: Es kommt auch auf deinen Fokus an. Oft ist das Bewusstsein für Nachhaltigkeit grundsätzlich da, die Auseinandersetzung damit aber nicht. Vor allem nicht bei Bekleidung. Man spricht immer auf einem ganz anderen Level darüber. Zum Beispiel, dass 30 Euro für ein T-Shirt sehr viel ist. Wenn ich dann aber frage, wie ein Preis von fünf Euro für ein T-Shirt funktionieren soll, kommen erste Zweifel.

Habt ihr Bedenken, dass mit einem geringeren Preis auch weniger Wertschätzung für eure Kleidungsstücke einhergehen könnte? Jula: Ich gehe da von mir aus: Wenn ich etwas kaufe, wohinter

↑ Der Trenchcoat aus recyceltem Neoprenstoff ist günstiger als ähnliche Modelle aus anderen Materialien.

ich stehe und weiß, wer es gemacht hat, hängt viel mehr Herz und Wertschätzung daran. Ich habe im Urlaub in Portugal eine günstige, handgemachte Tasche von einer Frau gekauft. Ich würde mich nie einfach so von ihr trennen, weil ich genau weiß, wer sie gemacht hat, und ich immer an diese Frau denken muss.

Anna: Ich habe das Gefühl, dass der überwiegende Teil unserer Kund*innen das auch so sieht. Wir bekommen so viel schönes Feedback zu unseren Kleidungsstücken. Da wir transparent kommunizieren, wo und wie wir produzieren, ist der Bezug zu uns sehr stark.

Günstigere Preise können auch zu mehr Konsum verleiten. Kann man dem kommunikativ etwas entgegensetzen? Jula: Wenn wir einen Sale machen, kommunizieren wir das immer mit. Man sollte sich immer fragen: Würde ich mir das Teil auch kaufen, wenn es nicht so günstig wäre?

Anna: Und es ist okay, dass es unterschiedliche Preisempfindungen gibt. Aber im Bereich der fairen Mode ist es nicht möglich, „billige Mode" zu machen, da beim Endprodukt immer ein Preis zustande kommt, von dem alle Beteiligten entlang der Wertschöpfungskette leben können. Wenn wir anfangen, nur noch darüber zu sprechen, ob eine fair produzierte Jeans für 89 Euro zu günstig ist, bewegen wir uns sehr stark von einem Großteil der Bevölkerung weg. Es gibt teilweise ganz andere Budgets oder einen wesentlich pragmatischeren Zugang zu Kleidung. Diese Diskussion wird oft von einem sehr privilegierten Standpunkt geführt. Klar können wir uns darüber unterhalten, ob das jetzt billig ist oder nicht, aber man muss auch das große Ganze betrachten.

Sollten wir generell viel weniger im Kleiderschrank haben? Jula: Manche leben eher minimalistisch, aber ändern trotzdem häufig ihre Garderobe. Sie verkaufen und kaufen viel secondhand oder tauschen ihre Kleidung. Es ist auch okay, wenn man sich schnell an etwas sattsieht. Wenn es dich nervt, musst du es nicht immer weitertragen. Es gibt viele nachhaltige Wege für den Spaß an der Mode.

← Anna und Jula in ihrem Showroom und Büro in der Hamburger Speicherstadt.

Die Diskussion über Nachhaltigkeit verändert sich aktuell deutlich. In der Mode orientieren sich viele Unternehmen mittlerweile um. Spürt ihr das auch, indem ihr zum Beispiel in mehr konventionellen Shops präsent seid? Anna: Es wird tatsächlich immer mehr. Es gibt viele konventionelle Läden, die sich jetzt wandeln und faire Kleidung in ihr Sortiment aufnehmen, weil immer mehr Leute danach fragen. Gerade die inhabergeführten Läden, die bis vor Kurzem noch gar nichts fair Produziertes angeboten haben, ziehen jetzt nach.

Wie wichtig sind Trends für euch? Anna: Trends spielen bei uns schon eine größere Rolle. Wir schauen zum Beispiel nach bestimmten Längen und Schnitten. Um zu erfahren, was in der nächsten Saison angesagt sein wird, besuchen wir Trendvorträge auf Modemessen.

Jula: Ich nutze zur Inspiration auch oft Pinterest, um zu verfolgen, was sich online gerade als Trend herauskristallisiert. Wir wollten zum Beispiel unbedingt einen gewebten Leinenstoff haben. Aber eine ökologische Variante gab es nirgends. Also haben wir die Haptik einfach anders nachgebaut.

Anna: Es gibt generell wenig zertifiziertes Leinen. Das braucht es auch kaum, denn es wächst super schnell und benötigt sowieso keine Pestizide und Co. Und dennoch würde konventionelles, nicht-zertifiziertes Leinen für uns nicht infrage kommen, da wir ausschließlich mit zertifizierten Materialien arbeiten. Das ist aber eben auch das Problem mit Siegeln. Wir sind als Brand insgesamt nicht zertifiziert, weil es für uns ein zu hoher Kostenfaktor ist.

Und trotz der fehlenden Zertifizierung könnt ihr garantieren, wo und wie eure Kleidung produziert wird? Wie schafft ihr es sicherzustellen, dass dies auch bei Wachstum der Marke so bleibt? Jula: Wir haben bisher ausschließlich in Polen in einem Familienunternehmen produziert, mit dem wir einen sehr engen Kontakt pflegen und die unseren Weg seit der ersten Kollektion begleitet haben. Die fünf Näherinnen in der Produktion kennen wir persönlich und bei denen

→ Eine Liste von ausgewählten Fair-Fashion-Läden findest du ab Seite 245.

↑ Mit ihren Kollektionen schaffen Anna und Jula eine Alternative zu konventionellen High Street Brands.

———

„OFT IST DAS BEWUSST-SEIN FÜR NACH-HALTIGKEIT GRUND-SÄTZLICH DA, DIE AUSEINANDERSETZUNG DAMIT ABER NICHT.“

———

wissen wir inzwischen natürlich sehr genau, wie sie arbeiten. Sie nähen von 7 bis 13 Uhr, nachmittags ist immer frei. Das haben sie sich selbst ausgesucht. Die Produktionsstätte ist jetzt aber ausgelastet, weswegen wir zusätzlich in Portugal produzieren lassen.

Anna: Die Produktionsstätten in Portugal sind zertifiziert. Das Volumen, das dort verarbeitet wird, ist wesentlich größer. Es arbeiten auch viel mehr Menschen dort. Wir können uns das jederzeit anschauen und sind auch regelmäßig da. In Polen hingegen ist der Betrieb eher wie eine kleine Nähstube, zu der wir mehr persönliche Beziehungen haben.

Jula: Große Mengen werden jetzt in Portugal produziert, kleinere Mengen in Polen. Viele Stoffe kommen direkt aus Portugal und die Transportwege sind so wieder kürzer, was unter anderem CO_2-Emissionen einspart.

→ Weitere Informationen zu Materialien und Plastik findest du auf Seite 26.

Ihr arbeitet oft mit recycelten Stoffen, weil diese teilweise günstiger als Naturmaterialien sind. Ist recyceltes Polyester wirklich eine gute Alternative? Anna: Wir finden recycelte Stoffe prinzipiell sehr gut. Bei der Auswahl achten wir auf jeden Fall auf Marken-Materialien, da diese eine sortenreine Herstellung garantieren. Wir benutzen auch recycelte Baumwolle und Tenowa (Textile No Waste), was aus den Abfällen der Produktion unseres Lieferanten gefertigt wird.

Jula: Bei recyceltem Polyester gibt es dem Tragekomfort gegenüber große Vorurteile. Dass einem darin heiß wird, dass es sich elektrisch auflädt. Dabei gibt es mittlerweile Stoffe aus recycelten Kunststoffen, die einen tollen Tragekomfort bieten. Bio-Baumwolle wird unsere Erde auch nicht retten. Wir haben weder den Platz noch das Wasser.

Anna: Oft geht es bei recyceltem Polyester auch um Mikroplastik, das sich beim Waschen der Kleidung herauslöst und so ins Wasser gelangen kann. Diese Diskussion ist wichtig, aber man muss es vielschichtig sehen. Es gibt nicht das eine perfekte Material. Alle Materialien, die wir verwenden, haben ihre Nachteile. Zellulose aus nachhaltiger Forstwirtschaft ist gut und dennoch werden Bäume dafür abgeholzt. Und damit könnten wir auch nicht die Weltfaserproduktion decken.

Was wünscht ihr euch für die Zukunft der fairen Mode? Anna: Wir wollen eine echte Alternative zu Fast Fashion werden. Wir wollen, dass Nachhaltigkeit nicht nur als Trend wahrgenommen, sondern wirklich die Norm wird. Damit wir endlich anfangen können, über die wirklich wichtigen Dinge zu sprechen.

→ jannjune.com

← Volle Transparenz: Per QR-Code lassen sich Produktion und Material komplett zurückverfolgen.

Nachhaltige Mode für alle

PORTRÄT ÜBER
MIRJAM SMEND

———

← Mirjam Smend will
nachhaltige Mode für
möglichst viele Menschen
zugänglich machen.

↑ In München zeigt uns
die Unternehmerin einige
Lieblingsläden, wie zum
Beispiel Thokk Thokk.

„Es war nie mein Plan, eine grüne Messe zu gründen, ich bin ja keine Eventveranstalterin. Ich mach das aus Passion!" Wer mit Mirjam Smend spricht, merkt schnell: Sie ist ehrlich, direkt und ihre Begeisterung ansteckend. Die Messe, von der sie spricht, ist die „Greenstyle Munich", bei der sich 40 verschiedene nachhaltige Modemarken mit ihren Ständen direkt an Verbraucher*innen richten. Ergänzend gibt es eine Konferenz, bei der sowohl die Macher*innen hinter der Mode als auch andere Persönlichkeiten der nachhaltigen Szene auf der Bühne stehen.

Die Greenstyle ist Mirjams Versuch, nachhaltige Mode in die Münchner Innenstadt und ins Bewusstsein der Menschen zu holen. Nachhaltigkeit soll normal sein. Ein großes Ziel. Alle werden da nicht mitziehen, aber in einem ist sich Mirjam sicher: Wenn nachhaltige Mode zugänglich ist und gute Geschichten erzählt, begeistert sie viele. Genau so ging es ihr selbst, als sie zum ersten Mal auf der Berliner Fashion Week nachhaltige Marken entdeckt hat. „Ich dachte zuerst, die 30 Labels habe ich in zwei Stunden durch – dann war ich zwei Tage dort. Es gab so viel mehr zu besprechen als nur den Schnitt oder die Farben der Saison." Über so was hat sie nämlich schon genug gesprochen – in 16 Jahren als Moderedakteurin bei *Glamour* und *Elle*. Hier ein neuer Trend, da ein neues Must-have und dann wieder von vorn. Das reichte der Münchnerin inhaltlich nicht mehr, obwohl sie Mode liebt. „Ich habe gedacht: Hätte jemand all das, was ich geschrieben habe, gelesen, hätte die Person wirklich nonstop eingekauft. Diesen Gedanken fand ich total irre." Auch Mirjam selbst hat in dieser Zeit viel Neues gekauft und von Marken zugeschickt bekommen. Heute hingegen empfindet sie jedes Kleidungsstück als Verantwor-

← Mit ihrer Messe bringt Mirjam die Fair-Fashion-Szene in München voran.

→ Die Modejournalistin liebt es, nachhaltige Mode in den Mainstream zu bringen.

„ICH HABE GEDACHT: HÄTTE JEMAND ALL DAS, WAS ICH ALS MODE-REDAKTEURIN GESCHRIE-BEN HABE, GELESEN, HÄTTE DIE PERSON WIRK-LICH NONSTOP EIN-GEKAUFT. DIESEN GEDANKEN FAND ICH TOTAL IRRE."

tung. Weniger ist oft mehr, denn aussortieren, waschen, bügeln – das kostet alles Zeit, die man anders nutzen kann. Dass Shoppen kein Hobby ist, bringt sie auch ihren Kindern bei. „Einkaufen heißt: Ich kaufe etwas, was ich brauche. Es heißt nicht: losgehen, nur um irgendwie Geld auszugeben für etwas, bei dem ich vorher noch nicht mal wusste, dass ich es brauche." Hierbei jongliert Mirjam zwischen Erklärungen, warum die Kinder den Markenpullover, den alle in der Schule haben, nicht brauchen und zu strikten Regeln, die nur eine Antireaktion auslösen würden. Kindern zu erklären, wie Kleidung eigentlich produziert wird und Alternativen wie Secondhandkleidung zu zeigen, findet Mirjam wichtig. „Ich habe diese eine Vintagejacke, die ich sehr liebe, bei der sich meine Kinder jetzt schon darum streiten, wer sie mal ausleihen darf, wenn sie groß genug sind."

Mirjam wünscht sich ein Zurück zur Nachhaltigkeit. Sie betont das Zurück, denn eigentlich waren wir genau da schon mal, haben Kleidung geliebt, repariert und ein einziges Teil 30 Jahre lang getragen. Sie zeigt auf ihren blauen Denimjumpsuit von Dawn – eine nachhaltige Marke, die sie nun schon länger kennt. In dieses Teil hat sie sich sofort verliebt, trägt es rauf und runter und pflegt es, damit es möglichst lange hält. Und gleichzeitig nachhaltige Materialien auf der Haut zu haben und zu wissen, dass niemand darunter gelitten hat, fühle sich einfach besser an. Das sind aber nicht die einzigen Vorteile. Auch modisch sieht Mirjam viel Potenzial, denn bei nachhaltigen Brands ist es beinahe, als hätte man Einzelstücke, weil die Kollektionen viel kleiner sind und man so nicht ständig eine modische Doppelgängerin auf der Straße trifft.

Woher ihre Passion kommt? „Ich sage es mal so: Im Vergleich zu früher in der Moderedaktion, arbeite ich heute viel mehr für viel weniger Geld, bin aber glücklicher denn je."

→ greenstyle-muc.com

⊙ How to be a Fashion Changer

01. DON'T PANIC
Jede*r Weg beginnt mit einem ersten Schritt. Lass dich nicht stressen, nur weil andere womöglich schon weiter sind. Du musst nicht alles sofort zu 100 Prozent machen. Wichtig ist, dass du anfängst.

02. TRAGE DEINE WERTE
Nach welchen Werten möchtest du leben und welchen Stellenwert haben Fairness und Nachhaltigkeit? Wie kommunizierst du das über die Kleidung, die du trägst?

03. SETZE EIN ZEICHEN
Fashion Changers lieben ein gutes Statement-Shirt, um dadurch mit anderen ins Gespräch zu kommen.

04. VERSTEH TEXTILIEN ALS RESSOURCE
Lass dich nicht dazu verleiten, Kleidung zu tragen, mit denen du andere beeindrucken willst, die sich aber nicht gut anfühlt. Kleidung ist in erster Linie eine Notwendigkeit und Ressource.

05. GIB FEEDBACK
Frag nach, woher die Kleidung in deinem Lieblingsladen kommt, und kommuniziere, wenn dir in einem Laden eine nachhaltige und faire Auswahl fehlt.

→ Eine 30-Tage-Fair-Fashion-Challenge findest du auf fashionchangers.de.

06. KOOPERATION STATT KONKURRENZ

Such dir Menschen, die ähnliche Werte leben. Gemeinsam ist es einfacher, etwas zu bewegen – sowohl online als auch offline. Ihr könnt euch gegenseitig motivieren und über faire Mode austauschen.

07. GIB ETWAS ZURÜCK

Überlege dir, welche Themen für dich wichtig sind, und unterstütze NGOs oder Vereine, die sich dafür einsetzen, mit Zeit oder Geld. Jede*r kann etwas tun.

08. TEIL DEIN WISSEN

Nutze deine Stimme – online auf Social Media und offline im Gespräch mit Familie, Freund*innen und Bekannten. Je mehr wir gemeinsam über die Modeindustrie aufklären, desto schneller kann sich etwas verändern.

09. MACH EINEN SOCIAL MEDIA-CLEAN-UP

Folge Menschen, die deinen Feed bereichern, über Themen aufklären, die dich interessieren und ihre Stimme für Positives einsetzen.

10. INKLUSIV STATT EXKLUSIV

Fashion Changers setzen auf Inklusion und Diversität. Denke in deiner Ansprache und deinen Vorhaben alle Menschen, und insbesondere Minderheiten, mit. Gib denen eine Stimme, die oft überhört werden.

← Ein Fashion Changer zu sein bedeutet, für seine Werte einzustehen.

Labels & Adressen

Ⓥ Vegan: Diese Labels verzichten in ihrer gesamten Produktion bewusst auf tierische Materialien. Nicht gekennzeichnete Labels können selbstverständlich vegane Stücke in ihrer Kollektion haben.

Ⓚ Inklusiv: Gekennzeichnet sind Labels, die besonders größen-inklusiv und/oder divers designen und denken. Größen-inklusiv bedeutet Größen unter 34/XS und/oder über 42/XL zu führen.

YouTube-Kanäle sind mit YT gekennzeichnet.

WOMENSWEAR

Aardes – natürlich gefärbte und in Indien bedruckte Kleider → aardes.com

Abask – leistbare Bohemian-Kleider und -Blusen aus UK → abaskclothing.com

Adva – minimalistische, zeitlose Mode aus UK → advawomenswear.com

Amt – lokale Produktion in Barcelona, zeitlos und feminin → amt-studio.com

Angels Ambition – Lounge- und Womenswear made in Germany → angels-ambition.de Ⓚ

Armedangels – Kölner Label mit großer Auswahl → armedangels.de

Auf Augenhöhe – inklusives Steetwear Label → aufaugenhoehe.design Ⓚ

Bleed – vegane Mode für den Alltag und Outdoorsport → bleed-clothing.com Ⓥ

Bridge & Tunnel – Mode im Denimlook → bridgeandtunnel.de

Cossac – steht für eine minimalistische Capsule Wardrobe → cossac.co.uk

Cus – zeitgenössische Mode made in Barcelona → cus.cat

Dariadéh – schlichte Teile und Basics bis XXXL → dariadeh.com Ⓚ

Dodin – zeitlose Mode aus Hamburg → shopdodin.com

Elementy – Fair-Fashion-Label aus Warschau mit hohem Transparenzanspruch → elementywear.com

Esthétique – inklusives Label, das Menschen mit Behinderung fördert → esthetique-fashion.com Ⓚ Ⓥ

[eyd] Humanitarian Clothing – Mode gegen Menschhandel und Zwangsprostitution → eyd-clothing.com Ⓚ

Format – langlebige Mode made in Berlin → format-favourites.de

Form of Interest – konzeptionelles Unisexlabel aus München → formofinterest.com Ⓚ

Hessnatur – Ökopionier von Bio- und Fair-Trade-Mode, größeninklusiv → hessnatur.com Ⓚ

Hund Hund – faires, designstarkes Label aus Berlin → hundhund.com

Jan 'n June – minimalistische Highstreet-Fashion aus Hamburg → jannjune.com Ⓥ

Jungle Folk – zeitlose, nachhaltige Mode aus der Schweiz → junglefolk.com

Jyoti Fair Works – ökosoziales, deutsch-indisches Label → jyoti-fairworks.org

J.jackman – Businesswear für Frauen → jjackman.com

King Louie – Vintage-inspirierte Mode aus Amsterdam → kinglouie.de Ⓚ

Kings of Indigo – US- und japanisch inspiriertes Label aus den Niederlanden → kingsofindigo.com

Kluntje Fashion – Design und Geschichten handmade in Hamburg → kluntje-fashion.com

Koko World – traditionelles Kunsthandwerk trifft auf polnische Schneiderkunst → kokoworld.de

Kowtow – neuseeländisches Ökolabel mit hohem Style-Anspruch → eu.kowtowclothing.com

Lana – Traditionslabel im zeitgenössischen Stil, achtet auf Größeninklusivität → lana-organic.de

Lanius – feminine und zeitlose Mode, achtet auf Größeninklusivität → lanius.com Ⓚ

Loud Bodies – größeninklusive, feminine Mode aus Rumänien → loudbodies.com Ⓚ

Lovjoi – Fair Fashion made in Germany → lovjoi.com Ⓥ

Lu•ciee – von Bali inspirierte Capsule-Kollektionen → lu-ciee.com

Lucy and Yak – leistbare Ethical Fashion aus UK mit Eyecatcher-Latzhose → lucyandyak.com Ⓚ

Maas Natur – ökologische Mode für die ganze Familie → maas-natur.de Ⓚ

Maqu – zeitlose Stücke handgemacht in Deutschland und Peru → bymaqu.com

Maria Seifert – Slow Fashion und zeitgemäßes Upcycling → mariaseifert.com

Mariejuliee – maßgeschneiderte Einzelstücke → mariejuliee.com

Maska – hochwertige, feminine Mode aus Schweden → maska.se

Mayamiko – empowert Frauen in Malawi und fördert traditionelle Handwerkskunst → mayamiko.com

Melawear – zeitlose Klassiker und Basics → melawear.de

Mila.vert – vegane, schlichte Eleganz aus Slowenien → milavert.com Ⓥ

Naomi Afia – Modest Fair Fashion made in Österreich → @naomi_afia Ⓚ

Ninety Percent – nachhaltige Womenswear, gibt 90 Prozent der Profite an Arbeiter*innen und Vereine → ninetypercent.com

Nix Design – langlebiges Design kreiert in Berlin → nix.de

Noumenon – kollektionslos zeitgemäße, vegane Mode → nou-menon.com Ⓥ

People Berlin – soziales Label, das mit suchtkranken, psychisch erkrankten oder obdachlosen Jugendlichen zusammenarbeitet → peoplepeoplepeople.de

People Tree – Fairt-Trade-Womenswear aus England → peopletree.de

P.i.C. Style – Slow-Fashion-Label aus London → pic-style.com

Recolution – vegane Streetwear aus Hamburg → recolution.de Ⓥ

Ren – größeninklusiv, veränderbar und minimalistisch → atolyeren.com Ⓚ

Richert Beil – authentische, reduzierte Unisex-Mode → richertbeil.com Ⓚ

Ro – unaufgeregte, zeitgenössische Mode aus Barcelona → rothelabel.com

Shipsheip – puristische, hochwertige Womenswear → shipsheip.com

Signe – stylische, kommunikationsinklusive Brand aus Dänemark → bysigne.com

Silfir – Businesswear nach dem Cradle-to-Cradle-Prinzip → silfir.com

Skall Studio – Slow Fashion mit zeitlosem Design aus Dänemark → skallstudio.com

Somskat – zeitlose Capsule-Kollektion → somskat.com

Son de Flor – größeninklusives Leinenlabel → sondeflor.com Ⓚ

Stoffbruch – schlichte Mode und Basics aus Berlin → stoffbruch.com

Studio Jux – Women-Empowerment-Modelabel aus Amsterdam → studiojux.com

Tassel Tales – Wiener Label mit Bohemian-Designs → tassel-tales.com

The Colorful Crew – nachhaltige Basics im Paperart-Look → thecolorfulcrew.de

The Emperor's Old Clothes – handgefertigte, größeninklusive, One-Of-A-Kind-Stücke → theemperorsoldclothes.co.uk Ⓚ

Thinking Mu – stylisches, künstlernahes Label aus Barcelona → thinkingmu.com

Too Cool For Cruel – Shirts und Pullover mit Statements → toocoolforcruel.com Ⓚ

Two Thirds – Casual- und Outdoormode aus Spanien → twothirds.com

UY Studio – genderless Fashion uy-studio.com Ⓚ

Valle o Valle – in Wien gefertigte Kimonorahs (Kombination aus Cardigan und Kimono) → valleovalle.com

Van Der Nag – größeninklusives Label für Businessmode → vandernag.com Ⓚ

Vetta – nachhaltige Mini-Capsule-Wardrobes → vettacapsule.com

Waschbär – Naturmode für alle → waschbaer.de Ⓚ

Wiederbelebt – minimalistische Upcycling-Mode
→ wiederbelebt.de
Womom – empowernde Statement-Shirts
→ womom.de Ⓚ
Wunderwerk – Casual-Mode für jeden Tag
→ wunderwerk.com

BASICS
3Freunde – bedruckte und unbedruckte Shirts
und Hoodies → 3freunde.de Ⓚ
Calida – Basic-Shirts und Loungewear für Kinder,
Frauen und Männer → calida.com
Colorful Standard – hochwertige, unifarbene
Basics, Unisex und Womenswear
→ colorfulstandard.de Ⓚ
Femitale – innovative Loungewear für Frauen
mit Periodenschmerzen → femitale.com
Funktion Schnitt – hochwertige Basics für
Frauen und Männer → funktionschnitt.de
Goat – leistbare Basics für Frauen und Männer
→ goatorganicapparel.com Ⓥ
Hirschkind – handbedruckte Fair-Trade-Basics
aus Berlin → hirschkind.de Ⓥ
Honest Basics – sehr leistbare Fair Fashion-
Basics → honest-basics.com
Nago – schlichte, minimalistische Basics und
mehr → nago.com
Nine to five – Key Pieces für eine stilsichere
Capsule Wardrobe → ninetofive.biz
Phyne – hochwerte Basics für Männer und
Frauen → phyne.com
The Slow Label – bedruckte, stylische Basics
→ theslowlabel.com
Wasni – Basics bis 5XL → wasni.de Ⓚ

MENSWEAR
Armedangels – Kölner Label mit großer Auswahl
→ armedangels.de
Asket – 100 Prozent zurückverfolgbare Merino-
wolle-Essentials aus Schweden → asket.com
Auf Augenhöhe – inklusives Streetwear-Label
→ aufaugenhoehe.design Ⓚ
Bleed – vegane Mode für den Alltag und
Outdoorsport → bleed-clothing.com Ⓥ
Dedicated – Urbanes Streetwear-Label mit
vielen Prints → dedicatedbrand.com

[eyd] Humanitarian Clothing – Mode gegen
Menschenhandel und Zwangsprostitution
→ eyd-clothing.com Ⓚ
Hund Hund – faires, designstarkes Label aus
Berlin → hundhund.com
Kings of Indigo – US- und japanisch inspiriertes
Label aus den Niederlanden → kingsofindigo.com
Kluntje Fashion – Design und Geschichten
handmade in Hamburg → kluntje-fashion.com
Knowledge Cotton Apparel – alles von
schicken Hemden bis Jeans
→ knowledgecottonapparel.com Ⓚ
Melawear – zeitlose Klassiker und Basics
→ melawear.de
Jyoti Fair Works – ökosoziales, deutsch-indi-
sches Label → jyoti-fairworks.org
Phyne – hochwerte Basics für Männer und
Frauen → phyne.com
Recolution – vegane Streetwear aus Hamburg
→ recolution.de Ⓥ
Rotholz – Eco-Streetwear im Stil des japani-
schen Minimalismus → rotholz-store.com Ⓚ
Thinking Mu – stylisches, künstlernahes Label
aus Barcelona → thinkingmu.com
Two Thirds – Casual- und Outdoormode aus
Spanien → twothirds.com
UY Studio – genderless Fashion
→ uy-studio.com Ⓚ
Waschbär – Naturmode für alle
→ waschbaer.de Ⓚ
Wunderwerk – Casual-Mode für jeden Tag
→ wunderwerk.com

DENIM
Armedangels – Kölner Label mit großer Auswahl
→ armedangels.de
Dawn Denim – faire Jeans für Frauen
→ dawndenim.com
Good Society – große Jeans-Auswahl für Männer
und Frauen → goodsociety.org
Haikure – japanisch inspirierte Jeans für Frauen
und Männer → haikure.com Ⓥ
Kings of Indigo – Jeans-Klassiker und mehr aus
den Niederlanden → kingsofindigo.com
Kuyichi – große Auswahl an Jeans-Schnitten
→ kuyichi.com Ⓥ

Lovjoi – Fair Fashion made in Germany
→ lovjoi.com Ⓥ
Mud Jeans – Denimlabel mit Kreislauf-Prinzip
→ mudjeans.eu Ⓥ
Nudie Jeans – schwedische Denimmarke mit
großer Auswahl → nudiejeans.com

STREETWEAR
A New Path – Unisex Streetwear-Label aus Köln
→ a-newpath.com
Blue Ben – Premium-Unisex-Sweater
→ blueben.co
Dedicated – moderne Print- und Statement-
Mode → dedicatedbrand.com
Degree Clothing – Streetwear made in EU
→ degreeclothing.de
Hafendieb – soziale Streetwear aus Hamburg
und Berlin → hafendieb.de
Kids Of The Diaspora – Wiener Label, das
den Begriff von Minderheiten und Grenzen
infrage stellt
→ kidsofthediaspora.com Ⓚ
Kind of Blau – Premium-Unisex-Sweater
→ kindofblau.com
Recolution – Urban Streetwear aus Hamburg
→ recolution.de Ⓥ
Rotholz – japanisch inspiriertes Streetwear-Label
→ rotholz-store.com
Thokk Thokk – Streetwear-Label aus München
→ thokkthokk.com Ⓥ

KNITWEAR/STRICKLABELS
Annamariaangelika – faire Premium-Strickmode
aus Peru → annamariaangelika.com
Babaa – Strickmode aus Spanien → babaa.es
KarinFraidenraij – modern interpretiertes Strick-
design aus München → karinfraidenraij.com
Not Yet Knits – handmade Strickmode aus Wien
→ notyet.fyi
Otherwise – veganes Stricklabel aus dem Allgäu
→ otherwise-veganknit.de Ⓥ
Rus – Strickmode kreiert in Spanien,
hergestellt in Portugal → rusthebrand.com
Sandermann – dänisches Avantgarde-Stricklabel
→ sandermann.net

HIGH-FASHION-LABELS
Buki Akomolafe – zwischen cleanen und traditi-
onellen Designs → bukiakomolafe.com
Elsien Gringhuis – minimalistisch-schickes
Designerlabel → elsiengringhuis.com
Filippa K – nachhaltige, skandinavische Desig-
nermode → filippa-k.com
Julia Leifert – langlebige Designerteile aus
lokaler Produktion → julialeifert.com
Komana – zeitlose Designermode mit starken
Prints → komana.myshopify.com
Lara Krude – designstarke Slow Fashion aus
Hamburg → larakrude.com
Lemlem – made in Africa, empowert Handwerks-
kunst seit 2007 → lemlem.com
Natascha von Hirschhausen – holistische
Zero-Waste-Mode aus Berlin
→ nataschavonhirschhausen.com
Nina Rein – schlichte Kleider und Frauen-
Anzüge → ninarein.com
Sabinna – stilsichere Businessmode für Frauen
→ sabinna.com
Sanikai – veganes Modelabel aus der Schweiz
→ sanikai.com Ⓥ
Zazi Vintage – Women-Empowerment-Label
mit bestickten Mänteln und Kleidern
→ zazi-vintage.com

UNTERWÄSCHE UND LINGERIE
Aikyou – BHs für kleine Größen → aikyou.de Ⓚ
Anekdot Boutique – hochwertige Unterwäsche
aus Berlin → anekdotboutique.com
Calida – Unterwäsche, Pyjamas und Basic-Shirts
für Kinder, Frauen und Männer → calida.com
Coco Malou – feminine, filigrane Unterwäsche
→ coco-malou.com Ⓚ Ⓥ
Comazo earth – Unterwäsche für die ganze
Familie → comazo.de
Erlich textil – schlichte Unterwäsche und
Bademode aus Köln → erlich-textil.de Ⓚ
Kora Mikino – vegane Menstruations-Pantys
→ koramikino.de Ⓚ Ⓥ
Lara Intimates – größeninklusives Lingerie-Label
aus England → laraintimates.com Ⓚ
Living Crafts – nachhaltige Unterwäsche und
Heimtextilien → livingcrafts.de

Lovjoi Intimates – nachhaltige Spitzenunterwäsche inklusive Cups → lovjoi.com Ⓚ

Nude. – spanisches Label mit schlichter Bio-Unterwäsche → thenudelabel.com

Ooshi – erste deutsche, größeninklusive Periodenunterwäsche → ooshi-berlin.de Ⓚ

Organic Basics – schlichte Unterwäsche und Basics für Frauen und Männer → organicbasics.com

Swedish Stockings – nachhaltige Strumpfhosen und Socken → swedishstockings.com

Under Protection – Lingerie mit besonderem Design aus Dänemark → underprotection.dk

Urban Poetry – Bio-Unterwäsche aus Amsterdam → urbanpoetryintimates.com

Vatter – Basic- und Print-Unterwäsche für Frauen, Männer und Kids → vatter-fashion.com

What Lydia Made – größeninklusive, handgemachte Unterwäsche aus UK → whatlydiamade.com Ⓚ

Wolford – Unterwäsche, Strumpfhosen und Bodys aus Bregenz → wolfordshop.de

SPORTSWEAR, BADEMODE UND OUTDOOR

Atemm – nachhaltige Yogamatten und Sportbekleidung → atemm.co

Bleed – sportliche, vegane Mode für Männer und Frauen → bleed-clothing.com Ⓥ

Boochen – stylische Surf- and Activewear → boochen.co

Ecoalf – sportliche Kleidung, Schuhe und Taschen → ecoalf.com

Embassy of Bricks and Logs – vegane „Daunen"-Jacken mit hohem Style-Anspruch → embassyofbricksandlogs.com Ⓥ

Engel Natur – Sportkleidung aus Naturfasern für die ganze Familie → engel-natur.de Ⓚ

Hejhejmats – kreislauffähige Yogamatten → hejhej-mats.com

House of Aim – ausgefallenes Schweizer Sportlabel → houseofaim.net

Kowtow – neuseeländische Bademode mit hohem Style-Anspruch → eu.kowtowclothing.com

Langerchen – zeitlose, ökofaire Outdoorwear aus München und Shanghai → langerchen.com

Mandala – Yogamarke mit großer Auswahl → mandala-fashion.com

Margaret & Hermione – hochwertige Bademode und Activewear → margarethermione.com

My Marini – hochwertige Surf- und Swimwear → mymarini.com

Patagonia – Outdoorlabel, das mindestens ein Prozent seines Gesamtumsatzes an Umweltorganisationen spendet und lebenslange Reparaturen anbietet → eu.patagonia.com

Phylyda – größeninklusive Luxusbademode → phylyda.de Ⓚ

Qwstion – hochwertige Allwettermäntel → qwstion.com Ⓚ

Stutterheim – langlebige Regenmäntel → stutterheim.com Ⓚ

Trigema – Sport- und Freizeitkleidung made in Germany → trigema.de Ⓚ

Vaude – Outdoorbekleidung und -ausrüstung → vaude.com Ⓚ

We are Tala – Activewear für (fast) alle Größen → wearetala.com Ⓚ

SCHMUCK & ACCESSOIRES

A Beautiful Story – empowerndes Schmucklabel, Fair-Trade-Schmuck aus Indien → abeautifulstory.de

Aframa Sika – westafrikanisch inspirierte Haargummis und Taschen → aframa-sika.com

Atelier Sevriens – handgemachter Schmuck aus alten Uhren, Murmeln & Co. → lesleysevriens.de

Collection and Co. – vegane Mützen, Gürtel und Sonnenbrillen aus Upcycling-Materialien → collectionandco.co.uk Ⓥ

Folkdays – traditionell gefertigter Schmuck und Accessoires aus der ganzen Welt → folkdays.de

fremdformat – Schmuck aus Re- und Upcycling von Industriematerialien → fremdformat.de

Funk Optik – gläserne Brillenmanufaktur made in Bayern → funkoptik.com

Gobi – handgefertigte Unisex-Sonnenbrillen → gobi-amsterdam.com

Hiitu – handgefertigter Fair-Trade-Schmuck und mehr → hiitu.com

Jan Spille Schmuck – Fair-Trade-Goldschmied aus Hamburg → janspille.de

Johanna Gauder – handgemachter Schmuck aus Berlin → johannagauder.com

Karina Banks – Schmuck aus recyceltem Silber
→ karinabanks.com
Kerbholz – minimalistische Accessoires aus
umweltfreundlichen Materialien → kerbholz.com
Lilian von Trapp – zeitloses Schmuckdesign
→ lilianvontrapp.com
Monkeyglasses – nachhaltige Sonnenbrillen seit
2009 → monkeyglasses.com
Neubau Eyewear – urbane Brillenmarke aus
Wien → neubau-eyewear.com
Suryo – kollektionslose, handgefertigte Ohrringe und Haarreifen aus Java → suryo.design
Umiwi – soziales, empowerndes Schmucklabel
→ umiwi.info
Viu – in der Schweiz designte Brillen, hand-
gefertigt in Italien und Japan → shopviu.com
Wild Fawn – ethischer Silber- und Gold-
schmuck, handgefertigt in London
→ wildfawnjewellery.com

SECONDHAND & VINTAGE:
Collection No. 2 – sorgfältig kurartierter Online-
shop für Vintagemode → collectionno2.de
Etsy – Marktplatz für Vintage und Handgemachtes
→ etsy.com
[fyt] – Online-Vintage- und Secondhandmode
→ fyt-vintage.com
Kleiderkreisel – Kleidung tauschen, verschen-
ken oder verkaufen → kleiderkreisel.de
Mädchenflohmarkt – Secondhand-Designer-
mode und mehr → maedchenflohmarkt.de
Oma Klara – Onlineshop für Vintagemode aus
Omas Kleiderschrank → oma-klara.de
Past Out Vintage – kuratierter Vintage-Online-
shop → past-out.com
Rebelle – Onlinemarktplatz für hochwertige
Secondhandmode → rebelle.com
Vestiaire Collective – High Fashion-Vintage
online → de.vestiairecollective.com
Videdressing – Designer-Secondhandmode
von Privatleuten → videdressing.de
Vite En Vogue – Onlinemarktplatz für Designer-
Secondhandkleidung → vite-envogue.de

CRAFTS
Bobbin Hood – Free the fashion! Verkauft
Schnitte, Druckfarben und DIY-Anleitungen
→ bobbinhood.com
Die rote Zora – Nähkurse sowie Slow Fashion
made in Germany → shop.dierotezora.com
Makerist – DIY-Anleitungen und -Videos
→ makerist.de
Make Smthng – Anregungen und DIYs für einen
nachhaltigen Lebensstil
→ @makesmthng.berlin
Modus Intarsia – Hundewolle aus Deutschland
→ modusintarsia.com
Sustainablist – DIY-Strickanleitungen zum
Download → sustainablist.co

SCHUHE
8beaufort – nachhaltige Sneakers aus Segel-
tüchern aus Hamburg → 8beaufort.hamburg
Alina Schürfeld – Premium Footwear-Label aus
Hamburg → alinaschuerfeld.com
Balluta – Conscious Footwear aus Portugal
→ balluta-shoes.com
Bourgeois Boheme – vegane Schuhe für Frauen
und Männer → bboheme.com (V)
By Blanch – veganes Schuhlabel aus Spanien
→ byblanch.com (V)
Collection and Co. – vegane Schuhe, Taschen,
Accessoires aus Upcycling-Materialien
→ collectionandco.co.uk (V)
Ekn – handgemachte Schuhe aus Portugal aus
natürlichen Materialien → eknfootwear.com
Ethletic – faire, vegane Sneakers seit 2010
→ ethletic.com (V)
Flamingos Life – vegane Sneakers aus Post-
Consumer-Waste made in Spain
→ flamingoslife.com (V)
Good Guys Don't Wear Leather – vegane Schuhe
made in Portugal (V)
→ goodguysdontwearleather.com (V)
John W. Shop – pflanzlich gegerbte und vegane
Schuhe → johnwshop.de
Kavat – pflanzlich gegerbte Lederschuhe und
Reparaturservice, auch Kinderschuhe → kavat.com
Marita Moreno – kunstvolle Schuhe aus Bioleder
und vegan aus Portugal → maritamoreno.com

Melawear – zeitlose Sneakers → melawear.de
Mireia Playà – vegane Schuhe fair produziert in
Spanien → mireiaplaya.com Ⓥ
Nae – vegane Schuhe, fair produziert in Portugal
→ nae-vegan.com Ⓥ
Nemanti – italienische, vegane Luxusschuhe
→ nemanti.com Ⓥ
Nine to five – Schuhe mit klarer Formsprache
→ ninetofive.biz
Rice – Bio-Sneakers im Streetwear-Style aus
Barcelona → thericeco.com Ⓥ
Trippen – handgefertigte High Fashion-Leder-
schuhe → de.trippen.com
Veja – stylische Sneakers und Laufschuhe
→ veja-store.com
Waschbär – Damen-, Herren- und Kinderschuhe
→ waschbaer.de
Wildling Shoes – Kinderschuhe und Schuhe
mit anatomischer Passform aus natürlichen
Materialien → wildling.shoes
Will's Vegan Shoes – vegane, kohlenstoffneutrale
Schuhe, auch Lauf- und Wanderschuhe
→ wills-vegan-shop.de Ⓥ

TASCHEN & CO.

Aevor – Rucksäcke aus recycelten Materialien
→ aevor.com
Alexandra Svendsen – exklusive Lederwaren und
Accessoires → alexandrasvendsen.de
Bridge & Tunnel – Taschen und Rucksäcke im
Denimlook → bridgeandtunnel.de
Collection and Co. – vegane Taschen aus
Upcycling-Materialien → collectionandco.co.uk Ⓥ
Dzaino – modernes Denim-Upcycling aus Berlin
→ dzaino.com
Ethnotek – hochwertige Rucksäcke und Taschen
→ ethnotek.de
Franziska Klee – minimalistische Taschen und
Rucksäcke made in Germany → franziskaklee.de
Freitag – hochwertige Taschen und Rucksäcke
aus LKW-Planen → freitag.ch
Hiitu – handgefertigte Fair-Trade-Taschen und
mehr → hiitu.com
Humour Noir – vegane, nachhaltige Luxus-
taschen → humournoir.com Ⓥ

Kaliber Fashion – vegane, ökologische Taschen
und Rucksäcke aus Berlin
→ kaliberfashion.com Ⓥ
Livalike – Taschen aus Papier → livalike.de
Marita Moreno – kunstvolle Taschen aus Biole-
der und vegan aus Portugal → maritamoreno.com
Melawear – zeitlose Rucksäcke → melawear.de
Mimycri – soziales Upcycling-Label → mimycri.de
Nine to five – Key Pieces für eine stilsichere
Capsule Wardrobe → ninetofive.biz
Nuuwaï – vegane Taschen aus Apfelleder
→ nuuwai.com Ⓥ
O my Bag – Taschen und Accessoires aus
pflanzlich gegerbtem Leder → omybag.nl
Pinqponq – trendorientierte Rucksäcke aus
recyceltem PET → pinqponq.com
Qwstion – hochwertige Taschen und Rucksäcke
aus Bananatex® und Organic Cotton
→ qwstion.com
Suryo – kollektionslose, handgemachte Stücke
aus Java → suryo.design
Things I Miss – innovative Materialien & Circular
Design → thingsimiss.com
Toino Abel – handgemachte Taschen aus Stroh
aus Portugal → toinoabel.com
Ulsto – vegane Taschen aus Kork → ulsto.de Ⓥ
Zephyr – faire, nachhaltige Taschen aus London
→ zephyrlondon.com

KINDERMODE

Cora Happywear – Kleidung von 0 bis 11 Jahre
→ corahappywear.com
Engel – Naturtextilien für Babys und Kinder
→ shop.engel-natur.de
Hessnatur – ökologische Babyausstattung und
Kindermode → hessnatur.com
Joha – Unterwäsche und Schlafbekleidung aus
Wolle und Baumwolle → joha.dk
Kapelusch – Kindermode zwischen 3 und
8 Jahren aus Deutschland → kapelusch.de
Kyddo – Konzeptstore für biologische Kinder-
ausstattung → kyddo.shop
Lana – Babykleidung, Schlafsäcke und
Kuscheltiere → lana-organic.de
Liilukid – zeitgenössische, hochwertige
Kindermode → liilu.de

Little Green Radicals – farbenfrohe, modern bedruckte Kindermode → littlegreenradicals.co.uk

Loud + proud – bunte Kindermode aus Bio-Baumwolle → loud-proud.com

Maas Natur – ökologische Mode für die ganze Familie → maas-natur.de

Manitober – nachhaltige Kinderkleidung aus Hamburg → manitober.de

Matona – zeitlose Bio-Kindermode → matona.at

Monkind – minimalistische, zeitgenössische Kinderkleidung → monkind.com

Müsli – bunte Drucke und vielseitige Styles → bygreencotton.de

New Kids In The Hood – coolste Caps und Mützen aus gebrauchten Stoffen → nkith.com

Okomoi – farbenfrohe Kindermode und Spielzeug → okomoi-shop.com

Orbasics – qualitativ hochwertige Basics → orbasics.com

Quatschköpfe – vielseitige Baby- und Kindermode → quatschkoepfe.de

Sense Organics – Bio-Kleidung für Babys und Kinder → sense-organics.com

Smafolk – dänisches Label mit fröhlicher Kinderkleidung → smafolk.dk

Waschbär – Bio-Baby- und Kinderkleidung sowie Spielzeug und Co. → waschbaer.de

STORES/ONLINESHOPS

About Given – Eco-Fashion-Store in München → aboutgiven.de

Allgäu goes Fair Fashion – Fair Fashion-Pop-up-Stores im Allgäu → allgaeugoesfairfashion.eu

Avesu – Onlineshop für faire, vegane Schuhe mit Filiale in Berlin-Friedrichshain → avesu.de ⓥ

Avocadostore – Onlinemarktplatz für ökofaire Mode → avocadostore.de

B-Lage – Konzeptstore mit eigenem Onlineshop aus Hamburg → b-lage.hamburg

Beeanco – nachhaltiger Onlinemarktplatz → beeanco.com

Betsy Peymann – Konzeptstore in Magdeburg → betsy-peymann.de

Cyroline – drei Stores und Onlineshop mit Independent-Labels aus Deutschland → cyroline.de

Dear Goods – Fair-Fashion-Kette in vier Städten Deutschlands → deargoods.com ⓥ

Elemente Clemente – fünf labeleigene Stores in ganz Europa → elemente-clemente.de

Ettics – Fair Fashion-Store mit eigenem Onlineshop in Witten → ettics.com

Fairfitters – Eco Fashion im Belgischen Viertel in Köln → fairfitters.de

Fashion-Studio Obst und Gemüse – Independent Design aus Berlin → @obstundgemueseberlin

Fineyellow – Fair Fashion-Onlineshop für Womenswear → fineyellow.com

Folkdays – Fair Fashion-Store in Berlin mit eigenem Onlineshop → folkdays.de

Frau Többen – Fair Fashion-Store in Münster → frautoebben.de

Glore – Stores in sieben Städten mit eigenem Onlineshop → glore.de

Greenality – Stores in Hannover und Stuttgart mit eigenem Onlineshop → greenality.de

GreenVolution – Fair Fashion-Konzeptstore in Erlangen → greenvolution.de

Grüne Wiese – Fair Fashion-Store in Münster mit eigenem Onlinshop → gruenewiese-shop.de

Grünschnabel – Fair Fashion-Store in Leipzig mit eigenem Onlineshop → gruenschnabel-shop.de

Hella & Hermann – Fair Fashion-Store in Oldenburg → hella-hermann.de

Hoppla Charlotte – Fair Fashion-Store in Berlin → hopplacharlotte.tumblr.com

Hubert & Therese – Fair Fashion-Store in Aachen → hubertundtherese.de

Jas Slow Fashion – Slow Fashion mit eigenem Onlineshop in Mainz → jas-slowfashion.de

Jojeco – Store in Braunschweig mit eigenem Onlineshop → jojeco.de

Kiss the inuit – zwei Filialen sowie Veranstaltungsplattform in Köln und Bonn → kisstheinuit.de

Lena's Lovely Vintage – Berliner Boutique für ausgewählte Vintagemode aus den 1950er- bis 1990er-Jahren → lenaslovelyvintage.com

Lila Lämmchen – Onlineshop für ökofaire Kindermode mit Filialen in Berlin → lilalaemmchen-shop.de

Loveco – Vegan Fair Fashion mit drei Stores in Berlin und eigenem Onlineshop → loveco-shop.de ⓥ

Loyale – ökologisch-veganer Konzeptstore in Stuttgart → loyale-fair.de ⓥ

Luvgreen – Fair Fashion-Store in Aschaffenburg und Wiesbaden → luvgreen.de
Mit Ecken und Kanten – Green Lifestyle und Fashion Outlet → miteckenundkanten.com
Maas Natur – zwölf Läden mit Naturmode in ganz Deutschland → maas-natur.de
Moeon – hübscher Fair-Fashion-Laden in Berlin Kreuzberg → moeon.de
Mundo Verde – Eco-Fashion-Store in Köln → mundo-verde-fashion.de
Oikos – veganer Fair Fashion-Store in Rostock mit eigenem Onlineshop → oikos-shop.de Ⓥ
Pangolino – faire Onlineboutique für alle, die gern Sport machen → pangolino.de
Phasenreich – Fair Fashion-Store in München mit eigenen Onlineshop → phasenreich.net
Populi – Fair Fashion-Store in Dresden mit eigenem Onlineshop → populi-mode.de
Project Cece – Onlineplattform für nachhaltige Mode → projectcece.de
Raven Collective – hochwertige, kuratierte Womenswear → ravencollective.com
Riinstok – Fairer Konzeptstore in Chemnitz → riinstok.de
Schauschau – Fair Fashion-Store in Weimar → schauschau.com
Schlechtmensch – Fair Fashion-Store in Stuttgart → schlechtmensch.de
Shio – Store und Studio in Berlin mit eigenem Onlineshop → shiostore.com
Slow Friday – Fair Fashion-Store in Berlin → slow-friday-fair-fashion-store.business.site
Standard saubere sachen – Fair Fashion Store in Berlin mit eigenem Onlineshop → standard-saubere-sachen.de
Statusfair – Eco-Fashion-Onlineshop → statusfair.com
Supermarché – ökofaire Mode in Berlin-Kreuzberg → supermarche-berlin.de
Thegreenlabels – Onlineshop für vegane Fair Fashion → thegreenlabels.com Ⓥ
The Wearness – nachhaltige Luxusmode und Designer-Fashion → thewearness.com
Werte Freunde – Eco Konzeptstore in Hamburg → wertefreunde.de

Wertvoll – Slow Fashion-Store in Berlin mit eigenem Onlineshop → wertvoll-berlin.com
Wesen – Fair Fashion-Store in Berlin mit eigenem Atelier → format-favourites.de
Zündstoff – Fair Fashion-Store in Freiburg mit eigenem Onlineshop → zuendstoff-clothing.de

MÖBEL UND INTERIOR
Atisan Home – handgefertigte, faire Interior-Schmuckstücke → atisan.de
Folkdays – traditionell gefertigte Interiorstücke aus der ganzen Welt → folkdays.de
Ekomia – Bio-Möbel aus Massivholz → ekomia.de
Grüne Erde – Massivholzmöbel, Matratzen und Wohnaccessoires → grueneerde.com
Hessnatur – Heimtextilien, Matratzen und Deko → hessnatur.com
Kiez Bett – Öko-Massivholzbett aus märkischer Kiefer → shop.kiezbett.com
Kushel – klimaneutrale Bademäntel und Handtücher aus Tencel und Bio-Baumwolle → kushel.de
Lanius – Bettwäsche und Waschmittel → lanius.com
Maas Natur – Heimtextilien, Kleinmöbel und mehr → maas-natur.de
Okt – liebevoll gestaltete Prints auf Textilien → okt-shop.com
Room in a Box – minimalistische, nachhaltige Pappmöbel → roominabox.de
Snuuz – recycelte Daunendecken und Kissen → snuuz.de
Stange Design – Pappmöbel aus Berlin → stange-design.de

KOSMETIK UND BADEZIMMER
Amazingy – Onlineshop rund um Naturkosmetik → amazingy.com
Annemarie Börlind – Naturkosmetik für Frauen und Männer → boerlind.com
Benecos – moderne, dekorative Naturkosmetik aus Deutschland → benecos.eu
Cattier – französische Naturkosmetik auf Heilerdebasis → cattier-paris.de
Dr. Hauschka – Naturkosmetik für Gesicht und Körper → drhauschka.de

Einhorn – vegane, nachhaltige Kondome und Periodenprodukte → einhorn.my Ⓥ

Fine – vegane Naturkosmetik-Deodorants und -Pflege → finecosmetic.de Ⓥ

Genuine Selection – Onlineplattform für kuratierte, natürliche Kosmetik → genuineselection.com

Gitti – umweltfreundlicher, veganer Nagellack → gitti.de Ⓥ

Hydrophil – Bambuszahnbürsten und natürliche Mundhygiene → hydrophil.com

Ilia Beauty – hochwertige Pflege und natürliche dekorative Kosmetik → iliabeauty.com

I+m Naturkosmetik Berlin – vegane Naturkosmetik aus Berlin → iplusm.berlin Ⓥ

Juno & Me – natürliche Intimpflege und Bio-Tampons → junoandme.de

Kia Charlotta – veganer Nagellack → kia-charlotta.com Ⓥ

Kulmine – Bio-Stoffbinden und -Slipeinlagen made in Germany → kulmine.de

Kjaer Weis – innovative, zertifizierte, dekorative Naturkosmetik → kjaerweis.com

LastSwab – wiederverwendbare Wattestäbchen aus Dänemark → lastswab.com

Lovely Day – vegane, natürliche Hautpflege aus Berlin → lovelyday.de Ⓥ

Lunette – Menstruationstassen → de.lunette.com

Mangolds – Eco-Lifestyle-Produkte, insbesondere Naturkosmetik → mangolds.com

Mylily – Bio-Periodenprodukte → mylily.eu

Nuede – Conscious Online-Konzeptstore → nuede.de

Nui Cosmetics – natürliche, vegane, dekorative Kosmetik → nuicosmetics.com Ⓥ

OZN – veganer Nagellack made in Germany → ozn-vegan.de Ⓥ

Studio Botanic – zertifizierte Naturkosmetik aus Deutschland → studiobotanic.de Ⓥ

The Female Company – empowernde Bio-Periodenprodukte → thefemalecompany.com

Und Gretel – zertifizierte, dekorative Naturkosmetik aus Berlin → undgretel.com

Weleda – traditionsreiche Pflege-Naturkosmetik → weleda.de

FINANZEN, STROM & TECHNIK

Asgoodasnew – gebrauchte Technik und Elektronik → asgoodasnew.de

EWS Schönau – Ökostrom und Biogas aus erneuerbaren Energien → ews-schoenau.de

Fairphone – faires Smartphone → fairphone.com

GLS Gemeinschaftsbank – soziale Ökobank → gls.de

Goood – nachhaltiger Mobilfunkanbieter → goood.de

Polarstern – Anbieter für Ökostrom und -gas → polarstern-energie.de

Refurbed – gebrauchte Technik mit Garantie → refurbed.de

Tomorrow – nachhaltiges Banking → tomorrow.one

Triodos – nachhaltige Bank → triodos.de

FASHION CONTENT CREATOR

Alf-Tobias Zahn → grossvrtig.de

Alisson Simmonds → alissonsimmonds.com

Anina Mutter → ekkoist.com

Anna Laura Kummer → annalaurakummer.com

Ann Cathrin Schönrock → treehuggingrealist.com

Bao Pham → @realbaopham, @heybao (YT)

Bina Nöhr → stryletz.com

Charlotte Weise → charlotteweise.de

Chloé Kian → @chloe.kian, @chloekian (YT)

Dariadaria → dariadaria.com

Die Konsumentin → diekonsumentin.com

Emmi Snicker → @emmisnicker

Fairknallt → fairknallt.de

For Sinners, Not For Saints → forsinnersnotforsaints.com

Franziska Schädel → franzischaedel.de

Franziska Schmid → franziskaschmid.de

Franziska Uhl → treehuggingrealist.com

Free Minded Folks → freemindedfolks-blog.com

Gabrielle Koster → @gabrielle_koster

Green Friday → green-friday.de

Heylilahey → heylilahey.com

Isabella Heymann → @thrifterbell

Janaklar → @janaklar, @janaklar (YT)

Jil Carrara → jilcarrara.com

Justine kept calm and went vegan → justinekeptcalmandwentvegan.com

Kim Gerlach → kimgoeseko.com
Kissen und Karma → kissenundkarma.de
Kristen Leo → @kristenleo, @kristenleo (YT)
Lai Chun → lai-chun.com
Lary Tales → larytales.com
Laura Mitulla → the-ognc.com
Louisa Dellert → louisadellert.com
Mari Dalor → maridalor.com
Mehr als Grünzeug → mehralsgruenzeug.com
Miss Interpreted → mindful-women.com
My Greenstyle → my-greenstyle.com
Myfairladies → myfairladies.net
Nice To Have Mag → nicetohavemag.de
Peppermynta Mag → peppermynta.de
Puristica → puristica-eco.life
Phoenomenal → phoenomenal.com
Rethinknation
→ @rethinknation, @rethinknation (YT)
Sloris → sloris.de
Subvoyage → subvoyage.de
Sustainable Fashion Matterz
→ sustainablefashionmatterz.com
Sydney Nwakanma → @sydney_space
The Green Edit → the-green-edit.com
The Lissome → thelissome.com
Verena Erin → @verenaerin, @MyGreenCloset (YT)
Viertel Vor → viertel-vor.com

VEREINE, INITIATIVEN UND ORGANISATIONEN

Anti-Slavery International → antislavery.org
Boycott Fashion von Extinction Rebellion
→ xrfashionboycott.com
CARE International → care-international.org
Christliche Initiative Romero (CIR) → ci-romero.de
Designmob → designmob.de
Drip by Drip → dripbydrip.org
Entwicklungspolitisches Netzwerk Sachsen
→ einewelt-sachsen.de
FairWertung → fairwertung.de
Fashion Revolution → fashionrevolution.org
FEMNET e.V. → femnet.de
Freie ArbeiterInnen Union (FAU) → fau.org
Fridays for Future → fridaysforfuture.de
Greenpeace e.V. → greenpeace.de
Inkota Netzwerk → inkota.de

Kampagne für saubere Kleidung
→ saubere-kleidung.de
Micha Initiative → micha-initiative.de
Scientists for Future → scientists4future.org
STOP! Micro Waste → stopmicrowaste.com
TIE Exchains Netzwerk → exchains.org
Zerowaste Köln → zerowastekoeln.de

BÜCHER

Kirsten Brodde (2009), Saubere Sachen: Wie man grüne Mode findet und sich vor Öko-Etikettenschwindel schützt, München: Ludwig
Kirsten Brodde und Alf-Tobias Zahn (2018), Einfach anziehend. Der Guide für alle, die Wegwerfmode satthaben, München: Oekom
Gisela Burckhardt (2014), Todschick. Edle Labels, billige Mode – unmenschlich produziert, München: Heyne
Marieke Eyskoot (2018), This is a Good Guide – for a sustainable lifestyle, Amsterdam: BIS Publishers
Jonathan Safran Foer (2019), Wir sind das Klima! Wie wir unseren Planeten schon beim Frühstück retten können, Köln: Kiepenheuer & Witsch
Jens Förster (2015), Was das Haben mit dem Sein macht. Die neue Psychologie von Konsum und Verzicht, München: Pattloch
Tansy E. Hoskins (2016), Das antikapitalistische Buch der Mode, Zürich: Rotpunktverlag
Nunu Kaller (2013), Ich kauf nix! Wie ich durch Shopping-Diät glücklich wurde, Köln: Kiepenheuer & Witsch
Julia Korbik (2019), Stand up. Feminismus für alle, Zürich: Kein & Aber
Safia Minney (2017), Slave To Fashion, Oxford: New Internationalist Publications Ltd.
Clare Press (2016), Wardrobe Crisis: How We Went from Sunday Best to Fast Fashion, Nero: Carlton Publishing Group
Clare Press (2018), Rise & Resist: How To Change The World, Melbourne: Melbourne University Press
Anuschka Rees (2017), Das Kleiderschrank-Projekt: Systematisch zum eigenen Stil und zu bewusstem Modekonsum, Köln: DuMont

PRINT-MAGAZINE

Brigitte Be Green
Liike Magazine
Luxiders Magazine
More or Less Mag
The Lissome

PODCASTS

Endlich Om (deutsch)
A Mindful Mess (deutsch und englisch) Folge 49:
Henning Siedentopp über Greenwashing und
faire Mode (Interview), Folge 50: Wie können wir
Textilmüll vermeiden?
Conscious Chatter – Where what we wear
matters (englisch)
ECO CHIC (englisch)
Green Dreamer (englisch)
Ideen bewegen (deutsch)
Morgenmacher (deutsch)
Planet A – Nur mal kurz die Welt retten
(deutsch)
Talking Tastebuds (englisch)
Wardrobe Crisis (englisch)

FILME & DOKUMENTATIONEN

Die Altkleider-Lüge – Wie Spenden zum Geschäft
wird (ARD, 2011)
From Sex Worker to Seamstress – The High Cost
of Cheap Clothes (VICE News, 2014), Video
über die Offensive gegen den Frauenhandel.
Kambodschas Regierung holt Prostituierte von
der Straße und beutet sie in Textilfabriken aus
37 Grad – Gift auf unserer Haut (ZDF, 2015)
Machines (2016), Regie: Rahul Jain, Film über
Arbeiter*innen in indischen Textilfabriken
Minimalism – A Documentary About The
Important Things (2015), Regie: Matt d'Avella –
Dokumentation über Menschen, die den
Materialismus ablehnen; englische OV
RiverBlue – The Film (2016), Regie: Mark Angelo
– Enthüllungsreportage über die weitreichenden
Umweltbelastungen der globalen Modebranche
im Rahmen einer dreijährigen Flussreise
The True Cost – Der Preis der Mode (2015),
Regie: Andrew Morgan – Drama/Dokumentation
über die Abgründe der Modeindustrie

UDITA (Arise), Rainbow Collective (2015) –
Über den Kampf um Leben und Tod, Unterdrü-
ckung und Widerstand der Textilarbeiterinnen
in Bangladesch; englische OV
Unravel (2012), Regie: Meghna Gupta –
Dokumentation über das Recycling westlicher
Altkleider in der nordindischen Kleinstadt
Panipat; englische OV
Undercover – Die wahren Fashion Victims von
Real Stories (2010), Protestaktion von Public
Eye – Aufforderung zum Mitmachen

KONSUMALTERNATIVE – KLEIDUNG MIETEN

Fairnica → fairnica.com
Klyda → klyda.de
Kleiderei → kleiderei.com
RE-NT → re-nt.com
Stay Awhile → stay-awhile.de
Unown → unown-fashion.com

Glossar

——

17 Ziele für Nachhaltige Entwicklung der Vereinten Nationen – Am 25. September 2015 wurde auf dem UN-Gipfel in New York die „Agenda 2030 für nachhaltige Entwicklung" verabschiedet. Eine Art Weltzukunftsvertrag mit 17 Zielen einer nachhaltigen Entwicklung (auch Sustainable Development Goals, kurz SDG genannt). Sie sollen dazu beitragen, allen Menschen weltweit ein Leben in Würde zu ermöglichen. Die Staaten der Weltgemeinschaft sollen sich an die 17 Zielvorgaben halten und aktiv mithelfen, die Situation der Menschen und der Umwelt bis 2030 in vielen wichtigen Bereichen zu verbessern. Fast 200 Staaten haben diesen Vertrag unterzeichnet, auch Deutschland.
→ 17ziele.de

Bio-Polyurethan – Polyurethan auf Wasserbasis, das kein gefährliches NN-DMF-Lösungsmittel (Dimethylformamid für Beschichtung von Polyurethan) mehr enthält.

BIPoC – Abkürzung für „Black, Indigenous, People of Color" (Schwarze, indigene, nicht-weiße Menschen). Die Verwendung hat nichts mit politischer Korrektheit zu tun, sondern mit Sichtbarmachung und einem respektvollen und empathischen Sprachgebrauch.

Body Positivity – Schönheit ist ein soziales Konstrukt. Die aus den USA kommende Body-Positivity-Bewegung, die es bereits seit den Sechzigerjahren gibt, bricht mit vorgegebenen Schönheitsnormen und ermächtigt Menschen dazu, ihre Körper so zu akzeptieren, wie sie sind – auch über Körperformen hinaus. Sie ist ein Teil der Fat-Acceptance-Bewegung.

Downcycling – Die Qualitätsminderung eines Produkt, das recycelt wurde, wird mit Downcycling beschrieben.

Ethical Fashion Initiative (EFI) – Die EFI ist ein von der Europäischen Union finanziertes Programm, das marginalisierte Kunsthandwerker*innen mit Modedesigner*innen vernetzt und langfristige Zusammenarbeiten ermöglicht. So bekommen Kunsthandwerker*innen Zugang zu internationalen Absatzmärkten und können Einkommen generieren. Modeunternehmen wiederum bekommen Zugang zu traditionellem Kunsthandwerk. Die EFI arbeitet unter anderem in Mali, Burkina Faso, Kenia, Afghanistan, Usbekistan und Tadschikistan.
→ ethicalfashioninitiative.org

Fair Wear Foundation (FWF) –Die Fair Wear Foundation ist eine unabhängige Non-Profit-Organisation mit Sitz in den Niederlanden. Die FWF überprüft Arbeitsbedingungen in den Nähereien der Mitglieder und veröffentlicht hierzu jährlich einen sogenannten Brand Performance Check, der transparent darlegt, wo das Unternehmen steht und welche Verbesserungen nötig sind. Die von der FWF geprüften Arbeitsstandards fußen auf der Allgemeinen Erklärung der Menschenrechte und der Internationalen Arbeitsorganisation (ILO) und konzentriert sich auf folgende acht Grundsätze: freie Berufswahl, keine Diskriminierung am Arbeitsplatz, keine Kinderarbeit, das Recht auf Gewerkschaftsfreiheit und Kollektivverhandlungen, Zahlung eines existenzsichernden Lohns, Regulierung von Arbeitszeiten, Gesundheits- und Arbeitsschutz, Verhinderung von Arbeitslosigkeit.
→ fairwear.org

FSC – FSC steht für die Non-Profit-Organisation Forest Stewardship Council. Das FSC-Siegel sagt aus, dass mindestens 70 Prozent des Papiers aus recyceltem Material besteht und das Holz aus nachhaltiger Forstwirtschaft stammt.

Allerdings werden bei FSC-Mix-zertifizierten Papieren weder Faktoren wie Energie- und Wasserverbrauch noch Material- und Chemikalieneinsätze berücksichtigt.

Gendersternchen – In diesem Buch benutzen wir das Gendersternchen (*), das weibliche, männliche und nicht-binäre Geschlechtsidentitäten mit einschließt. Nicht-binär meint Menschen, die sich nicht mit dem binären Geschlechtersystem Mann-Frau identifizieren. Die Verwendung hat nichts mit politischer Korrektheit zu tun, sondern mit Sichtbarmachung und einem respektvollen und empathischen Sprachgebrauch.

Generation Z – Menschen, die zwischen 1997 und 2012 geboren wurden. Auch Post-Millennials oder Selfie-Generation genannt. Abgesehen davon, „Digital Natives" zu sein, also in einer digitalen Welt aufzuwachsen und geübt zu sein, wird der Generation Z nachgesagt, dass Werte wie Familie, Freund*innen und Freizeit wichtiger sind als Karriere.

ILO-Kernarbeitsnormen – ILO steht für International Labour Organization oder auch Internationale Arbeitsorganisation. Die ILO ist eine Sonderorganisation der Vereinten Nationen, die internationale Arbeitsstandards und in dem Zusammenhang die Bewahrung von Menschenrechten durchsetzt, die sogenannten Kernarbeitsnormen. Zur Weiterentwicklung internationaler Arbeitsstandards arbeiten Regierungen sowie Arbeitgeber- und Arbeitnehmerverbände zusammen. Stand heute hat die ILO 187 Mitgliedsstaaten. Die seit 1919 bestehende Organisation hat seit Gründung je 200 Konventionen und Empfehlungen verabschiedet, darunter auch die sogenannten Kernkonventionen der ILO: Beseitigung der Zwangsarbeit, Vereinigungsfreiheit, Recht auf Kollektivverhandlungen, geschlechtergerechte Löhne, Diskriminierungsverbot am Arbeitsplatz, Abschaffung der Kinderarbeit.
→ ilo.org

Post-Consumer-Waste – Bereits getragene Kleidungsstücke, die aussortiert werden, weil sie nicht mehr gewollt oder kaputt sind und damit als Abfallprodukt der Textilindustrie enden, werden als Post-Consumer-Waste bezeichnet.

Pre-Consumer-Waste – Vermeintliche Abfälle, die entweder im Herstellungsprozess entstehen (zum Beispiel durch Verschnittreste) oder nicht abverkauft werden, werden als Pre-Consumer-Waste bezeichnet.

Recycling – Das Verfahren, verwendete Gegenstände durch chemische oder mechanische Prozesse so zu verarbeiten, dass die Ausgangsrohstoffe weiterverwendet können, wird als Recycling bezeichnet.

Schwarz – Schwarz meint hier keine Hautfarbe, sondern wird als positive, kollektive Selbstbezeichnung verwendet, die rassistische Strukturen ablehnt. Um Privilegien innerhalb rassistischer Machtsysteme aufzuzeigen, wird weiß kleingeschrieben. Die Verwendung hat nichts mit politischer Korrektheit zu tun, sondern mit Sichtbarmachung und einem respektvollen und empathischen Sprachgebrauch.

Slow-Fashion-Bewegung – Die Slow Fashion-Bewegung entstand als Gegenreaktion zu Fast Fashion. 2007 wurde der Begriff von der Wissenschaftlerin Kate Fletcher geprägt. Die Professorin für Nachhaltigkeit, Design und Mode am Centre for Sustainable Fashion am London College of Fashion lehnte den Namen an die Slow-Food-Bewegung an und erkannte in ihr einen Gegensatz zu Fast Fashion. Laut Fletcher geht es in der Slow-Fashion-Bewegung um viel mehr als nur Entschleunigung, nämlich um ein grundsätzliches Überdenken des Konsums. Hochwertige, fair produzierte Kleidung in geringen Mengen sei dabei nicht das Ziel, sondern der Grundstein der Bewegung.

Entrepreneurship/Systempreneurship – Diese Form des Unternehmertums möchte das derzeitige System, sowohl wirtschaftlich als auch gesellschaftlich, von innen heraus verändern. Dafür gründen System-Entrepreneure Unternehmen, die aktiv daran arbeiten, Paradigmen in verschiedenen Bereichen sozialer Systeme – wie Politik, Kultur und Wirtschaft – so zu verändern, dass gesellschaftliche Innovationen langanhaltend und systemisch übergreifend etabliert werden. Im Gegensatz zu Social Entrepreneurship will diese Unternehmensform also nicht nur soziale Ungerechtigkeiten verringern, sondern langfristig beheben.

Upcycling – Den Vorgang, aus einem Ausgangsprodukt ein neues Produkt zu schaffen und dieses dabei aufzuwerten, nennt man Upcycling. Im Gegensatz zum Downcycling wird die Qualität also nicht gemindert. In der Mode arbeitet man entweder mit Pre-Consumer-Waste, also mit vermeintlichen Abfällen, die entweder im Herstellungsprozess entstehen (zum Beispiel durch Verschnittreste) oder nicht abverkauft werden, oder mit Post-Consumer-Waste, das heißt mit bereits getragenen Kleidungsstücken.

Textilsiegel

Global Organic Textile Standard (GOTS) – das wohl am weitesten verbreitete Textilsiegel für Naturfasern. GOTS-Produkte müssen aus mindestens 95 Prozent Naturfasern bestehen, also etwa aus Baumwolle, Leinen, Seide oder Wolle. Davon müssen 70 Prozent aus zertifiziert biologischem Anbau stammen. Den Naturfasern dürfen je nach Anbau bis zu zehn Prozent an (recycelten) synthetischen Fasern beigemischt werden. Das Besondere: GOTS kontrolliert jeden Herstellungsbetrieb entlang der Wertschöpfungskette und zertifiziert somit die komplette textile Lieferkette. Dabei trifft das Siegel auch Aussagen über soziale Mindeststandards.
→ global-standard.org

IVN Best – im Vergleich zum GOTS-Standard zertifiziert das Siegel vom Internationalen Verband der Naturtextilwirtschaft e.V. nur Naturfasern, die zu 100 Prozent aus kontrolliert biologischem Anbau stammen und darüber hinaus (mit Ausnahme von Nähgarnen) keine Chemiefasern aufweisen. Somit können häufig auftretende Mischungen aus natürlichen und chemischen Fasern nicht zertifiziert werden.

„IVN-Naturleder" reguliert Lederprodukte aus kontrolliert biologischer Tierhaltung. IVN Best deckt wie GOTS die komplette Lieferkette ab und überprüft das Endprodukt nach strengen Vorgaben auf umweltbelastende oder gesundheitsgefährdende Inhaltsstoffe. Die sozialen Mindeststandards richten sich nach den Kernarbeitsnormen der ILO (Internationale Arbeitsorganisation).
→ naturtextil.de

STANDARD 100 by OEKO-TEX® – ist das bekannteste Textilsiegel innerhalb der OEKO-TEX-Familie, was häufig in Babykleidung und Unterwäsche zu finden ist. Anhand von Musterproben prüft es alle Zutaten textiler Produkte auf Rückstände von Schadstoffen. Neben gesetzlich verbotenen Schadstoffen dürfen keine Rückstände von gesundheitsbedenklichen, aber zugelassenen Chemikalien in den Endprodukten gefunden werden. Nicht geprüft werden die in der Herstellung eingesetzten Schadstoffe. Das OEKO-TEX-Siegel „Made in Green" überprüft die gesamte textile Lieferkette auf Schadstoffe.
→ oeko-tex.de

Bluesign – überprüft das Chemikalienmanagement von Natur- und Kunstfasern entlang der Produktionskette und ist besonders bei Outdoor-, Sportbekleidung und Jeans eine gute Hilfestellung. Bluesign kontrolliert unter anderem den Chemikalieneinsatz, die Abwasserbehandlung und das Management von Luftschadstoffen in den Herstellerbetrieben. Dafür gibt Bluesign klare Richtlinien mit verbotenen, kritischen und alternativen Chemikalien vor.
→ bluesign.com

Cradle to Cradle Certified™ – prüft die Verwendung von umweltsicheren, wiederverwertbaren und gesundheitlich unbedenklichen Materialien, den Einsatz erneuerbarer Energien, den verantwortungsvollen Umgang mit Wasser sowie die Einhaltung von Sozialstandards. Die Produktqualität wird mit den Kategorien Basis, Silber, Gold und Platin bewertet.
→ c2ccertified.org

Fairtrade – das Fairtrade-Siegel kennzeichnet Produkte aus fairem Handel und ist besonders im Lebensmittelbereich verbreitet.
„Fairtrade Certified Cotton" zeichnet fair angebaute und gehandelte Rohbaumwolle aus, die zu 100 Prozent aus fair gehandelter Baumwolle besteht. Das Baumwollsiegel garantiert bei der Weiterverarbeitung der Baumwolle außerdem die Einhaltung der ILO-Kernarbeitsnormen.
Der Fairtrade-Standard „Textile Production" kontrolliert die gesamte Lieferkette und verbindet soziale und nachhaltige Standards mit Unterstützungsprogrammen vor Ort. So fördert Fairtrade mit der 2016 verabschiedeten Gender-Strategie die gezielte Stärkung von Mitarbeiter*innen in der Textilproduktion über den Fairtrade-Standard hinaus. Dadurch werden Produzent*innennetzwerke und -organisationen sowie Unternehmen zum Thema Gleichstellung geschult und die Umsetzung konkreter Maßnahmen zur Frauenförderung veranlasst.
→ fairtrade-deutschland.de

Fair Wear Foundation (FWF) – ist streng genommen kein Siegel, sondern eine unabhängige Non-Profit-Organisation, die mit eigenen Auditor*innen und Trainer*innen daran arbeitet, die Bedingungen für Beschäftigte in den Textilfabriken zu verbessern. Die Fair Wear Foundation ist in 15 Produktionsländern in Asien, Afrika und Osteuropa aktiv. Als Mitglied der Stiftung verpflichtet man sich, die acht FWF-Arbeitsnormen, die auf der Allgemeinen Erklärung der Menschenrechte und der Internationalen Arbeitsorganisation beruhen, in der eigenen Lieferkette umzusetzen. Nach Stand 2019 sind knapp 180 Bekleidungsmarken Mitglied der Fair Wear Foundation.
→ fairwear.org

Grüner Knopf – das erste staatliche Textilsiegel, das im September 2019 vom Bundesministerium für wirtschaftliche Zusammenarbeit und Entwicklung (BMZ) eingeführt wurde. Der Grüne Knopf ist ein sogenanntes Metasiegel, das bestehende Siegel, die ein Unternehmen bereits vorlegen kann, zusammenfasst. In der Einführungsphase des Siegels werden innerhalb der textilen Lieferkette lediglich die Färberei (Nassprozesse) und Näherei (Konfektionierung) überprüft. So trifft der Grüne Knopf also keine Aussage über die sozialen und ökologischen Standards etwa am Anfang einer textilen Lieferkette wie der Faserproduktion. Ob sich das Siegel durchsetzt, bleibt zu beobachten.
→ gruener-knopf.de

Quellen

1 Jan Lenarz (@klimaangst), Aktivist für mentale Gesundheit, Autor und Verleger

2 Quantis (Hg.) (2018): Measuring Fashion. Environmental Impact of the Global Apparel and Footwear Industries Studies, Lausanne, www.quantis-intl.com

3 Global Fashion Industry Statistics (2019), International Apparel, Fashion United, www.fashionunited.com

4 Greenpeace e.V. (Hg.) (2017): Konsumkollaps durch Fast Fashion, Hamburg

5 Mely Kiyak (2019): Armut made in Germany, Zeit Online, www.zeit.de

6 Asia Floor Wage Alliance, asia.floorwage.org

7 Lohn zum Leben, Näher*innen verdienen mehr. Existenzlöhne für alle!, Kampagne für saubere Kleidung, www.saubere-kleidung.de

8 Ethical Trading Initiative (Hg.) (2015): Study gives insight into company responses to modern slavery, www.ethicaltrade.org

9 Umfrage Anzahl der Betriebe in der deutschen Textil- und Bekleidungs-industrie in den Jahren 2003 bis 2018, Statista, de.statista.com

10 Mely Kiyak (2019): Armut made in Germany, Zeit Online, www.zeit.de

11 Christliche Initiative Romero (Hg.) (2019): Dossier Fast Fashion – eine Bilanz in 3 Teilen. Teil 1: Arbeitsbe-dingungen, www.saubere-kleidung.de

12 Friedrich-Ebert-Stiftung (Hg.) (o. J.): Die lange Reise einer Jeans, www.fes-online-akademie.de

13 Lohn zum Leben, 10 Ausreden der Modemarken, Kampagne für saubere Kleidung, www.saubere-kleidung.de

14 Nadine Oberhuber (2016): Unser absurder Konsum, Zeit Online, www.zeit.de

15 Alexandra Perschau (2017): Usage & Attitude Selbstreflexion Modekonsum. Ergebnisbericht, Hamburg: nuggets market research & consulting GmbH, www.greenpeace.de

16 Imran Amed, Anita Balchandani, Marco Beltrami, Achim Berg, Saskia Hedrich und Felix Rölkens (2019): The influence of woke consumers on fashion, McKinsey & Company, www.mckinsey.com

17 Johanna Kusch und Josephine Valeske (2018): Unternehmen haftbar machen – Beispiele aus anderen Ländern, Germanwatch, www.germanwatch.org

18 Global Fashion Agenda, Boston Consulting Group, Sustainable Apparel Coalition (Hg.) (2019): Pulse of the Fashion Industry. 2019 Update, Kopenhagen, Boston und San Francisco, S. 11

19 Greenpeace e.V. (Hg.) (2017): Konsumkollaps durch Fast Fashion, Hamburg, S. 4

20 Heinrich-Böll-Stiftung und Bund für Umwelt und Naturschutz Deutsch-land (Hg.) (2019): Plastikatlas 2019. Daten und Fakten über eine Welt voller Kunststoff, Berlin, S. 9

21 Ebd., S. 8

22 Christliche Initiative Romero (Hg.) (2019), Dossier Fast Fashion – eine Bilanz in 3 Teilen. Teil 3: Die Folgen in Zahlen, S. 19, www.saubere-kleidung.de

23 Ebd., S. 8

24 Greenpeace e.V. (Hg.) (2017): Konsumkollaps durch Fast Fashion, Hamburg, S. 5

25 Christliche Initiative Romero (Hg.) (2019), Dossier Fast Fashion – eine Bilanz in 3 Teilen. Teil 3: Die Folgen in Zahlen, S. 14, www.saubere-kleidung.de

26 Heinrich-Böll-Stiftung und Bund für Umwelt und Naturschutz Deutschland (Hg.) (2019): Plastikatlas 2019. Daten und Fakten über eine Welt voller Kunststoff, Berlin, S. 23

27 Greenpeace e.V. (Hg.) (2017): Konsumkollaps durch Fast Fashion, Hamburg, S. 4f

28 Christliche Initiative Romero (Hg.) (2019): Dossier Fast Fashion – eine Bilanz in 3 Teilen, www.saubere-kleidung.de

29 Greenpeace e.V. (Hg.) (2018): Destination Zero: Sieben Jahre Entgiftung der Textilindustrie, Hamburg.

30 Christliche Initiative Romero (Hg.) (2019): Dossier Fast Fashion – eine Bilanz in 3 Teilen. Teil 3: Die Folgen in Zahlen, S. 10, www.saubere-kleidung.de

31 Ellen MacArthur Foundation (Hg.) (2017): A new textiles economy: Redesigning fashion's future, Cowes

32 Christliche Initiative Romero (Hg.) (2019): Dossier Fast Fashion – eine Bilanz in 3 Teilen. Teil 3: Die Folgen in Zahlen, S. 9

33 Thomson Reuters (Hg.) (2016): State of the Global Islamic Economy Report 2016/17 (2016), New York und Toronto

34 Katharina Pfannkuch (2017): Modest Fashion. Bedeckte Aussichten, Zeit Magazin, www.zeit.de

35 Fernand Kreff, Eva-Maria Knoll, Andre Gingrich (Hg.) (2011): Lexikon der Globalisierung, Bielefeld, S. 52

36 Sonja Alvarez (2013): Karl Lagerfeld in Größe XXL, Tagesspiegel, www.tagesspiegel.de

37 American Chemical Society (ACS): Toward reducing the greenhouse gas emissions of the Internet and telecommunications (2013), Science Daily, www.sciencedaily.com

Dank

———

Wir wünschten, wir könnten das kurz halten. Aber alleine würden wir immer noch in unseren alten Jobs hängen. Deshalb kommt hier unsere Dankeshymne.

Der größte Dank geht zunächst an alle Porträtierten, die in diesem Buch zu finden sind. Auf unserer Reise durch Europa sind wir auf wahnsinnig inspirierende Menschen und Vorhaben gestoßen, die alle das Potenzial haben, die Welt zu verändern. Danke für eure Zeit, die guten Gespräche und viele Stunden voller Lachen.

Ein großes Highlight unserer Buchproduktion war das Fashion-Shooting, das wir zusammen mit Lena mitten im Berliner Sommer umgesetzt haben. Danke an Julia, die uns ihr wunderschönes Studio überlassen hat, und an Loveco und The Botanical Room, bei denen wir verweilen und fotografieren durften. Danke an Dr. Hauschka, die uns ihr großartiges Make-up zur Verfügung gestellt haben, und Arielle und Claudia, die Haare und Make-up für das Shooting so toll umgesetzt haben. Danke an Stefan und Charlie, die sich für uns in die Styling-Welt der fairen Mode gewagt und einen tollen Job gemacht haben. Ein riesen Dankeschön gilt auch unseren wunderbaren Models Ciani, Brit, Mia, Yannick, Louisa und Dörte, die zeigen, wie vielfältig Slow Fashion sein kann.

Persönlich wollen wir vor allem Marcel, Philipp, Keno und Melanie danken, die uns über Wochen den Rücken freigehalten haben. Und nicht zuletzt danken wir den großartigen Menschen, die uns von Beginn an mit ihrer Expertise, ihrer Zeit und ihrem Engagement unterstützt haben – stellvertretend für diese stehen auf jeden Fall Andrea und Emilie. Ihr seid herausragend!

Danke Christin, dass du dieses Buch überhaupt erst angestoßen hast. Danke an alle, die uns in den letzten Jahren herausgefordert haben. An euch sind wir gewachsen.

Danke an Social Media. Danke, dass wir uns über dich kennengelernt haben. Dank dir haben wir eine Community, für die es sich zu schreiben lohnt.

Und dann geht natürlich auch ein Dank an uns gegenseitig, dafür, wie wir uns motiviert und gestärkt haben. Danke, dass es immer eine von uns dreien gibt, die die anderen mitzieht.

Und danke an alle, die sich als Fashion Changers verstehen und Veränderung jeden Tag leben. Ihr macht die (Mode-)Welt zu einem besseren Ort.

Jana, Nina und Vreni

#letschangethatfashiongame

In einer Welt der Klimaangst, schlechter Nachrichten und voller Wegsehen tut es gut Menschen kennen zu lernen, die so vieles zum Positiven verändern - die inspirieren, nicht aufgeben und Mut machen. Ein großes Dankeschön also an alle Gründer*innen, die wir besucht haben und das Vertrauen, sie fotografieren zu dürfen. An meine Freundin Julia, die nicht nur mit ihren Kollegen zusammen das Studio21 als Location zur Verfügung gestellt hat, sondern mir auch tatkräftig bei den Modeshootings unter die Arme gegriffen hat: Tausend Dank. An Jonas, der mir in stressigen Phasen den Rücken frei gehalten hat. An das ganze bereits erwähnte Team und alle Teilnehmer*innen um die Fashion-Produktion ein dickes Dankeschön - ihr seid großartig. Und last but sure not least an Jana, Nina und Vreni - die Fashion Changers: Eure Energie, euer Lachen und die Veränderung, die ihr in die Welt tragt sind sehr bereichernd. Danke, dass ihr mich als Fotografin ausgesucht habt und wir dieses Buch zusammen gerockt haben. Auf uns!

Lena

Impressum

Alle Fotografien © Lena Scherer außer S. 9 © Jesse Abrams; S. 18, 237 © Melanie Hauke; S. 25 © Charlotte Wulff; S. 26 © Karina Tess; S. 39 © Qwstion; S. 41 © Franziska Uhl; S. 43, 191, 197 © Kleiderei; S. 64 © Saheli Women; S. 65 © Greenpeace; S. 72 © Silfir/Franziskus Dornhege; S. 81 © Lanius; S. 85, 92 © Stephanie Abidi; S. 94 © Femnet, S. 95 © Daniel Shaked; S. 106 © Quang Paasch; S. 118 © Malte Vogt; S. 128 © Womon; S. 133 © Sophie Wanninger; S. 134 © Rok Trzan; S. 135 © Phylyda; S. 136, 138 © notjustdown; S. 139 oben © Anna Spindelndreier; S. 139 unten © Esthétique; S. 143, 172, 174, 175 links, 175 rechts, 176, 177, 187 © Kings of Indigo; S. 148, 150, 151, 153 © Marc Sethi; S. 154 © Tanya Taco; S. 155 © Bassi Lichtenberg; S. 156 links © Yenis Vega; S. 156 rechts © Gabrielle Koster; S. 157 © Laura Scheppers; S. 170 © Lisa Winter; S. 178, 179, 180, 181 © Vetta; S. 186 © Joanna Catherine Schröder, S. 192 © Eric Cesla; S. 193 © ohhhmhhh; S. 206 © Grit Siwonia; S. 208 unten © Fairphone; S. 209 © Fairphone; S. 210, S. 211 © Bina Nöhr; S. 214, 215 © Margaret and Hermione.

Der Knesebeck Verlag schützt das Klima und intakte Ökosysteme durch den Druck dieses Buches beim Ökopionier gugler*, dem weltweit ersten zertifizierten Anbieter für Cradle to Cradle Certified™ Druckprodukte. Dieses Buch enthält nur gesunde Substanzen und kann daher – anders als herkömmlich gedruckte Bücher – zu 100 % wiederverwertet werden. Alle CO_2-Emissionen, die beim Druck dieses Buches entstanden sind,wurden zu 110 % kompensiert. In der Produktion kam ausschließlich Ökostrom zum Einsatz. Das Cradle to Cradle Certified™-Zertifikat bestätigt das.

Cradle to Cradle Certified™ Pureprint
innovated by gugler*
Gesund. Rückstandsfrei. Klimapositiv.
www.gugler.at
Bindung ausgenommen
SILVER

Deutsche Originalausgabe
Copyright © 2020 von dem Knesebeck GmbH & Co. Verlag KG, München
Ein Unternehmen der Média-Participations

Text © 2020 Jana Braumüller, Vreni Jäckle und Nina Lorenzen
Fotografien © 2020 Lena Scherer

Projektleitung: Marc Schmid und Hans Peter Buohler, Knesebeck Verlag
Lektorat: Karin Weidlich, München
Gestaltung, Umschlaggestaltung und Satz: Yannick Wolff, Knesebeck Verlag
Produktion und Herstellung: Arnold & Domnick, Leipzig
Druck: Gugler, Melk

Printed in Austria

ISBN 978-3-95728-360-3

www.knesebeck-verlag.de